企业管理技能产教融合精品教材

现场管理技能学

王　霁　主　编
孙亚彬　副主编

中国人民大学出版社
·北京·

总 序

背景与问题

我们提出发展管理技能学教育是应对我国产业经济新阶段、新环境、新需求的创新探索，目的是为中国企业提供基础管理领域、基层岗位实用技能人才，满足中国深化产业经济改革、加快产业转型升级长期趋势下的产业人才供给。

今日，我们普遍地意识到中国产业经济已经进入深化改革、调整的轨道。以 2008 年的经济危机为肇始，以国家规划文件《中国制造 2025》的出台为标志性事件，中国产业经济已经走过了改革开放以来“基础发展”的 30 年。今日和未来的中国产业经济将围绕“品质发展”，走向以科技创新、信息化应用、智能生产为基本特征，以提高劳动生产率、强调创新发展、提升产品品质竞争力为基本内涵的产业发展道路。这是截然不同的产业发展道路，也将造就截然不同的产业图景。

新的发展道路和产业图景要求中国产业界提高管理水平，要让中国产业经济在更高管理水平的基础上高品质运行。国务院《降低实体经济企业成本工作方案》提出，“引导实体经济企业采取提升生产效率、提高管理水平、加快技术创新等挖潜增效措施，降低企业内部成本”，要“坚持降低企业成本与提高供给质量相结合。以增加有效供给、提高供给质量为前提，发挥好骨干管理人员、技术人员、广大员工的关键作用，加强质量管理，增强创新能力……”《中国制造 2025》更是明确指出，要“完善多层次多类型人才培养体系”，“加快培养制造业发展急需的专业技术人才、经营管理人才、技能人才”，并且特别指出了“普及卓越绩效、六西格玛、精益生产、质量诊断、质量持续改进等先进生产管理模式和方法”。从国家宏观经济政策上提出明确的管理技术方法普及可以认为是有史以来第一次，这表明管理已经成为我国产业发展的重大制约要素，已经到了非常紧迫的时候。

客观上，无论是宏观产业经济还是微观产业企业，推进其竞争和发展的力量始终离不开两大支柱：一是技术的创新，二是管理的进步。这两者是产业经济和企业发展的永恒命题，是根本要领。正如法约尔所说的：“技术职能长期以来已被置于其应有的地位，可是技术职能还不足以保证企业顺利发展；必须有其他职能的协助，特别是管理职能的协助。”中国未来的产业经济发展和企业发展，既需要大量的技术创新、技术应用型人才；同样毫无疑问的是，也将同时需要大量的管理应用、管理实践型人才，这两者同等重要，这两类人才都将成为中国产业转型发展道路上不可或缺的中坚力量。

正是在这样的背景下，出于这样的原因，我们提出要发展“管理技能学”教育，要在技术创新、应用型人才培养之外，探索、开辟出一条管理技能型人才的培养模式和培养道路，以推动企业技术升级与管理升级齐头并进。要在与产业发展趋势同步、与企业转型升级需求协调的基础上，培养一大批具备管理意识、素养，更懂得管理技术运用的基层人才，为中国企业通过提高管理水平“挖潜增效”提供厚实的人才基础。

加强基层管理人才的培养

就现状来看，我国的管理人才培养体系仍不完善，教育内容的模式建设的投入和品质都仍然严重不足。这其中尤其明显的是，我国管理人才的培养主要停留在高等院校，且主要是以“管理理论人才”的培养为基本特征，以管理知识传授、一般管理理论教育为主，基层实用管理人才的教育体系和培养通道缺失，这不能不说是我们管理教育系统面临的重大不足。

一般管理理论教育主要针对企业中高层管理人才、经营型人才的培养和输送。但是，这解决不了中国企业界目前和未来发展中对基层管理操作型人员的广泛需求。尤其是中国企业正走在融合技术创新、生产模式创新的道路上，企业的生产形态、管理环境同步发生深刻变化，管理实践操作也越来越要求专业化、专门化。在这种情况下，高等院校的现行管理学教育远远无法满足产业发展的实际需求，无法为产业发展提供必要的管理操作、管理实践层面的技能型人才。

应当说，关注基层管理人才的培养既是产业所需，某种意义上也是补课。中国经济在短短 30 年间发展壮大，其中一个突出特征就是“主要依靠资源要素投入、规模扩张的粗放发展模式”，对管理的重视是近十年来才慢慢建立起来的意识，对基层管理的重要性认识更是最近几年才深刻意识到的问题。在这一点上，我们与欧美日德等发达国家还有很大差距，尤其是德国和日本。

“德国品牌”以严谨的管理、可靠的品质著称，德国的基层职业人才培养方法也被广泛借鉴。有人形容德国的基层管理理念就是“傻瓜化管理”。这种说法很形象，也并非贬义。它关注的是标准：通过不断把工作标准化，按照既定的程序，便捷、高效地完成工作，实现让一个“傻瓜”按照既定程序也能够高品质完成任务目标，同时，通过标准的积累和完善，促进整个产业管理水平不断提升。

日本是另一个突出的例子。第二次世界大战之后的日本经济迅速崛起，在抓住“高品质”与“低成本”两个基本要素方面下足了功夫。为实现这一点，必须重视管理，而且必须重视基层管理及其人才培养。为此，日本以国家意志和政策扶持的方式推动全国产业工人普及管理技能教育，这其中就包括最基本的 MTP（Management Training Program /Plan，意为“管理培训计划”）以及 TWI（Training Within Industry，督导人员训练，或一线主管技能培训），数千万人接受了这些专门的管理训练，同时这套管理训练体系也在美国广泛推行。

理应认识到，一个国家的产业管理水平和一个企业的管理进步都不是一朝一夕之功，也绝不是位于金字塔顶端的高层管理者就能完成的，基础管理和基层管理人才是地基。我们要大力提倡基层管理人才的培养，同时也要大力发展符合我国国情和产业发展道路的基层管理人才教育培养体系，这是固本培元，是推动产业管理进步的必由之路。

管理技能学教育

面向基层管理的人才培养当然不是强调管理理论教育，不是强调学问研究，而是强调管理操作能力的培养，提供的是管理技能学教育。什么是管理技能学？简单地说，管理技能是管理技术的运用能力，管理技能学则是获得这种能力的学习内容及训练体系。

管理技能教育应当通过“专业学科建设”使它区别于一般管理教育，并获得它的系统化、专业化发展动力。作为一门学科，管理技能学着眼于两个基本要素：一是，管理的专业技术；二是，技术运用能力的训练体系。两者共同构成管理技能学的专业特色。

在管理的专业技术方面，管理大师彼得·德鲁克说：“管理是一种专门的工作，它有自己的技巧、工具和方法”。德鲁克所言的专门的技巧、工具和方法就是管理作为专业性的体现。管理技能学应当充分地研究、整理管理的专业技术，要通过分门别类地、有针对性地对管理技巧、工具和方法的总结和提炼，发展出一套完整的、成体系的“管理技术体系”，形成适用于现代产业经济和企业管理发展需求的专业技术群。

管理的“专业技术”这一提法，并非我们今天的创见。事实上，自100多年前现代管理学诞生到今日，管理一直存在着技术技能传统，并延续至今。100多年前，泰罗在工厂车间进行搬铁块实验，拿着秒表计算工人的工时，发展的是科学管理的动作分解技术；福特工厂引用泰罗的科学管理方法发展流水线生产时，运用的是流程管理技术；《中国制造2025》提出的“卓越绩效、六西格玛、精益生产、质量诊断、质量持续改进等先进生产管理模式和方法”，其背后无不是管理技术在支撑。尤其是精益生产、质量持续改进等问题，更是管理作为专业技术的充分体现。客观上，管理可以认为有两条线索，其一是理论的，其二是技术的。我们今天发展管理技术技能教育是回归到管理的技术传统之中，管理学发展史上丰富的专业技术资源也将为我们提供充足的养分。

管理技能学当然不能停留在讲授中，还应当发展科学有效的技能学习训练体系。换言之，就是要有一套立足于“能力获得”的实用教育教学模式和方法，这种模式和方法区别于单纯的知识传授、理论学习，而在于认识、理解、思维培养以及相应的技术训练和练习。这是一个崭新的领域，一项艰巨的新挑战。

但是，这是值得去努力战胜的一个挑战。这不仅仅是为了解决学生的就业，也包括了培养学生的综合素养和发展底蕴。百年前，法约尔就提出，“管理教育应该普及：在小学里是初级的，在中学里稍广阔一些，在高等学校里应是很发展的”。同时，他也认为“这种（管理）教育不是为了把所有学生都培养成好的管理者，如同技术教育不是为了把所有学生都培养成优秀的技术人员一样。我们只是要求管理教育起到像技术教育那样的作用。为什么不这样呢？这里主要是引导青年人理解并运用他们的经验教训”。法约尔对管理教育重要作用的认识是明确而且深刻的，他前瞻性地提出“一个企业中所有的人都或多或少地参与管理，所以所有的人都有机会发挥自己的管理才能，使这种才能表现出来”。这正是管理学教育广泛的积极意义所在。

在法约尔的那个时代，管理作为一门可传授的学科正在孕育之中，当他试图广泛地推动管理教育时碰到的问题是：缺少一般的、普遍接受的管理理论，缺少可传授的管理教育教学框架。我们今天碰到的问题当然不是没有管理理论框架，有关管理的一般原理已经是人人皆知的“常识”了。我们今天也不是缺少成熟的管理技术，管理技术已经足够丰富；归根结底，我们缺少的是对管理技术成果体系的整理和面向教育的转化，缺少的是教育教学模式的大胆改革和探索。这正是我们在当下这个环境中应当集众智协同解决的问题，是面向未来的管理教育改革必须跨过的门槛。

对本套教材的说明

这套教材是管理技能学教学内容的初步建设。在过去数年时间里，我们集合了多位管理研究人员、一线管理工者、管理教育工作者，结合我国产业发展的基本要求，广泛吸纳各方意见，最后形成了现在这套教材。

专业核心课程的安排。我们从基层管理任务、内容出发，将教材初步确定为作业管理、现场管理、组织管理三个核心领域，分别对应三门核心课程，即作业管理技能学、现场管理技能学、组织管理技能学。另外，考虑到我们的学生没有接触过管理，我们增设了管理技能学基础一课作为普及课程。这四门课程的设计是从针对性和体系化的角度考虑的。

（1）管理技能学基础课程是从“管理实践系统”的角度，全面介绍企业管理活动的内容，让学生能够充分了解到企业、企业管理系统以及企业管理的各类岗位、一般技能要求，在此基础上明确自己的职业能力发展方向。

（2）作业管理技能学课程是“科学完成任务”的课程，是基于作业方式和作业科学的管理技能内容。客观上，每一个企业都依赖于业务发展，而业务归根结底是一系列任务作业。将这些作业科学高效地完成，是企业最基本的要求。

（3）现场管理技能学课程是以“作业现场综合管理”为核心的课程。现场不仅仅是生产现场，也是服务现场。现场是企业管理的第一线，因而管理学界有一种约定俗成的说法：“一切问题在现场”。抓好现场管理实际上就是抓好了企业管理最基本的东西。

（4）组织管理技能学课程是“管理行政协调”的课程，这里的“组织”概念作动词，是一种组织技能，它侧重协调、分配和控制。组织能力有高有低，但只要是管理者，或多或少都需要掌握组织管理技能，例如沟通协调、分配任务等都属于组织管理范畴的技能，对基层管理者也是必要的。

总体上，这些核心课程涵盖了基层管理的核心要求，从最小的作业单元，到现场，再到组织管理，构成了企业现实领域的微型版的管理技能学专业体系。我们的目的很明确：要促进学生实实在在地掌握关键领域的关键技能，切实为学生打下职业发展的基础。

课程教学内容的特点。这套教材在研发的过程中，借鉴了国际上，尤其是德国、日本相关领域的研究成果和实践经验，同时也大量参考了现今企业培训领域的前沿探索。考虑到学习对象，这套教材在教学内容的安排上，突出体现了以下特点：

(1) 知识内容与案例结合。课程内容中知识解读的部分，主要通过案例的形式贴近现实，促进内容的生动性，便于学生理解。

(2) 实践要领与情境结合。管理实践要求方面的内容，通过类似情境模拟的方式讲解，以贴近学生的现实认知能力，加深理解和把握。

(3) 技能与训练结合。课程教学内容最关键的部分是技能，教材教学内容设计中，除了技能讲解（通常是情境部分）之外，突出的是技能训练。教材内容编写时，努力做到学与练结合，在学中做，在做中学。

我们希望将管理技能学这一系列课程向“课堂学习与实训模拟相结合”的教学模式转变，这需要获得各方的支持和实践中大胆的革新。在这方面，我们欢迎更多的研究机构、教学单位、企业与我们接洽，我们一起努力！

结语

最后要说明的是，尽管管理技能学出自管理学的传统，但一直以来并没有在职业教育领域发展，也没有得到系统的理整，这与它实施起来的难度有关。所以，我们也不认为推动管理技能学教育这项事业是简单和容易的，然而客观上它也是可以去坚持和发展的。走在正确的道路上，就无须担心我们究竟能走多远。

在这条道路上，我们要感谢很多人的支持和努力，这些人既包括来自企业一线的人，也包括很多院校的朋友。我们也希望更多的人加入到这个队伍中来，共同推动管理教育的进步和发展。

鉴于作者能力有限，如有不当之处，欢迎有识之士批评指正！

前 言

课程背景

现场管理是与精益管理紧密相关的，是精益管理的基本着力点。《中国制造 2025》提出要普及“精益生产”，其基本的要求就是现场管理水平要提升。

我们要从精益管理思想说起。精益管理思想是管理思想史上的重要思想之一，起源于 20 世纪中后期的丰田生产模式，也就是丰田汽车公司的生产方法，特别是车间生产管理工作。精益生产对日本在战后产业竞争力的形成有巨大的推动作用。当时的美国汽车市场几乎被日本汽车低价优质、快速更新换代等方式所吞食。

到上个世纪 80 年代，美国汽车行业在日本汽车的冲击下几乎表现出节节败退之后，美国人才回过头来研究日本汽车产生的竞争力究竟从何而来的问题，他们的研究对象就是丰田汽车公司，研究的主要成果就是精益生产方式。后来，管理学者们以精益生产方式为核心，进一步总结发展了一套完整的“精益管理思想”。

精益生产是精益管理思想的核心。所谓精益是指少而且好，代表着精确、精准、精细。精益管理思想认为，企业内所有的活动都存在一个“价值流”。“价值流”就像从一个有价值的工作环节跳到另一个环节，所有有价值的工作结合在一起，最终形成一个价值的流动过程。这个过程必须得到精确的管理，不能让无价值的工作“跑进来”，也不能让有价值的工作“溢出去”。精确、完整、有效的价值流就是精益管理的终极目标。

这一切跟现场管理有什么关系呢？现场管理（原指车间生产现场）是精益管理的集中体现地，现场管理做不好，精益管理就无法推行。这些问题，在本课程的讲授中会得到认真的辨析，在此不再赘述。我们要记住的是，现场管理是精益生产的基本着力点，精益生产活动首先是从现场开始的。

日本盛行精益管理思想，美国也如此。同样地，他们对精益管理人才培养方式也有深入探索，这其中尤以日本产业训练协会开发的 TWI（Training Within Industry，督导人员训练或一线主管技能培训）最著名。TWI 是美国和日本推进一线管理工作者管理技能训练的标准教材，集中的是现场管理能力。在精益管理领域，特别是制造业精益管理领域，TWI 是非常重要的培训基石，是精益管理的入门。其内容成熟，培养模式以互动训练为主，与企业的一线管理实践紧密联系，在企业内部培训中有极大的影响力，但至今仍未在学校教育领域有较深的介入。

《中国制造 2025》提出要普及精益生产，我们就极有必要培养一批懂得精益管理思想，而且具有实际操作能力的管理者。所以，在借鉴 TWI 的基础上，结合我们国内产业的特性以及学科教育要求，我们编写了这本教材，力图形成一门既符合我们中国产业需求，也符合教育教学需求的精益管理入门课程。

培养目标

我们的学生应认识到，当管理者，未来的工作一般都是从基层开始，而基层就是一线，一线管理绝大部分都是现场管理。如果我们去一个企业，看到他们的生产车间杂乱无章，看到他们的办公环境一片混乱，我们可以断定这家企业的管理水平很低，这家企业的管理者大部分也是不合格的。如果进入一家超市，看到货架凌乱，货物补充不及时等等问题，我们也可以认为这家超市很快会出现问题。

现场管理就像一张名片，一面镜子，折射着企业的基本管理面貌。做管理者，从一线做起是最好不过的，因为这可以让我们的管理深入到一线现实中，让管理活动具备深厚的现实基础。在培养目标上，现场管理技能学这门课比较特殊。由于现场管理在精益管理模式中的突出地位，它发展了一系列丰富的管理技术，包括流程分析、工具定置、拉动生产等等，现场管理需要科学地使用各类技术，但是现场管理主要还是“管理”，是管人管事，所以，它的重点将落在“管”和“理”上。简而言之，我们不仅仅要懂得现场管理中的相关技术，还要懂得怎么管理。

出于这样的原因，这门课的能力培养目标可以认为是这样的：了解现场管理的技术，并学用一套科学的现场管理方法。这是精益管理的入门。从这个门里走进去，我们将接触到更广泛的管理思想和管理技能，我们也将找到未来职业发展的新道路。

课程内容

本教材共六章，分别是：什么是现场管理、现场目标管理、现场设计管理、现场指导管理、现场关系管理、现场改善管理。这六章的主题依照“要素把握→重点方面管理→改善提升”的逻辑关系，逐步关联适用技能，由此架构科学的现场管理技能体系。

第 1 章“什么是现场管理”。要回答的核心问题是“什么是现场管理”，这是学生学习现场管理技能学的入门章。为了讲清什么是现场管理，教材先从“企业”讲起。因为，现场管理活动往往起源于企业或单位中，没有企业或单位就没有现场管理的需要。不理解现场与企业的关系，那么就很难从本质上理解“什么是现场管理”。本章按照从“什么是现场→现场与企业的关系→现场要素与经济效能的实现→现场分析”的逻辑展开叙述。

第 2 章“现场目标管理”。现场管理的目标是从质量、成本、交期、安全四个角度来设计的。目标的确定是相对容易的，但是如何保障目标实现却需要现场管理者具备全面把握和系统掌控的能力。本章从现场质量管理、现场成本管理、现场交期管理、现场安全管理分别展开论述，帮助读者明白现场目标管理的控制重点和技能要求。

第 3 章“现场设计管理”。这是指对现场管理系统做一个系统的设计，是为了帮助学生培养有效的规划能力。这种现场规划分别从硬环境和软环境两大方面入手，硬环境的规划主要体现为现场布局、现场定置和现场供应；而软环境的规划主要是人员组织管理。任何一个现场要想确保运作的规范性，都需要在运作之初便做好规划。而无论是具备多年经验的现场管理者还是初入现场的管理者，都需要对设计胸有成竹。

第 4 章“现场指导管理”。在企业日常管理活动中，现场管理者时刻面临着现场指导工作，指导对象既包括在职老员工，也包括新员工，可以说，现场指导是现场管理工作者培养人员的必备技能。一些管理者习惯于随时随地随意地指导，但是有效精益的指导应当有规律可循，应当遵循“能力确认→任务分解→指导管理→反馈与激励”的基本逻辑开展，如此方能确保指导工作的针对性、有效性，并保障指导资源不被浪费。

第 5 章“现场关系管理”。关系构成了现场的氛围，氛围影响着现场的工作效率，甚至决定着现场运作是否能够正常进行。然而，一些管理者并不注意关系管理的问题，他们认为，“现场管理就是给员工下达指令”这样简单。但是这种忽视往往造就了不良的关系状态，使得现场秩序处于一片混乱之中，甚至造成现场资源损耗。因此，确保现场关系管理绝非小事。本章将从关系建立、关系协调、关系维护、关系冲突处理这四个环节分别展开论述，帮助读者抓取关系管理的精髓，尽可能做到在现场关系管理中如鱼得水。

第 6 章“现场改善管理”。任何时候，现场管理都不应是一成不变的。也就是说问题永远是存在的，改善永远是现场中需要去做的事情。现场管理者必须具备持续改善的意识，做好持续改善的准备，当然，在此过程中也需要不断提升现场改善管理的技能水平。现场改善的过程，通常依循这样的逻辑：“发现问题→改善过程→管理标准化”，本章内容也是从这三个环节展开的，学生可以循序掌握改善管理技能。

特别强调一点，“现场目标管理”“现场设计管理”等主题，并非单一的技能项，而是指现场管理者在这一方面应掌握的技能。这里提及的“技能”是一个相对宽泛的概念，它涵盖了基本认识、管理逻辑以及相关工具技术等诸多方面，请同学们在学习本教材时注意，避免对其有所误解。

补充说明

本课程与管理技能学其他课程都保持了同一种特征：管理技术知识的学习和管理技术的实操训练相结合。应当说，这是我们管理技能学专业体系的必然内涵。任何一种管理技能，最终都要强调知和行的统一。没有“知”而一味强调“行”必然导致经验主义，是盲目的，非自觉的，也是有很大局限性的；没有“行”而单纯讨论“知”，则不能落地，也就违背了管理技能学作为一种专业技术运用能力的基本内涵。

我们的技能习得要从知行两个方面入手，本教材的内容在这方面有系统的探索。考虑到即使是类似于MTP、TWI这样的技能训练体系都仍然是与我们的学生有距离的，因而我们必须创新。而创新也意味着我们要承认每一个技能的学习体系都可能存在漏洞，都存在不完善的地方。因而我们希望更多的人给我们提供建设性的意见，添砖加瓦是有益的，正是在持续的点滴改进中，我们才能够迎来崭新的局面。在此谨致谢意！

内容简介

本书从现场管理的基本原理、要求出发，从认识现场管理、现场目标管理、现场设计管理、现场指导管理、现场关系管理、现场改善管理六个方面，系统梳理了现场管理背后的理论逻辑，并深入阐释了现场管理所需掌握的管理知识和技能要求，让读者能够切实掌握现场管理技能。本书可作为职业院校的管理学课程教材，也可作为现场管理者的学习资料。

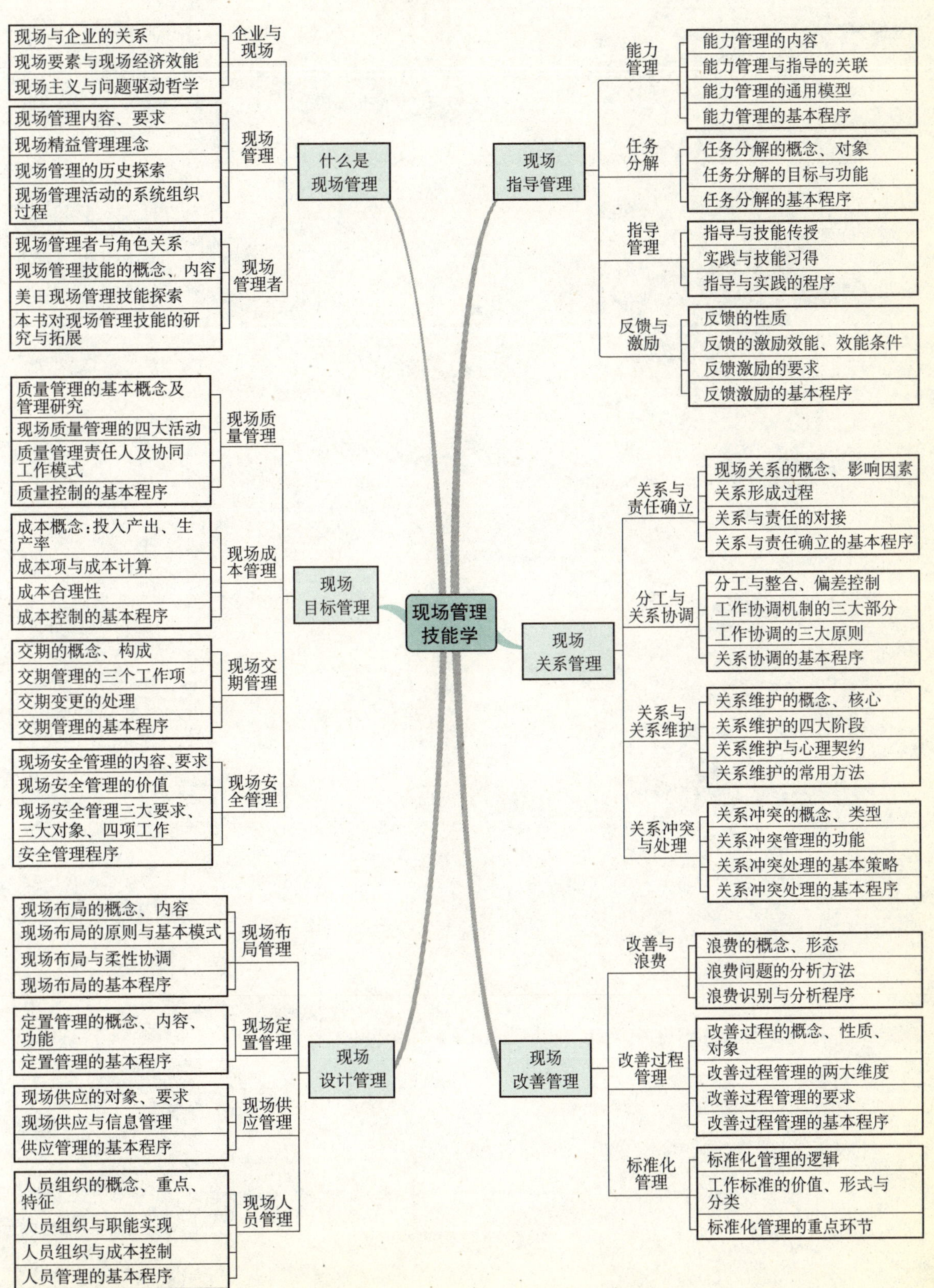
现场管理技能学
什么是现场管理
企业与现场
现场与企业的关系
现场要素与现场经济效能
现场主义与问题驱动哲学
现场管理
现场管理内容、要求
现场精益管理理念
现场管理的历史探索
现场管理活动的系统组织过程
现场管理者
现场管理者与角色关系
现场管理技能的概念、内容
美日现场管理技能探索
本书对现场管理技能的研究与拓展
现场指导管理
能力管理
能力管理的内容
能力管理与指导的关联
能力管理的通用模型
能力管理的基本程序
任务分解
任务分解的概念、对象
任务分解的目标与功能
任务分解的基本程序
指导管理
指导与技能传授
实践与技能习得
指导与实践的程序
反馈与激励
反馈的性质
反馈的激励效能、效能条件
反馈激励的要求
反馈激励的基本程序
现场目标管理
现场质量管理
质量管理的基本概念及管理研究
现场质量管理的四大活动
质量管理责任人及协同工作模式
质量控制的基本程序
现场成本管理
成本概念:投入产出、生产率
成本项与成本计算
成本合理性
成本控制的基本程序
现场交期管理
交期的概念、构成
交期管理的三个工作项
交期变更的处理
交期管理的基本程序
现场安全管理
现场安全管理的内容、要求
现场安全管理的价值
现场安全管理三大要求、三大对象、四项工作
安全管理程序
现场关系管理
关系与责任确立
现场关系的概念、影响因素
关系形成过程
关系与责任的对接
关系与责任确立的基本程序
分工与关系协调
分工与整合、偏差控制
工作协调机制的三大部分
工作协调的三大原则
关系协调的基本程序
关系与关系维护
关系维护的概念、核心
关系维护的四大阶段
关系维护与心理契约
关系维护的常用方法
关系冲突与处理
关系冲突的概念、类型
关系冲突管理的功能
关系冲突处理的基本策略
关系冲突处理的基本程序
现场设计管理
现场布局管理
现场布局的概念、内容
现场布局的原则与基本模式
现场布局与柔性协调
现场布局的基本程序
现场定置管理
定置管理的概念、内容、功能
定置管理的基本程序
现场供应管理
现场供应的对象、要求
现场供应与信息管理
供应管理的基本程序
现场人员管理
人员组织的概念、重点、特征
人员组织与职能实现
人员组织与成本控制
人员管理的基本程序
现场改善管理
改善与浪费
浪费的概念、形态
浪费问题的分析方法
浪费识别与分析程序
改善过程管理
改善过程的概念、性质、对象
改善过程管理的两大维度
改善过程管理的要求
改善过程管理的基本程序
标准化管理
标准化管理的逻辑
工作标准的价值、形式与分类
标准化管理的重点环节

目录

第1章

什么是现场管理

丰田生产方式创始人大野耐一曾说："我是彻底的现场主义者。因为我从年轻时起，就是在生产第一现场中，不断磨练长大的。后来我作为副社长（相当于公司副总裁），负责企业经营管理，就更不能离开生产第一现场了，因为现场是企业的主要情报来源。"

他认为，"与其每天坐在副社长办公室里冥思苦想，还不如到生产现场的各个角落去转转，直接获得第一手的生产信息，感受最直接的刺激。如果一直身处现场中，就能从那里获得满足。现场主义正符合我的个性"。

大野耐一所说的"去现场"并非仅仅停留在"走到现场"这个层面上。深入现场的根本目的是发现现场问题并不断完善现场管理。大野耐一曾提出"将工作中发现的劣质产品放在所有人视线所及之处，绝不可隐藏起来"的现场管理要求，并且在丰田汽车生产工厂强力推行。大野耐一认为，如果劣质产品被隐藏起来，那么人们可能始终不能发觉已经出现的故障，就会在不知不觉中重复同样的问题，制造巨大的浪费。而将劣质产品放在所有人都能够看见的地方，就会促使大家关注问题，继而共同商榷避免同类问题发生的有效方法，这对于现场管理乃至企业运营而言是非常重要的。

大野耐一的现场管理思想也被拓展到丰田公司的管理教育工作中。担任过北美地区丰田汽车制造公司总裁的箕浦照幸，曾直接向大野耐一学习丰田生产方式。而他在丰田公司最早接受的教育之一就是站在生产现场的"大野耐一圈"里仔细观察生产工作问题、提出质疑、作出分析与评估……重视现场正是丰田汽车公司重要的管理理念之一。

聚焦问题

什么是现场？什么是现场管理？为什么要进行现场管理？现场管理由谁来管？现场管理要做什么，怎么做？

主题理解

“现场”的概念有广义和狭义两种。广义上讲，凡是企业用来从事生产经营的场所，如厂区、车间、仓库、运输线路、办公室以及营销场所等，都称之为现场。狭义上讲，现场是指企业内部直接从事基本的、或辅助生产过程组织的场地，是生产系统布置的具体体现，也是企业实现生产经营目标的核心活动场所。

由于我们所要讨论和学习的是现场管理的一般管理技能，在广义的现场概念和狭义的现场管理概念中都有适用性，因而我们在本书中对现场不作狭义和广义的区别，仅从一般现场及其管理的角度展开讨论。

从事现场管理工作显然必须先了解现场管理，必须掌握现场管理的相关技能。

所谓现场管理，是指围绕现场生产或作业活动的各要素，用科学的标准和方法控制、协调其相互作用关系，使之有目的地实现企业的生产或作业目标。可以将现场管理技能概括为：现场设计管理、现场目标管理、现场指导管理、现场关系管理、现场改善管理五项主要工作，这其中的每一项工作都涉及诸多关键技能。

作为开篇，本章主要从基本的企业现场、现场管理活动说起，其目的是帮助学习者明确三个问题：(1) 企业现场是什么？(2) 现场管理是什么？(3) 谁来承担现场管理职能及需要哪些现场管理技能？

本章共分三个单元：

第一单元是“企业与现场”。这一单元将依次阐述企业现场的性质、现场的类型以及现场活动的基本要素、活动特征等。

第二个单元是“现场管理”。这一单元将着重讲解现场管理的特点、目标、原则、内容以及现场管理实施过程，对现场管理进行系统化地解读。

第三单元是“现场管理者”。这一单元主要定位管理者在现场中的角色以及对应的能力要求。

总的来看，本章对现场管理有一个初步的理解，是学习现场管理相关技能的基础。

学习目标

本章的学习目标如表 1—1 所示。

表 1—1

知识点	位置	学习目标
现场的定义与内涵	单元一	● 理解 ○ 须知 ○ 熟知 ○ 活用
现场与企业的关系体现	单元一	● 理解 ○ 须知 ○熟知 ○ 活用
现场要素与经济效能的关联	单元一	○ 理解 ● 须知 ○ 熟知 ○ 活用
认识现场的一般路径	单元一	○ 理解 ○ 须知 ●熟知 ○ 活用
现场管理的三大内容	单元二	○ 理解 ○ 须知 ● 熟知 ○ 活用
现场管理的三大要求	单元二	○ 理解 ○ 须知 ● 熟知 ○ 活用
现场精益管理理念	单元二	○ 理解 ● 须知 ○ 熟知 ○ 活用
现场管理活动的系统组织过程	单元二	○ 理解 ○ 须知 ● 熟知 ○ 活用
现场管理者的定义及角色关系	单元三	● 理解 ○ 须知 ○ 熟知 ○ 活用
现场管理技能	单元三	● 理解 ○ 须知 ○ 熟知 ○ 活用
TWI 的发展	单元三	○ 理解 ● 须知 ○ 熟知 ○ 活用
技能学习要求	单元三	○ 理解 ● 须知 ○ 熟知 ○ 活用

单元一　企业与现场

概念理解

无论一个企业的规模有多大或有多小，企业实质上可以理解为各种各样不同的“活动现场”，这些活动现场消耗企业的人力物力，并产出特定的成果。这些特定的成果既可能是某种原材料、半成品、商品、知识创意，也可能是某种服务，它们最终服务于企业的客户需求，产生市场价值。因而，现场本质上就是资源消耗与价值产出的“活动场地”。

观念探析

请讨论人们为什么会产生下面这样的观念：

观念：答案永远在现场。

情境讨论

问题的源头需要从现场找到

丰田生产方式的训练师与推广者戴维·梅尔（David Meier）在美国前三大汽车制造公司的一座组装厂提供顾问咨询服务时，曾遇到这样一件事。据他描述称：

当时，我在观察最后一条汽车组装线（有时被称为“金钱线”），我注意到驾驶副座下的地毯有一条裂缝。当时我正好站在一位督导人员旁边，我的第一个反应是找方法暂停生产线。当然，那里并不像丰田工厂里一样，有一条可以拉动以发出信号的“绳索”，因此，我向那位督导员指出这条裂缝，并等候回应。他查看了一下，确定地毯的确裂开了，但却没有作出任何反应！我既着急又困惑，问他管理者应该怎么做，他回答说：“这个问题会在修理区得到解决。”我问他，管理者是否应该寻找问题的根源，以防再发生同样的问题。他耸耸肩，答道：“他们可能已经知道了。”这是我第一次遇到这种情况，我不知该如何作出响应，但我内心焦虑极了。

如果这个潜在问题任其发展下去，后果很可能是非常严重的。假设这个作业步骤完成的所有内部装潢工作，到了修理区又需要重新来过，包括拆除座椅以及许多内部装饰，那么，这种大修除了会浪费成本外，还会造成产品质量比原始作业完成的产品的质量相差甚远的后果。返工和重新组装后的座椅在牢靠性上要弱得多，这是不受消费者欢迎的。其后果可能是销量下滑、产品形象受损……而这一切发生的源头，最初只不过是现场看起来无关紧要的一道小裂缝没有及时修正而已。

知识学习

即使一个完全没有接触过管理学的人，也定然不会对“现场”（locale）这个词感到陌生。在众多电影、新闻媒体中，我们都接触过“事故现场”、“案件现场”这样的词汇。这一生活中常见的词汇常常代表着“某种不当的局面”产生了。企业管理中的“现场”尽管也称之为“现场”，但它的概念内涵要比我们生活意义上理解的现场复杂得多。

什么是现场

从企业的角度来看，人们所说的“现场”一般是指企业中直接进行生产活动的场所，人们习惯地称为“车间、工场或生产第一线”。但严格意义上来说，现场的范畴并不局限于此——它既包括基本生产的现场，如机械厂的铸工、锻工、金工、转配等车间，纺织厂的纺纱、织布、染整等车间；也包括辅助生产部门的作业现场，如办公室、实验室、仓库等等。现场的概念并非单纯指向生产活动现场，它指向的是“一般意义上的活动现场”。

1. 现场是特定的空间场所

无论从哪个角度理解“现场”，现场这一概念首先指明一个场地、一个空间区域。企业中有众多的现场，都必然地指向空间区域的概念。人们无法想象一个没有空间场所概念的现场，这种虚无的“现场”在企业经营活动更是不可能的。表 1—2 展示了企业中不同性质的活动现场，它们都首先表现为“空间场所上的分布”。

表 1—2　企业中四类基本的现场

性质与类别	定义与包含的特定场所
公共现场	是指构成企业活动必须具备的公共区域，如走廊、过道、绿化区、运输区等，通常是支持生产活动的区域
生产现场	是指直接进行或实现生产活动的场所，如车间、装卸间、物料待转区等等
办公现场	是指企业经营管理的活动现场，如办公室、会议室、商务交流室以及与办公紧密联系的生活设备区域（开水房、洗手间等）
生活现场	是指企业各类人群吃、穿、住、行、休息的场所，如宿舍、食堂、娱乐中心等等

不同的企业可能有不同的场所安排，但大致上企业的现场可以归纳为以上四类。其中的每一类场所，都具备空间场所划分的性质，也都包含在“现场”的特定内涵中。

2. 现场是动态活动的集结

一家医院的现场，既可以是门诊部、病人住院区，也可以是 CT 扫描，甚至病人候诊区……所以这些区域都是医院为病人服务的重要场所，因而说这些空间场所是现场当然也是毫无疑义的。但是，为血库募捐的医护人员到学校组织义务献血活动，这适用于现场概念吗？或者企业为开展促销而走进老年人社区，这是否适用于现场的概念呢？

如果认为“现场”体现为某个固定不变的场地，这无疑是错误的。促销现场也是现场、募捐现场也是现场。正是在这个意义上，我们要强调：现场特指某项活动的场地，而不是某个固定不变的“位置”。由此，应当认识到：活动在哪里，哪里就是现场。这些活动既可能在一个固定的场所进行，也可能在各种各样不同的场所中进行。

关键要理解的是，现场指向活动的集结，而不单纯是场地。一个没有活动的场地是构不成现场的，“活动”正是构成现场概念的中心点。

辅助阅读 1—1　**自然活动与人类活动**

从更深的视角看，没有活动的场地可能是不存在的。例如，即使看上去寂静无声的太空、冰冷的深海，也存在着各种各样的自然活动。但是，我们这里所理解的“活动”更多是人类活动，而非自然活动。我们可以想象，企业组织中的一切活动都是人为推动的，都是人参与的，也只有我们人为推动的、人参与的那些活动，我们才可能去关注这个活动现场。而那些与我们的现场生活、工作相去甚远的自然活动现场，我们可能直觉上不会称之为现场，这是我们从一般语境上对现场加以理解的重要途径。

3. 现场是活动目标的实现空间

回到我们讨论的现场概念上来。既然现场是场地和人为活动的集结，那么现场概念就必然还包括一个要求：现场是活动目标的实现空间。如果某一现场中的活动不是我们关心的，也并不需要人们去担心这些活动应该怎么样、应该产生什么效果、达到何种要求，那么毫无疑问，它也必然不会进入我们的视野。既然如此，讨论现场也就毫无意义。

正是因为现场——特别是企业现场，既是企业活动的集结，也是活动目标的实现空间，对它的关心才变得如此重要和深具意义。而我们所要讨论的现场也正是这种类型的现场。

现场与企业的关系

如前所述，每个企业都有各种各样的活动，都有各种不同的现场，企业所有业务、经营、管理活动都将在这些不同的现场中进行。问题是，现场与企业究竟有何关系？它们之间的关系是如何体现的？

1. 现场与劳动

在企业活动中，现场活动体现为企业群体有意识的劳动。生产现场是生产劳动，食堂现场是餐饮生产和服务劳动，而办公现场体现为管理者或相关群体的智力、公务劳动……人们在一定的现场中劳动，追求劳动目标，产生劳动价值。而企业正是通过这些劳动创造的价值来赢利。所以，企业现场必定是关注劳动的现场，劳动者在劳动中所存在的各类问题也是企业现场必须关心的问题。

辅助阅读 1—2　　美国硅谷企业的现场文化与智力劳动

美国硅谷（Silicon Valley）是高科技企业云集的美国加州圣塔克拉拉谷的别称，最初是围绕斯坦福大学的斯坦福工业园（Stanford Industrial Park）发展起来的。由于在这里的大部分企业都是高科技创新型企业，例如国际知名的惠普（HP）、思科（Cisco）、英特尔（Intel）、苹果（Apple）等，这里盛行一股自由创新风气。典型的表现是人们在自己工作的现场里是充分自由、气氛活跃的，工作人员感受不到一丝拘束。甚至是，企业为工作人员装修各式各样的个性的办公空间，让人们尽量感到舒服，各种各样的茶点、饮料免费供应……企业为什么要这样做？原因就在于，高科技企业的劳动是智力劳动，必须充分激发人们的活力和创造力。以上所有这些个性化的办公环境、舒适的生活娱乐条件，都是为了让人们更好地劳动而存在的。

企业的劳动是现场的组成部分，而劳动是企业价值创造的基本活动。也因此，正如硅谷所做的那样，如何确保劳动效益、劳动科学，都是现场关注的内容。区别仅在于，不同的企业劳动性质不同，所以关注的形式也有所不同。

2. 资源消耗与经济产出

任何一项劳动必然消耗资源，这些资源必定包括时间、精力、资本投入等等，同时也产出经济成果，这些成果也必然包括商品、服务、知识创新等等。所以，如果认识到现场是企业劳动的场所，那同时也意味着现场也是企业资源消耗和经济产出的场所。企业有序的、科学的、高效运行的现场，也意味着低消耗、高产出。出于这个原因，企业重视现场，要求管理者关注现场也就不足为奇了。

辅助阅读 1—3　　彼得·德鲁克的成本中心论

管理大师、经验管理学派创始人彼得·德鲁克有一个引人注目的论断：企业内部所有的活动是消耗资源的，都是产生成本的，因而企业内部可以完全视为一个“成本中心”。他甚至认为，企业内部不产生成果，成果产生于企业外部。这是因为，企业所有劳动产生的商品、知识、服务能力等等，只有外部顾客“购买”后才存在成果价值。显然，德鲁克的这个说明不是一个终极性的逻辑判断，但可以提醒管理者：企业内部各种现场的活动客观上具有成本导向性质，只能确保低成本并能够导致客户认可，才能称得上是有价值的。

现场要素与现场经济效能

作为人为的、有意识的活动集结场所，构成现场的要素有六种，如图 1—1 所示。这六者的相互作用关系决定了现场的经济效能。

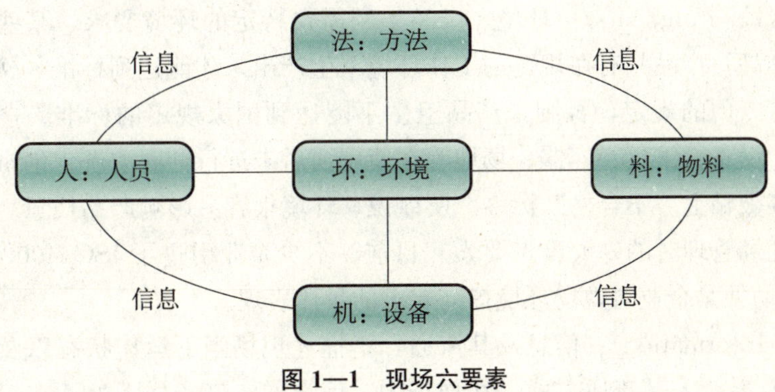

图 1—1　现场六要素

1. 现场六要素

现场的六要素，即人、机、料、法、环、信，通常称之为“4MEI”，是现场管理工作者头脑中要时刻谨记的一个管理对象框架。

(1) 人 (Man)：现场工作人员。人，指管理者、一线员工、关系人（与现场活动有利害联系的人），统称为现场工作人员。人是现场中的最不稳定要素。这主要是因为人的才能、性格特点的多样性和人的生理、精神状态的非稳定性造成的。这种多样性和非稳定因素造成不同的人对待生产与服务的理解和态度的差异，即使是同一个人也会在不同的时间点、不同的事务上表现出巨大的差异。

但我们同时也知道，作为企业现场活动的重要构成——也许是最重要的构成，如何激发人的能动性、如何让人与事进行能力上匹配、如何让人的性格特点适应相应的工作，这些都是重要的课题，也是现场活动中必须权衡的因素。

所以，一种观点认为，人是现场中最为复杂的构成要素。而现场管理工作必须要想办法去除人的不利因素问题，最大程度地帮助人们发挥其优势，提高工作的积极性。

（2）机（Machine）：机器、设备、仪器、工具等。在现场中，设备是否正常运作会直接影响效率、质量等。运作优良的设备能提高生产效率，提高产品质量。比如，在过去，一些企业在切料时使用手锯，而现今的很多企业已经更新为机器锯。这样一来，效率提升数十倍，员工们工作时也轻松得多。所以，为了实现机器工业化现场管理，关注设备是一条有效的途径。

（3）料（Material）：物料，包括半成品、配件、原料等产品用料。在现场中，管理者常常需要多种物料同时或按既定时间规划进行运作。一旦某一步未到位，那么整个产品都不能最终完成，甚至最终影响到其他部门的工作正常进行。所以，管理者必须对现场中的各类物料予以足够的关注。

（4）法（Method）：工作方法/技术，指产品或服务输出过程中所需遵循的规章制度。“法”通常通过以下形式展现出来，比如，工艺指导书、标准工序指引、生产图纸、生产计划表、检验标准、操作规程等。如果“法”存在问题，那么工作或生产的质量、成本、效率等各方面都将大受影响，故而被视为现场中的一大要素。

（5）环（Environments）：环境。产品生产需要特定的环境要求，某些产品对环境的要求还特别高，产品只有在规定的工作环境下生产出来才能达到标准。例如，食品行业对环境也有专门的规定，否则，产品卫生不能达到国家规定的标准。食品生产过程中，如果生产设备、工具、容器、场地等在使用前后未进行彻底清洗、消毒，那么这批产品可以直接被贴上“不合格”标签。所以说，环境很容易影响产品质量。因此，环境如今被视为现场管理时的一大重点要素。目前，不少企业引进了 ISO14000 环境管理体系，像 5S 运动便是企业对现场环境提高要求的具体表现。

（6）信（Information）：信息及其流通，指描述现场当下运作状态以及影响现场运行的各类信息/数据及其流通方式。在现场中，信息像空气一样无处不在，信息如何传递，如何分析，如何利用，从纷繁的信息中提炼出现场管理与改善的机会，这是一流现场的表现，也是该要素要探讨的主要内容。

通常，信息可以从 MIS（管理信息系统）、ERP（企业资源计划）、流程卡、工艺卡、生产汇总单、计划表等载体上即时获得，也可以从管理者在现场观察时记录到《现场巡查单》上的信息获得。需要注意的是，信息既有一部分可以直接获得的信息，又有一部分需分析得到的信息。前者需通过观察和记录获得，而后者则需要管理者具备一定的信息分析技能。

2. 现场经济效能

所谓现场经济效能是现场活动能够创造经济效益的能力，通常情况下用现场活动的投入产出率来衡量。现场的六大要素是固定不变的——无论什么样的现场，都必定包含着这六项要素。但是，现场的要素以何种方式联系、组织起来，以何种方式相互协调、相互作用，则对现场的经济效能起着重大影响。

在管理实践领域，现场的经济效能必定是通过以下行动来实现和促进的。

（1）现场要素的有机整合、相互作用。不能把现场看作一个个不同要素独立区隔存在的场地。现场之所以能够产生经济效能，之所以客观上具有经济效能的高低之分，原因就在于现场各要素的有机整合及其整合的水平。

辅助阅读 1—4　　各要素的相互连带影响

同短板原理揭示的道理一样，一个木桶能盛多少水，取决于最短的那块木板。企业的现场活动必须紧密配合才能产生高水平经济效能。现场中的任何一个要素若产生不利影响，都是连带性的。例如，人对机械设备操作不熟练，必然会影响到设备的使用效率，影响产品生产的产出效率，并最终影响整个车间或流水线的运转速度。反过来也如此，流水线或车间的运转速度提升，也需要人员、设备等跟上节奏。现场各要素之间的关系如何恰当地整合、协调，是现场的重要关注点。

（2）科学的活动过程与动态变化调和。还必须意识到，现场经济效能是各要素在动态变化的活动过程中产生的。这意味着现场工作者必须关心两个基本问题“动态变化”和“过程”。一件商品的生产现场，从最初输入原材料，经过各种各样的设备、人员加工，在不同的工艺组织下，最终才能成为商品，这是商品生产现场的生产活动过程。这个活动过程是科学的吗？哪一步为先，哪一步为后？先后步骤是怎么衔接起来的？这些步骤是必要的、必需的吗？这些问题指向科学的活动过程。不科学的活动过程包括活动流程不科学、活动中各要素不匹配等等问题，这些问题在后面的内容中有深入的解读。

当然，现场工作除了要关注过程之外，还要关注变化。现场的动态变化，一方面是各要素之间相互作用时产生的偏差，这些偏差造成的变化对现场活动的质量、效率、成本等都有至关重要的影响，因而必须得到强有力的控制和纠正。

另一方面，变化也可能是企业需要有意识而为之的。例如，生产时装的生产活动现场有时候也需要生产窗帘，用作会议室的活动现场有时候必须改为教学培训的现场，这些波动意味着现场要完成“快速转换”。在大型工业企业中，由于现场涉及多种多样的大型设备和固定的生产流程，这种快速转换造成的影响以及对管理人员的能力要求是相当显著的。

（3）明确的经济目标与持续解决问题。企业现场中人、机、物料用一定的方法在一定的环境中组织起来显然也不是毫无目的的，它必然包含着某些经济目标。换言之，它需要产生经济成果。所以，企业所有的现场活动必须围绕经济目标来运行，经济目标的变化也意味着现场活动必须得到相应的调整。例如，企业经济目标成果取决于质量的进一步提高，现场活动就必须进一步加强质量控制；再比如经济成果取决于“更多的产品”，那么现场活动必须进一步加强效率提升。

衡量经济目标的各项指标是经常变化的，质量、效率、成本、交货期等等都可能随时依据市场和客户需求做出调整。这种调整意味着现场的工作人员可能不够、操作方法可能不科学、计划可能过于粗糙等等，这些问题必须及时地、持续地加以解决，否则就谈不上经济目标的有效实现，更谈不上经济效能的提升了。所以，现场经济效能也要求现场工作者必须关注问题的及时、持续解决能力。

案例分析

现场主义与问题驱动哲学

如前所述，大野耐一是坚定的现场主义者。实际上，现场主义在日本产业界和欧美企业界都有深远的影响。稍加留意就会发现，大野耐一虽说自己是现场主义，但他强调的则是“问题”，这里面内含着现场主义和问题驱动的哲学关系。理解现场主义的理念，必须先把这两者之间的哲学关系理解清楚。

大野耐一秉持两种基本的问题处理态度：绝不隐藏问题、大小问题皆不忽视。

1. 绝不隐藏问题

有一次，大野耐一到工厂视察生产情况，工人们都聚精会神地埋头工作。突然，大野耐一大声喊道：“这是怎么回事？”声音大得让所有在场员工都吓了一跳。

生产小组长赶忙跑过来，大野耐一指着一些被藏在角落里的不合格半成品大声训斥：“为什么要藏起这些不良品？我已经说过无数次——一旦出现不良品，就立刻停止生产，并把它们放到通道中，为什么你们不按我的要求去做？”大野耐一气愤地将不合格半成品全部扔到了通道上，反复强调“不要隐藏不良品，把它们全部放在通道中，让所有人都看见”，并对生产线长给予处分，然后转身离去。

2. 大小问题皆不可忽视

“A，拿着那个箱子跟我来！”在生产现场监督改善的新员工A，突然被大野耐一这样叫了一声，然后大野耐一快速地向前走，A赶紧拿起木箱子跟了过去。大野耐一一边巡视生产线，一边往前走。终于巡视完一圈，回到开始巡视之处。大野耐一开口道：“你没有看见生产线旁边散落的零件吗？”

A回答：“看见了。”

大野耐一继续问：“那为什么不把它们捡起来？”

A回答：“您只是说让我跟在后面，并没说要把它们捡起来……”

大野耐一说：“赶快再去走一圈，把零件全都捡起来！”

于是，A又拿着箱子回到生产线，把零件全部捡到箱子里，回到大野耐一面前。大野耐一从中拿起一个零件放在手中，问道：“知道这个零件多少钱吗？”

A那时只是一个刚刚加入丰田汽车的新员工，对于零件价格一无所知。

大野耐一接着说："我现在把箱子里零件的价格告诉你，你来算算一共有多少钱。"

A赶紧将大野耐一说出的数十种零件的价格一一计算出来，没想到，计算结果让他非常惊讶：那些看来毫不起眼的、散落在生产线的螺丝、按钮等零件，似乎都不值几个钱，然而全部加起来后竟然得到了一个庞大的数字。

3. 通过持续不断地解决问题推进现场乃至企业的整体进步

大野耐一为什么要这么做？坦率地说，大野耐一的做法甚至是"苛刻的""粗暴的"，这一方面可能与日本企业关注细节、纪律严明的整体文化有关，但根本的原因在于现场活动中的问题驱动思维。

通常情况下，在出现劣质产品时，人们往往会考虑"随后再处理"，然后习惯性地把它们藏在某个角落里。可是，生产线仍然在继续运作，并没有人发觉已经出现故障。由于没有及时采取任何措施，人们在不知不觉中重复着同样的问题，制造着巨大的浪费。即便人们在第二天发现了故障，立刻思考解决对策，但至少也已经让浪费持续了一天的时间。问题驱动哲学强调及时发现、探讨导致问题出现的真正原因，共同商榷避免同类问题重复发生的有效方法，这一点是非常重要的。正是因为问题得到了解决，所以后续工作才能够准确无误地展开——而问题持续不断地解决也驱动企业现场工作持续不断地进步，这正是现场问题驱动的基本理念。

问题驱动不仅仅指向大问题、大错误。人们往往认为能摆在桌面上的问题必然都是大问题，于是一些看起来稍小的问题便成了被忽视的对象。然而，如果人们愿意将这些小问题摆在桌面上，就会发现，其实这些小问题也并不小。

任何问题都会给企业造成影响，即便它只是现场中一个极不起眼的问题。然而，当人们有意识地将所有问题都暴露出来并共同检视时，整个现场也会逐渐得到优化和完善。

京瓷创始人稻盛和夫曾说："答案永远在现场。"事实上，很多企业（如索尼、西武、松下、京瓷等），都是现场力量的信仰者。对现场的关注，使得这些企业把焦点真正对准现场、现场中的问题以及现场中的各种关联，不必要的矛盾冲突逐渐变少，企业运作效率也出现了革命性的提高。

行为要求

从前面的内容中，我们知晓了现场的一般知识，包括现场的特征，现场与企业的关系，现场要素，现场经济效能要求，以及一些企业的现场问题驱动哲学。但是，假设未来让你主持一个你完全没有接触过的现场的管理工作，你会怎么做呢？

当一个管理者，特别是一个管理经验尚不足的管理者承担现场管理工作时，面对纷繁复杂的现场环境和现场活动，可能无从着手。他不知道从何开始"把握现场"，从何开始着手现场管理，这是一个普遍现象。

但是，一些关键的思路可以为我们厘清现场，并得出我们的行为判断。图 1—2 展示了这一路径。当管理者走进任何一个类型的现场时，他都可以有意识地借助下面的路径认识现场，并展开工作。

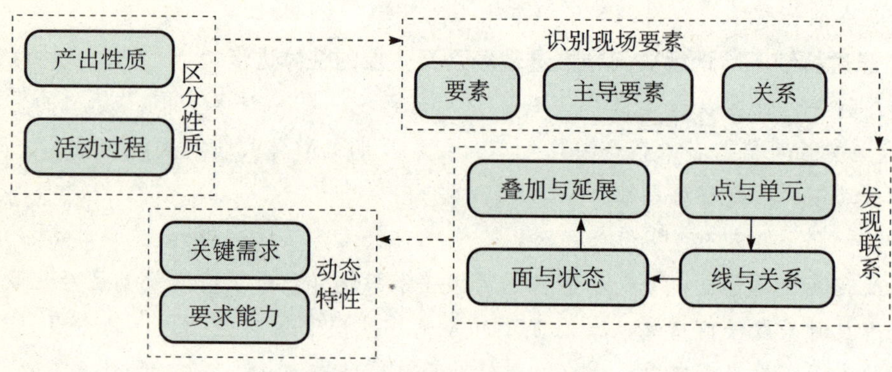

图 1—2　认识现场的一般路径

 区分现场性质

一个软件开发公司的现场，例如百度的工作组和办公间，与一个生产制造企业的现场，例如富士康的手机生产车间，它们之间在性质上有何区别？区分现场的性质，主要从两个方面进行。其一是，产出性质；其二是活动过程。它们对应的问题是“产出什么”以及“如何产出的”。认识现场的一般路径如图 1—2 所示。

产出性质是指企业现场的所有活动最终产出什么性质的成果。产出可以是有形的物质，如材料、半成品、成品；产出也可以是无形的，包括知识创意成果，也包括服务满意度。例如制造业生产车间通常产出有形物质，而客户咨询服务现场则产生客户满意度，科技研发部门则产出知识创意和科技创新。

不同的产出会有不同的活动过程，也会导致人们在关注现场时对不同要素产生侧重。但是，无论产出性质如何，产出都存在一个活动过程，对这个过程加以清晰地把握也就能够抓住现场管理的核心内容。例如，知识创新工作现场通常关注人的创造力，这时候的现场是以人的智力活动为中心的，这一活动本身包括信息的收集、创新需求的提出、创意方案等，这个过程（研发过程）以及它的关键要素（研究人员）无疑也是现场工作人员必须掌握的。

辅助阅读 1—5　　现场活动过程分析图

在一些管理规范的企业，为了清晰地展示现场工作活动，通常情况下都会制定现场活动过程分析图。这一图示展现了现场各类活动的基本过程以及这个过程要实现的基本目标。多数时候，现场活动过程分析图的制定和描述也是现场管理工作者要做的基本工作之一。

识别现场要素

我们已讨论过现场六要素。但在一个具体的现场中，这些要素是怎么表现出来的，它们当下的状态如何？这些问题也必须在管理者分析现场时得到关注。表 1—3 列举了对现场要素加以分析的关键内容和要求。

表 1—3　现场要素识别的关键要领

要素项	识别内容和要求示例
人员	产出活动过程中存在的工作岗位、人员数量的多少、人员能力及其与岗位的匹配度、人员与人员之间的配合关系等等。
设备	设备是哪些、功能是什么，这些设备的技术参数如何，使用这些设备需要什么技能，使用上有什么关键要求，设备的饱和使用状态是什么，设备异常通常是怎样发生的等等。
物料	产出活动需要什么样的物料，对资源有什么要求，这些物料在哪里，怎么获得，资源的供应怎样才叫充分，物料的保管和使用有什么特殊注意事项等等。
方法	产出活动主要用什么方法，为什么用这些方法，这些方法存在哪些不足，谁掌握这些方法等等。
环境	现场在哪里，场地明暗度、温度、湿度、路线安排等是怎样的，为什么这样安排，这样安排对现场工作有什么利弊等等。
信息	哪些是必要的现场流通信息，这些信息在哪里，怎么有效流通，信息不及时或信息过度会造成什么后果，现有信息流通方式是怎样的，有何利弊等等。

识别现场的联系

在识别现场活动的相关联系方面，我们可以依据产出活动过程和相关要素构筑一个简单的现场运作联系模型，如图 1—3 所示。

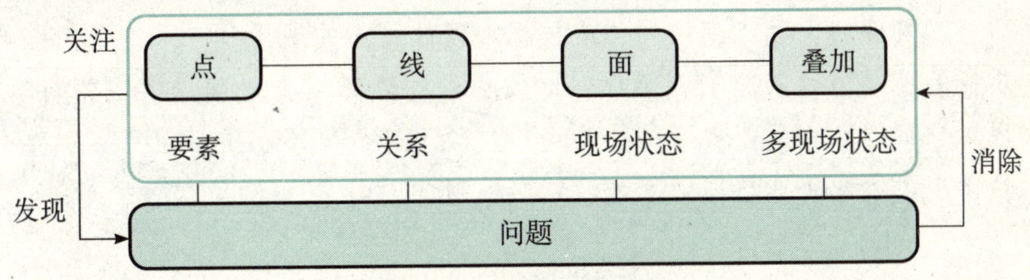

图 1—3　相互联系的现场

现场中存在着很多关联。这些关联可能来自要素与要素，或来自问题与问题。关联的形态或隐或显。让这一切关联明晰起来，是现场管理者面对现场时首先要做好的事项。

我们在前面已经讨论了现场的要素（点），下面我们讨论其他方面。

1. 线：要素之间的关系

在现场中，这些点看似形体独立、特质各异，但彼此之间却存在着各种关联，而点到点的运动路径便构成了一条线。例如，王二使用木材切割机，将木桩切割成木板。这便使得四个“点”有机结合在一起，由此便构成了线状的关联。

通常，呈现这些线状关联的载体有：《工艺流程卡》、《生产追踪表》、《TPM 管理卡》等。通过这些载体，管理者可以看到点发展的来龙去脉，此点对彼点的影响，此点在未来可能发展到什么状态，而这些都应成为现场管理者关注的重点。

2. 面：现场中呈现的整体状态

一条条线状关联的叠加，构成了一个生动而复杂的现场。这些线状关联虽然看似正常运作，并实现了预期的目标，但是，当所有线状关联作用在一起时，综合作用下的现场却未必处于最理想的运作状态之下。此时，对于时间、人力、物力等诸多资源的综合考量与科学协调，将在现场中发挥出惊人的作用。在实践中，现场管理者往往需要以整个现场为单位，去考虑综合成本、质量、交货期与客户需求之间的满足度。

3. 叠加：范围与空间的延展

在关于现场的定义中提到，现场可分为不同的类型，即便在同一个企业中也可能存在不同的现场。从整个企业的角度来看，这意味着数个现场“面”的叠加，并最终实现现场平面范围的延伸和空间范围的拓展。现场管理者可以通过企业月度、季度、年度的业绩报表，围绕某项业务的资源支持及开展状态，来判断多现场叠加效果。

辅助阅读 1—6 **现场关注的视野范围**

生产部是产品输出的主力，因而不少企业管理者会格外关注生产现场。为了追求现场运作效率，他们会将视线聚焦于生产部的绩效上。殊不知，采购部门的采购不当或采购不及时却同样会使已被提高的生产效率无以体现，而物流部门的效率过慢或过度运输又可能造成生产等待或物料积压，无形中浪费反而进一步加剧。

因而，采购部门、物流部门同样应被视为需被关注的现场——采购部门需要在保证采购质量的前提下改善交期，实现实时供应；物流部门需要确保实现物料零堆积。当各个现场（部门）之间能够互相协调运作，既不等待也不积压，便可实现整个企业的即时性供应，如此企业整体效率才会切实提高。

动态特性

在清晰地知晓现场性质、要素和相互关系之后，识别现场这一工作将进入到更深层次的动态特性之中。所谓动态特性是指现场的所有活动是按照什么样的方式、规律进行波动的以及这一波动存在什么样的规律。显然，要深刻认识某个企业某一现场的动态特性并不是一次性观察、或者简单的调研就能够得出来的，它需要经过多个周期内的数据记录、跟踪和分析，了解不同周期内现场活动的波动情况和波动因素才能够判断出来。

任何事物都可以从内外部来划分。管理者对某个特定现场动态特性的识别也可以从现场内部与现场外部来看。现场外部表现为“关键需求”变量，内部表现为“关键能力”变量。这两个变量的变化会促成现场各类活动产生大幅度的波动。

所谓关键需求变量是指特定现场之外的各关系群体对现场本身的要求的变动因素。一个现场可能连着另一个现场，或者直接联系着客户，客户的需求和下一个现场对当下现场提出的要求，都可以视为关键需求变量。例如原材料供应现场必须及时响应生产现场的材料供应需求，这就意味着原材料供应现场必须将生产现场的需求变量考虑在内，并识别现场中各类活动的规律。反之亦然。

关键能力变量是指影响现场实现经济目标的能力的关键要素。现场能力是内部环境、人员、设备、工作方法、技能等各因素构成的能力总和。这其中也许人员是充足的、设备是先进的。但人员的工作方法和技能明显不足，是制约企业现场能力的关键因素。或者反过来也如此。关键能力变量会严重制约现场的运行效能。

关键需求变量和关键能力变量是动态变化的，但它会依据不同的现场活动和不同的周期，表现出稳定性和规律性，识别出这些稳定的规律往往也能够更恰当地对现场活动进行调整，扬长避短，进而改善现场经济效能。

辅助阅读 1—7　　动态调整产生经济效益

一家服装生产商每逢冬季生产销售俄罗斯的品牌冬装，而在其他季节则为国内其他服装品牌生产代工产品。冬季的时候，他们不得不拒绝国内众多订单生产任务，而在其他季节，订单量又是不够的，设备运行不饱和、人员闲置等浪费现象时有发生。

通过长期的数据观察、跟踪分析发现，销往俄罗斯的冬装由于运输、发货成本等的提升，只有少部分是盈利的，换言之，很多生产出来的产品仅能够维持成本，甚至是亏损。而且这些服装每年的款式、数量都是变化不大的。而国内的代工产品尽管单件利润较低，但规模较大，所以利润贡献更大。得出这样的结果之后，他们调整了生产部门的规划，把重点任务安排在国内服装的生产上。而俄罗斯的品牌冬装只保留了几项高盈利款式并不断更新，放在冬季来临前一段生产任务相对不紧张的时间提前生产出来。这种外部需求的调整也让生产现场保持了紧凑和均衡，大大降低了运营成本。

学习拓展

企业界对现场的关注并不是今天才意识到的，日本和欧美企业曾在相当长的时间里对现场保持着高度关注，尤其是日本企业——一些基于现场工作、现场管理培训的工作在企业界，甚至国家层面获得支持和推行。然而，中国企业至目前为止对企业现场的关注才刚刚觉醒。过去企业界对现场管理的粗放有目共睹，其原因既包括中国经济处于刚刚起步阶段，且处于一个快速增长的市场环境中，当然也包括我们的管理意识不足。

在经济发展的起步阶段，特别是外部环境是快速增长的时候，企业更重视订单、市场客户需求的快速满足，通过低端生产的方式快速积累资本。这一阶段管理是粗放的，产品是低品质的，这就是我国企业过去几十年的写照。

但是，局面正在改变。经过几十年的财富积累和社会生产成本的提高，我国的低端制造业正在全球范围内逐渐失去竞争力，企业在向高端制造转移，或者发展高端科技产业，企业必须尽最大可能地从现场制造、生产环节，控制质量、控制成本，提高生产效率和经济效能。所以，企业界最近10年来的一个显著变化是管理意识的提高，这也包括现场管理水平的提高，其要求就涵盖了生产环境安全、生产工作的效率、节能等等。

所以，我们讨论现场管理不是无目的地讨论的，它对应的是企业发展的现实需求。理解现场管理，学习现场管理技能也不是毫无意义的。相反，掌握现场管理技能是未来就业和职业发展的有利条件。就职业而言，每一个人未来都可能在不同的“现场”中工作或进行管理，对这些不同的现场的认识、理解、识别，能够从根本上知晓现场究竟是怎么一回事，这正是本单元核心的学习任务。

单元二　现场管理

概念理解

现场有它特定的运行要素和特征，有相应的经济效能要求。然而，现场不会自动地变成一个完美的、理想的、高效运行的现场。显然，现场的经济效能要求，也不会是现场工作人员和现场各要素自觉、自动地达成的。如同企业所有组织活动一样，现场也需要管理，甚至是更需要精确地管理——如同我们前面所言，过去我们对现场的关注，对现场的管理投入是不足的，现场运行粗放、管理粗糙现象普遍，这已经成为我国企业，特别是制造业企业产品质量不高、效率低下的重要原因。

因此，现场必须获得恰当的管理，而这正是现场管理工作者的任务。

观念探析

请理解下面这两句话的含义。

观念1：现场是一面镜子，直接反映了管理者及至企业经营管理的水平。

观念 2：现场管理是围绕现场活动效能目标对现场各要素进行的统合综效。

情境讨论

业务现场与非业务现场

一家刚成立的奶业公司聘请了一位从事过营销工作的人组织公司的销售工作。上任伊始，他的做法是设计了销售日报表、周报表、旬报表、月报表，并要求所有营销人员每天上交营销日记、拜访路线图、销售品种动态表、每天工作计划等。但是，销售人员每天的销售任务很多，时间一久，报表填写开始流于形式，最终不过是应付差事而已。

从这个事例中可以发现什么问题呢？最直接的问题是，在各种各样经营活动中必须区别清楚什么是活动的主要现场，什么是活动的非主要现场。管理的第一步是完善主要现场的工作，抓住核心。就销售工作而言，其现场主要发生在与客户的交往过程中，因而最恰当的管理办法是与销售人员共同商定销售对象、销售策略，并提供销售指导。

而所谓的销售日报表、周报表、旬报表、月报表只是辅助的业绩和人员管理、控制工具。只有销售额提高了，企业管理才有价值可言。将这些管理控制工作作为主要着眼点，对一个初创企业（特别需要产生销售业绩）而言就显得本末倒置。

知识学习

一个企业，必然会存在组织系统管理、战略运营管理等等。相对而言，现场管理是企业系统各类管理活动中最基本的构成，是企业管理系统的“底座”。这也是为什么人们认为“现场管理可以直接反映企业管理水平高低”的重要原因。

可以认为，现场管理就是用科学的标准和方法对现场各要素构成的现场活动进行合理有效的管控，使其有机运行并服务于经济目标的管理行为。严格意义上，现场管理最终应当呈现为一套科学的管理思想、管理方法与管理手段，以保证现场最终达成各项目标要求。

现场管理内容

“现场管理究竟管什么?”这个问题，有很多不同的回答，有时候你会发现人们对现场管理的理解是参差不齐、各式各样的。毫无疑问，现场管理首先要关注现场六要素，但是，现场管理，首先要视其为一个动态联系、相互作用的运行过程，要视其为经济价值的创造场地。也因此，在管理实务上，它存在多种不同性质的内容。

为了便于理解，我们把现场管理内容概括为三个层面，即业务组织管理层面、管理控制层面和系统协调层面，如图 1—4 所示。

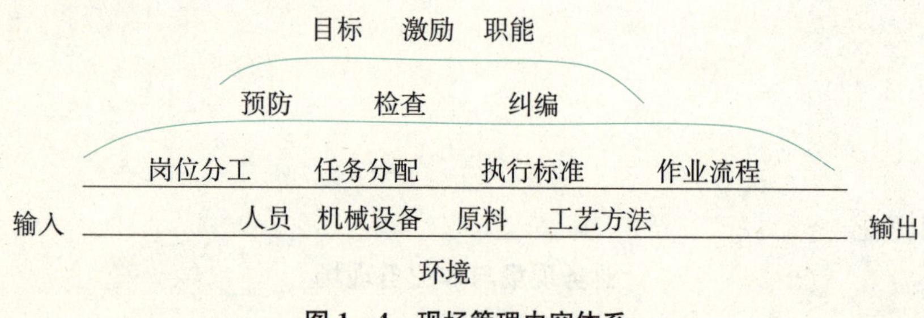

图 1—4 现场管理内容体系

1. 业务组织管理层面

业务组织管理层面是指现场“应该做什么，怎么做起来”的问题，是从现场活动的六要素出发，对活动过程的有效组织。

如果我们假定现场六要素是充分的，不存在问题的，如果存在问题，那么怎么解决要素本身存在的问题也将成管理者的管理任务，例如人员能力不足就必须强化培训或调整分工方式以让工作适应个体人员，机械设备老化就必须关注设备维护维修等等。但如果我们假设各要素是充分的，那么对现场活动的组织工作首先必须建设一个基本的理念，即它是一个输入输出的转化过程。生产活动是在车间这一空间环境中，把原材料转化为商品；服务现场从服务需求信息的接收到服务行为的产生，转化为客户对服务的满意度。对这个转化过程的管理可以理解为业务管理，其指向现场活动的有效组织。

在现场活动的有效组织方向，其管理内容包括：岗位分工、任务分配、执行标准、作业流程四项，如表 1—4 所示。

表 1—4　　业务组织管理内容

内容	说明
岗位分工	岗位分工是基于岗位职责进行的任务划分，明确各岗位工作的具体范围。一般，岗位分工完毕后，现场管理者需要设计一份《岗位职责说明书》，用以详解每个岗位对应的工作范围、工作内容和基本要求
任务分配	任务分配是面向员工个体进行任务切分，其分配方法是否得当，直接关系到工作的效率与成果。任务分配时，要综合考量个人能力、兴趣、擅长等。通常，任务分配以口头形式公布，亦可同时下发一份《任务分配书》至员工个人手中
执行标准	执行标准是任务执行的依据。为确保执行标准的适用性，在设计时应遵循 SMART 原则要求，即：S（Specific，具体化）、M（Measurable，可衡量的）、A（Attainable，可达成的）、R（Relevant，相关的）、T（Time-based，有时限的）。通常，执行标准会被汇总为一份 SOP（Standard Operating Procedure，作业标准书）
作业流程	作业流程是多个作业活动的序列。它的直接表现形式是《作业流程图》。在该流程图中，会将该作业活动所涉及的所有环节、负责人、支持资源一一囊括其中，确保人们能够从中了解作业流程运作的全貌

2. 管理控制层面

管理控制是在业务组织管理的基础上，对现场中各个方面进行控制。这是管理者影响现场成员以实现现场工作任务的过程。管理控制涉及一系列活动，包括：预防、检查、纠偏，如表 1—5 所示。

表 1—5 管理控制内容

内容	说明
预防	预防是从业务实施之前，对可能发生的、但尚未发生的问题进行预想，设计防止性措施，以避免其发生。精益管理中有一种“防呆技术”——通过设计装置或操作手法来避免人们做错事，从本质上来说，这就是管理中的“预防”
检查	检查是业务执行过程中和业务执行完毕后采取的督查措施。检查的重点是总结执行计划的结果，分清业务执行过程的对错，找出其中的显性或隐性问题
纠偏	纠偏是面向已经发生的问题而采取的措施，是用以减轻问题负面影响和防止问题再发的管理控制手段。纠偏的两大直接表现是总结并学习失误经验、返工

3. 系统协调层面

系统协调层面是指现场管理与组织系统之间存在的协调工作。现场管理不可能脱离组织系统管理规范而存在。现场管理必然要接受组织的规章制度、目标要求、人员任用等方面的管理控制。单纯从现场管理的性质来看，现场管理在系统协调层面包含三项，如表 1—6 所示。

表 1—6 系统协调内容

内容	说明
目标协调	目标包括与组织目标的对接，以及对下级目标的分解，因而可以认为目标管理是一个系统协调层面的管理内容。理想的目标执行应当表现为：下级目标严格落实后，上级目标、组织目标必然能够实现，彼此之间呈现出顺承的关系。而这一切必然要通过协调来实现
激励协调	激励有激发和鼓励之意，可以成为现场运作和发展的动力保证。有效的激励通常需要以满足员工需求为基点，但对于一个因素复杂的现场而言，单一方面的需求满足有时会影响他方的需求满足，因而，这又必然涉及到多方需求协调的问题。激励协调通常需要现场管理者借助关系管理技巧和手段来实现
职能协调	职能协调通常发生于现场规划设计阶段。它是指针对现场不同职能的切分和对接，避免职能空洞和职能重叠这两大问题出现，其最终应在现场构成一个完整的现场管理职能体系

现场管理要求

一个理想的现场应当达成什么样的目标状态呢？概括起来应该是优质的产出、高效的产出、活动过程的低消耗、活动过程的均衡以及活动安全性。它是从产出要求、过程要求和运行安全上来界定的。

1. 产出的优质和高效

产出的优质和高效是现场管理的直接要求。

（1）优质。优质是指产出品的高质量，通常包括外观、材质、功能等多个方面。优质的衡量指标因产品而异。有形产品的高质量，如，制鞋厂的鞋子无轻微瑕疵、穿着舒适，即为符合高质量指标；无形产品的高质量，如，售后服务人员让客户怒气冲冲来，愉快开心地离开，那么这个服务过程也是一种高质量的服务产出。

总体上说，产出是否优质可以从两方面来衡量：一是从企业标准要求看，高质量是指能够达成基本质量要求水平甚至高于要求水平。二是从客户要求看，高质量是指满足客户预期，甚至远超出客户预期。

（2）高效。高效是指在相同或更短的时间里，实现预期的产出量，且产出质量符合预期要求。也就是说，衡量产出高效与否的标尺是速度，而衡量高效的基础是符合标准，不符合质量要求的产出，便谈不上高效，因为这种盲目的速度追求未能产生有效价值。比如，某项任务要求员工在 10 秒内完成。如果一位员工在这个时间内完成，但质量审核不合格，那么即便他的速度很快，但却并不意味着高效。

2. 过程状态的低耗和均衡

过程状态是指现场业务运作过程的各个阶段所呈现出来的形态。这种形态可能体现为：低耗和均衡，如表 1—7 所示。

表 1—7　　过程状态的体现

内容	定义	说明
低耗	低耗是指现场运作过程中在人力、物力、资金等多方面损耗被控制至最低水平	如果现场管理为追求高效而投入大量成本，最终必然导致输入价值大于输出价值，这是不利的现场管理结果。因而，现场管理者必须保障过程状态的低耗，这是协调输入与输出对比的基本途径，也是现场管理的基本要求
均衡	均衡是指整个过程中各环节的负荷处于平衡状态，使得各环节的作业时间基本相同	均衡的实现，意味着整个过程顺畅流动，不存在瓶颈障碍，不存在过量积压，是一种运营资本快速流动的理想化运作状态。在现场管理领域，这种理想状态被称为："一个流"

3. 人员与资产的运行安全

运行安全是一切现场活动的基础，没有安全的保障，现场随时可能消失。现场管理必须将形成运行状态可能造成的损害控制在企业能接受水平以下的状态。运行安全主要包括：活动安全、人员安全和资产安全三大方面。

（1）活动安全。活动安全是指现场活动本身的安全性。比如，某项活动的设置是否合理、是否会给人员和资产造成极大威胁，这是安全管理首先要考虑的问题。

(2) 人员安全。人员安全主要是指人身安全，包括生命安全、健康安全。人员安全主要从操作行为规范要求、防护用具使用等方面来保障。

(3) 资产安全。资产安全主要是指现场可见物（如设备、物料、厂房等）的安全管理和维护。通常，资产安全通过日常管理规则的严格要求来维护。如设备使用规程、用电规程、物料存储规程等，都是用以维护资产安全的制度性保障。

当然，安全的切实保障不仅仅依靠健全的安全管理制度，更主要的是人们的主动意识——人们是否有意识地去主动维护安全，才是现场运营安全管理的根本。

现场精益管理理念

企业界对现场管理的看法总是会受到经济环境的影响。就像前面所言，当外部需求广泛，形成一个相对供方市场的时候，几乎没有多少人会在意现场应该具备更高水平，只要能够生产出来商品就可以。但如果情况反过来，那么现场管理的要求可能完全改变。这种状态深刻地影响了现场管理的发展。

20 世纪 50 年代之前，国际社会物质需求短缺，企业中实施的是流水线大规模批量生产，对现场管理的精确度要求不高。50 年代之后，从日本开始逐渐形成了一股精益管理风潮，当时的背景则是社会进入了市场需求多样化的新阶段，工业生产也随之向多品种、小批量的方向发展。这时候，现场管理的柔性、精确性要求更高了。从企业实践来看，精益管理模式受到国际社会的普遍认可，也正逐渐成为中国企业普遍施行的现场管理理念。

1. 什么是精益管理模式

精益（Lean），是指事物的一种极端或一种倾向，是带有细小、干瘦、扁平、精确、精准等含义的一个英文词汇。在现场管理中，精益反映的是“少而精”的概念，要求人们在创造经济价值的同时考虑资源支出与浪费问题。这便涉及到几个概念：价值、浪费与价值流。

(1) 价值与浪费。在精益管理中，那些能够满足客户（潜在）需求，被客户认可并购买的产品或服务是有价值的。然而，这仍然是从结果角度去提出的观点。事实上，在结果创造的过程中同样要考虑价值（Value）。

现场工作是由若干个工作步骤构成的。从原材料开始到最终产品形成或服务为止，价值的最终生成，是离不开人们在每一个工作步骤中的资源输入。如果任何环节存在价值输入输出不对等，那么浪费（Muda）便生成了。

比较常见的浪费有：等待的浪费、搬运的浪费、不良品的浪费、动作的浪费、加工的浪费、库存的浪费、生产过多（早）的浪费、管理的浪费。它们使人们付出了不必要的资源而无法创造预期的价值输出或价值结果。它们的存在是没有意义的，是需要被消除的。

(2) 价值流。价值流（Value Flow）是指在原材料转变为成品的过程中，所有物质流和信息流转化流动的过程。简单地说，它是价值在过程中的流动状态。

而精益现场从本质上来说就是精益管理沿产品价值流方向的扩大和延伸。在精益现场中，人们应当以现场业务价值输出——客户需求为目标，在对产品价值创造过程进行共同分析的基础上，集中精力致力于产生价值的创造活动，通过消除浪费的活动，让价值流在现场中得以顺畅运作。

2. 精益模式对现场管理的要求

现在看起来系统全面的精益管理模式起初也是从丰田汽车生产的车间现场开始的，因而可以说精益管理模式毫无疑问必须关注现场。如前所述，精益管理模式要剔除现场的各种浪费、要关注价值的产出。事实上，精益管理模式对现场提出了两个基本的要求，即准时化与自働化。一些人也认为，这两者是精益管理的两大支柱。

（1）什么是准时化。准时化（Just In Time，JIT）是一种产生于日本 20 世纪五六十年代的生产管理方式。它是指企业生产系统的各个环节、工序只在需要的时候，按需要的量，生产出所需要的产品。如果现场管理能够实现准时化，那么现场便能够在最大程度上避免在制作过程的浪费，加快资金流动，这无疑解决了现场管理的最大问题。

准时化的实现不是一人一物的事情，而需要整个体系的通力协作。这个体系主要包括两大方面：

一是生产线的整流化。在精益管理中，整流化是指根据产品的加工工艺来摆放设备，形成专线生产，并计算出每个产品的节拍时间。整流化使得现场运作更为均衡、快速，资源投放更为精准。

二是拉动式生产。拉动式生产指的是把下一道工序作为客户，以满足客户需求为目标的一种管理方式。简单地说，从后一工序到前一工序取件，后一工序需要什么，前一工序则提供什么，生产什么。这样一来，便避免了生产过多造成的资本、空间占用等诸多浪费。在准时化体系中，它充当着技术承载的角色。

（2）什么是自働化。自働化是让设备或系统拥有人的"智慧"。当被加工零件或产品出现不良时，设备或系统能即时判断并自动停止。通过自働化设备或系统来实施现场管理，可以达到两个目的，一是不生产不良品，即用简便的机械替代人的劳作，以减轻作业强度，提高工作效率，投资最少化，增强产品可靠性；二是节省监控设备运行的看护人，实现省人化，即在异常发生时可以实现自动停机。

辅助阅读 1—8　**自働化与自动化的区别**

自动化是单单的用机械代替人力，而自働化强调的是人机最佳结合。自働化的最早提出者是大野耐一。

20 世纪五十年代，日本从欧美国家进口一些自动化设备。尽管是自动机械，实际上仍然需要在每台机床边配备一名员工负责看管设备，避免设备功能紊乱时出现批量不良。大野耐一认为这种做法极大地浪费了资源。于是，他开始考虑如何让设备自动检测出不良产品并自动停机。后来，大野耐一尝试安装了灯光显示板，即指示灯。这个指示灯与各个机床相连接，放在一个固定位置上，一旦出现异常，设备自动停车，并且技术人员能够在第一时间进行检修，有效地保证了现场生产的正常进行。由此，精益领域的“自働化”从理论构想阶段发展进入了实践阶段。

案例分析

现场管理的历史探索

精益管理模式是当下企业界普遍采用的现场管理模式，特别是生产、制造型企业尤其如此。一些迹象正表明，精益管理模式也已运用到非制造业，例如服务业，甚至也包括教育行业。不过，精益管理是最近 20 多年才发展起来的，在此之前，现场管理也经历了较长时间的探索。这些探索包括了管理理论发展的每一个阶段，下面是这个阶段中与现场管理有关的实践思路。

早期经验管理

现场管理是随着工业革命的不断推进而持续完善的。在工业革命的初期，现场管理理论十分缺乏，很多管理者往往沿袭前任、直接上级的做法，或全凭自身的经验来管理其员工。他们常常说：“现场管理无非是跑跑腿，张张嘴。”遇到疑难问题或质疑声时的最常见反应就是：“管理者以前一直都是这样做的!”

在这个阶段里，大部分管理者尚未形成对“管理”的概念认知，仅凭个体经验来进行工作或生产控制。这种管理模式因地因时而异，而且经验传承随时可能因传递不畅或“师傅藏私”而无法传承下去，单一现场的管理水平难以保持稳定的状态。

泰勒与现场作业科学

1881 年，弗雷德里克·泰勒（人称“科学管理之父”）开始进行劳动时间和工作方法的研究。他所关注的是如何提高生产效率——不但要降低成本和增加利润，而且要通过提高劳动生产率增加工人的工资。泰勒认为，只有用科学化、标准化的管理替代传统的经验管理，才是实现最高工作效率的手段。

从这个思想出发，泰勒开始进行劳动分解、工时标准研究等，开启了以标准化为显著特征的泰勒制阶段。一位反对泰勒的年轻工人说：他将工人的效率提高了 320%，薪资上涨了 61%。毋庸置疑，作业效率和利润控制始终是现场管理中的重点。泰勒的研究理论被应用到现场后，获得了前所未有的效果。从泰勒的研究开始，现场作业科学开始为人们所认同，并被普遍运用于企业现场管理活动中，直到今日。

福特与现场流水线生产

在泰勒制标准化的基础上，亨利·福特开始在汽车生产车间里实施规模化生产，开启了机械化的大工业时代，大幅度提高了劳动生产率，出现了高效率、低成本、高工资和高利润的局面。

为此，福特做了两件大事：一是使配件和人员工作标准化，二是创立生产流水线(1913年)，保证了作业间衔接的流畅性，后面的作业不再有浪费的时间，这也是泰勒制所无法保证的。

在福特制管理阶段，汽车这种曾经属于少数富人的奢侈品变成了大众化的交通工具。自此，规模化被视为现代工业生产的主要特征。在现场管理中，在一定的产量范围内，随着产量的增加，平均成本不断降低的事实是不容忽视的。于是，越来越多的管理者，开始借力于规模化流水线生产来实现现场成本的节约，并将标准化管理和流水线式布局模式引入现场管理中。

管理控制的流程化阶段

当现场管理开始推广规模化生产后，研究学者和现场管理者发现，批量生产带来了大量经济效益的同时，也潜藏着一种批量风险，即当人们在某个环节发现错误后，那么人们往往会发现一大批同样的错误——特别是在生产现场中，这意味着一大批的不良品产生了。

为什么现场作业未能与预期始终保持契合呢？研究学者和管理者一致认为，根源在于过程的管理控制必须加强。于是，人们开始着力强化对现场目标的分解——将目标分解至实施过程中，要求人们严格按照要求去操作，并对现场的各项工作进行检查、监督和调节的一系列管理活动。为了规范管理控制活动，现场管理者在细化分解管理活动的基础上，制订了一系列管理程序文件（一些企业将其归为二阶文件）。由此，现场管理控制亦开始进入流程化阶段。

生产技术与柔性制造

柔性制造最原始的动力是适应小批量、多品种生产。由于批量越来越小，用大规模批量生产线的方式生产，将使产品单位造价变得出乎一般的昂贵，而且，规模化流水线往往只能加工一个或几个相类似的零件，难以应付多品种、小批量的生产。因而，柔性制造能力成了现代企业现场管理中核心的一个主题。所谓柔性制造能力，是指生产能够随着市场需求变化而变化的能力。它强调的是在很短的开发周期内，生产出较低成本、较高质量的不同品种产品的能力。柔性制造的出现完全是适应时代需求的。

现场管理不断地在机器柔性、工艺柔性、产品柔性、生产能力柔性、维护柔性、运行柔性等诸多方面开始了一系列的探索。比如机器柔性，即要求生产一系列不同类型的产品时，机器能够随产品变化而加工不同零件。生产能力柔性，即当生产量改变时系统也能经济地运行。也就是说，现场管理的核心就是考虑柔性应对客户和市场需求。对于一个客户至上的市场环境来说，现场管理在柔性问题上必须予以重视且不断强化管理水平。目前已然被现场广为使用的柔性制造系统（FMS）、柔性制造单元（FMC）、柔性制造线（FML）等，就是管理者们不断研究与实践的成果。

从经验式管理，到泰勒制、福特制、流程化再到今日的精益管理，无数的现场管理者始终坚持不懈地在探索着更先进的现场管理模式，以期实现更高效、规范、省力的管理。虽然每种管理模式各具特色、影响各异，但是在这其中，一些基本的管理原则和行为要求还是通行的，这些恰恰是现场管理者需要深入掌握的内容。

行为要求

如前所述，现场管理者将面对各种各样的管理内容，也可以采用各种管理方法和技术。但很可能，管理者首先面临的问题是他“如何将现场有效地组织起来”，或者说如何把各种管理内容按照某种方式系统地驾驭起来。换言之，管理者需要一套现场组织管理的操作程序，以便按步骤和程序逐层展开。这一程序如图 1—5 所示。

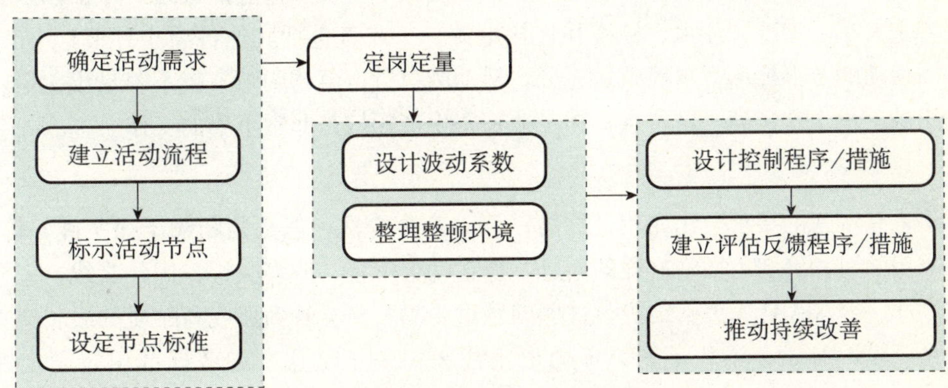

图 1—5 现场管理活动的系统组织过程

图中所示的行动逻辑可以分为四个不同的阶段。即活动设计、定岗定量、影响排除、管理推动。前面所提到的所有现场管理内容、要求，都将贯穿在这个系统过程之中，而各种管理方法、技能，也将在这个过程中得到体现。

活动设计

所谓活动设计是指对现场活动本身进行梳理和安排，理出科学的活动运行方案。活动有时候被称为业务、订单、任务等等，但它们的性质是同一的，即现场要完成的工作，要实现的目标。活动设计是从与企业目标（上级分配的目标）、客户目标（外部目标）需求加以协调的角度，系统地看待现场内的活动。换言之，现场管理内容中的“目标协调”内容，将在活动设计中整合进来。活动设计遵循以下四个基本步骤。

1. 步骤一：确定活动需求

如果“按客户的订单要求生产一批服装”是一项任务，是生产现场要执行的活动，那么，生产什么样的衣服、用什么原材料、达到什么样的质量水平、成本控制在哪个程度上，什么时候向客户交付，当我们明确了这些基本要求之后，随之而来的问题就是：这一生产活动对现场的人员和工艺、机械设备、原材料供应、现场环境、生产程序等有什么特定的要求吗？

这些都是活动需求层面的内容。严格意义上，活动需求包括业务本身的需求（品类、质量、交货期、成本），也包括这些不同的业务对现场活动组织的要求。只有这两者都严格地匹配、协调起来时，我们才能说需求是明确的。

2. 步骤二：建立活动流程

现场需要一个活动流程，以便让所有的工作人员都知道这项业务活动的执行从哪里开始，经过什么环节，到哪里结束。流程是一套活动程序规则，是确保活动有条不紊完成的关键要求。我们前面所说的作业流程，就是流程的体现。

3. 步骤三：标示活动节点

活动节点是指活动完成必须经过的一些关键环节。假如饭店蒸饭是一项活动，它就涉及挑选大米、淘洗、注水、检查并连接电源……或者包括其他各项小环节，小节点。对一项活动的节点标示得越细致、充分，活动的执行也就越明晰，越不容易出差错，因而产出的质量也就越高。这一点，在工业精密生产领域是非常重要的工作。

4. 步骤四：设定节点标准

淘米有淘米的要求，比如用什么方法淘，淘多少次，怎么判断淘干净了呢？等等。一件衣服的纽扣缝纫也面临这样的问题，缝在哪个位置、缝多少粒、用什么线、怎样的走线顺序、缝多少针、怎么结拢，这些问题重要吗？你会看到那些高品质的服装纽扣的走线是一模一样的，不松不紧，不会出现线头……正是这些细节标准决定了产品的品质。

所以，确定了活动节点，还必须有活动节点的标准加以辅助，如此人们既能够知道做什么，也能够知道怎么做，做成什么样。

定岗定量

定岗定量是指在活动设计的基础上划分不同的岗位，并对岗位的任务量进行分配。在这个环节，相关管理内容包括岗位分工、任务分配、人员安排等，当然也同时将企业（或客户）总的目标要求分布到不同的岗位中。

确切地说，定岗定量在现场管理中必须结合流程化的业务活动来确定。将岗位、工作量与业务活动流程完美地结合起来，是精益管理的重要理念。它所解决的问题是，让每一个岗位、每一个岗位的工作量都精确地整合起来，并最终通过整个活动流程的运行，产出预期的成果。

辅助阅读 1—9　**因事设岗、因人设岗与岗位整合**

实际管理领域经常有几种说法：因事设岗、因人设岗与岗位整合。较为推崇的做法是因事设岗，即需要做什么事，就安排一个岗位。而因人设岗常常导致为了用人而用人，产生不必要的人员浪费。例如，为了让一个闲置人员工作起来就专门安排一项任务或工作岗位，而这项任务或工作可能根本是不需要的。但是，客观地说，因人设岗也有积极的用法，例如某个人的能力很强，那么可以考虑将两项不同但关联性很强的工作整合成一个岗位，从而以岗位整合的方式降低人力。甚至是将两个岗位的工作安排在一起，让某个人独立完成，从而让工作流程的衔接度提高。

影响排除

一项完美的活动设计在实际执行过程中仍然会受到各种因素的干扰，而造成偏差，例如紧急任务的出现、需求的波动等等，当然也包括活动环境的不便等造成的干扰。影响排除就是提前将影响因素考虑到活动设计之中或在活动设计之后赋予适当的变动余地，以预防因各种干扰造成活动执行不畅的情况出现。它通过两个方面的措施来实现，其一是设计波动系数，其二是整理整顿环境。

步骤一：设计波动系数

设计波动系数是指活动过程究竟要设计多大的偏差值。例如，客户要求 1 000 件商品，出于对活动过程质量、报损情况的考虑，实际可能要多生产 10 或 100 件；上一个环节的零部件生产交付到下一环节的组装车间可能需要 1 000 个零件，但实际生产可能要多生产 10 件以备零件不合格时影响组装环节的工作。时间、数量都是波数系统的考虑范畴，而这些数值的得出，则取决于长期的数据观察，有时候也是经验性质的。

步骤二：整理整顿环境

环境是影响要素之一。环境包括采光度、温度、湿度这些自然环境条件，也包括活动路线安排、设备工具摆放、标识系统、工作台规划与清洁等等。环境应当是舒适的、方便操作的、安全的。这意味着必须认真排查环境、设计环境。

管理推动

当完成了业务活动设计以及相应干扰因素的处理之后，管理者需要进一步考虑管理的推动因素。业务活动必须经由管理制度、规则的推动才可能更好地运行起来，这其中也涵盖了预防、检查、纠偏、激励等相关管理内容。

步骤一：设计控制程序/措施

怎么预防执行过程中出现的偏差呢？更进一步的问题是，你怎么知晓执行过程出现了偏差？出现偏差了有什么措施可以及时发现并处理呢？这些问题涉及的是控制程序。

如【辅助阅读 1—8】中所示的指示灯，其实质就是一种控制措施。现场管理需要大量不同类型的预防手段和纠偏措施。

步骤二：建立评估反馈程序/措施

人们总是希望及时知道自己的工作做得怎么样，并受到激励，如此才能够更好地进行下一步工作。所以，评估与反馈工作在现场管理中是相当重要的一个推动力。

大多数企业都有成熟的评估方法和评估程序，这未必完全是现场管理者承担的工作，例如绩效考核、利润评估都是人力资源部或者其他运营部门承担的职能。但是，现场管理者也应当主动发挥评估、反馈的作用，以便更好地激励工作人员付出努力。

步骤三：推动持续改善

能否将生产效率每个周期提升5%？能否把生产成本每个季度降低10%？能否把次品率每次降低5%？现场管理可能出于各种各样的原因，如环境的、技术的、人员能力的、工作标准程序的等等，使得现场总是存在不足，存在差距或者问题。

管理者必须考虑持续不断地改善现场的运行效能，而这通常也需要一套机制。那些出了问题修补、想到哪里改到哪里的方法危害极大，必须有一套科学的方法让现场运行效能不断提升。这方面的内容将在具体的技能学习中加以深入解读。

学习拓展

本单元的主要目的是促进我们对现场管理产生系统的认识，包括现场管理管什么，各种事物怎么组织的问题。尽管现场管理有多种多样的内容——在真实的现场管理活动中，管理内容既具体又繁杂，但是，现场管理的框架性程序和行动方案仍然可以用图1—4所示程序来推进和执行。这一基本框架是我们在行动上确保现场管理这一管理活动得到科学规划的基本思路。

明确地说，一个现场管理者总是要按照一定的顺序和组织方式，将目标实现。正是在这个意义上，掌握系统组织过程是相当重要的一个起步。不过，仍然可以发现，整合管理内容和管理需求，只是指明了一个基本的工作思路，其中的任何一项工作都需要相应的技能，甚至包括专门的技术。这些技能和技术，我们将在后面的内容中进行深度的解读。

单元三　现场管理者

概念理解

现场管理并非一项简单的事务，要将现场的人与事管理得井然有序，就必须有得力的现场管理者。而现场管理者也必须知晓自己在现场中的角色、职责、任务以及应该具备的能力，这是将现场管理工作处理到位的基础。

观念探析

请理解下面这两句话的含义。

观念 1：一位现场管理者如果不知道自己应该做什么，那么他必将无所适从。

观念 2：现场管理者的工作重点不在于做，而在于“管”和“理”。

情境讨论

不合格的现场“救火队长”

为改善延迟交货及订单超负荷的情况，一家企业的生产线采用全自动操作。但是，刚投入生产不到一周，由于操作人员的错误调整便造成了模具损坏，于是操作人员不得不拆了旧机器的模具来试用，结果又烧坏了电路。由于零件并非易损耗品，没有备件，所以企业不得不停工十天。此后，一连串的设备故障频频发生，自动生产线几近瘫痪，生产组长不得不经常组织维修人员通宵抢修……此类事故频繁发生，生产组长也成了“救火队长”。“救火队长”的工作态度非常积极，每天都在忙着救火而无暇顾及其他事务……但是，现场管理者的责任不是救火，而是避免“异常失火现象的出现”，对现场中的各大要素进行有效的控制，让现场有条不紊地运作。

知识学习

“现场管理者”顾名思义就是承担现场活动管理职能的管理者。“现场管理者”的称谓，因公司及行业的不同而异，有的称为：主管、领班、组长、班长、帅傅。总体上讲，现场管理者是指负责组织和指挥现场员工作业、保证工作质量、提高工作效率、防止意外事故，承担着日常管理、劳务管理和辅助上级等职责的人。

谁是现场管理者?

“现场管理者”的称谓很容易让人模糊，因为在大部分企业中都没有“现场管理者”这一称谓的岗位或职位。这与现场管理的性质有关，现场是特定空域内的活动集结，任何从事这种性质工作的人都应该被称为现场管理者。

1. 现场管理者

理解现场管理者的身份要从与员工操作层、与组织管理层区别开来。如图 1—6 所示。

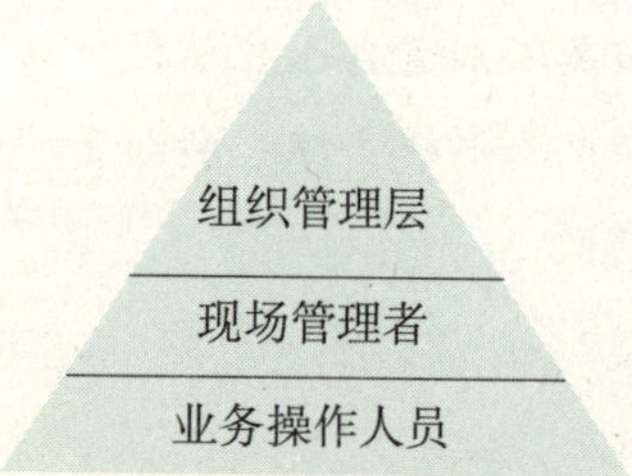

组织管理层
现场管理者
业务操作人员

图 1—6　不同管理层级

一个企业有各种各样的管理层级，在一些大型企业中，其管理层级有时候可能多达十多层。在这些不同层级的管理者中，最基层的管理者通常也是现场管理者，因为他们是直接在现场活动，并管理现场工作和人员的管理者。

所以，现场管理者身份特征的第一项是现场管理者是紧密结合现场操作人员的管理者。但是，这并非绝对的概念。那些从事组织系统管理工作的人，也可能在多种管理场合涉及现场管理工作。例如大野耐一曾经是丰田公司的高级管理人员，是系统组织、决策层面的管理者，他当然不是管理层级意义上的现场管理者。然而，他非常关注现场工作，时时深入现场管理、指导现场工作。当他从事这些工作的时候，我们也可以认为他当下的身份是现场管理者，是现场管理人员。更直观一些的例子是，一家企业的总裁亲自组织了一场促销活动，他是促销活动现场的管理人员吗？答案是肯定的。

所以确切地说，现场管理者这一身份在不同的人身上、在不同场合下，有不同的体现，而不完全是从层级的角度界定的，它指向的是管理对象和管理活动本身，是一种职能性质的界定。因此也可以说，现场管理是人人都要具备的能力，是基于活动、任务、作业的综合管理能力。

2. 与基层管理相关

大部分企业都有既定的、有规律的业务活动，这些活动也常常指派专门的管理人员，形成专门的管理岗位。例如企业基层管理领域就有众多管理岗位是与现场管理息息相关的，表 1—8 列举了一些典型岗位，并对这些岗位的现场管理性质进行了简略说明。

表 1—8　与现场管理密切相关的岗位

岗位名称	相应的现场活动
车间管理人员	主要负责车间的生产管理活动，各种不同的车间都有管理者，他们都是现场管理者。实际上一个车间也会有多名不同的管理者，负责不同的领域，他们都可以称为现场管理者

续前表

岗位名称	相应的现场活动
班组管理人员	“班组长”在制造业中是车间的一个小单元，是典型的现场管理者。但是在非制造业，例如餐饮服务行业也有“班组长”。班组长通常是带领一个小团队完成专门任务的人，他们的管理工作与现场管理相关的知识和能力有很强的关系
采购供应管理人员	采购供应管理人员是指按生产需求及时准确提供生产资源的人员，这些人员的管理现场包括物料存储、运输过程等等
库房管理人员	库房管理是按规定做好物资设备进出库的验收、记账和发放工作，做到账物相符。库房管理人员应随时掌握库存状态，保证物资设备及时供应，充分发挥周转效率
质量管理人员	质量管理人员是指按照质量规划对产品质量和过程质量进行监督、检查的人员，这些人员管理的现场包括进料现场、生产制造现场、出货现场等
后勤管理人员	后勤管理人员是指负责宿舍、食堂、公共区域等区域的资源设施安全、清洁卫生、节约用水用电等工作的人员，他们应保障各项后勤工作的正常进行
行政管理人员	行政管理人员主要负责现场人员的考勤管理、文件及办公用品发放，以及为现场人员提供各类行政方面的支持，其管理工作的核心在于协调相关资源，并保障现场工作的顺利进行
销售管理人员	销售管理人员是指将企业产品或服务与客户进行关联的人员，其通过计划、执行及控制企业的销售活动，以达到企业的销售目标。其管理现场是与客户沟通的场所，如：门店、销售中心等
办公室管理人员	办公室管理人员主要负责对现场内部事务以及现场内外事务关联进行协调，承办领导下达的指令，协助领导决策、草拟文件等，部分企业会特设“综合办公室”
安全管理人员	安全管理人员是指负责对工作环境、设备、资源等的安全性进行检测并指导相关负责人做好维护工作的人员，这些人员要经常研究现场，企业中所有区域（无论是生产区还是生活区）都属于其需要关注的现场
专门管理人员	一些企业会存在特别设置的专门管理岗位，例如改善部、企管部、标准管理部等，这些人员都常常需要研究现场，提出现场管理方案和方法，他们也是现场管理人员群体的一部分

角色关系

当现场管理人员着手现场管理工作时，他必须处理好自己与各类群体的关系，并恰当地履行自己的职责。

1. 角色关系

现场管理者与其他群体的角色关系可从三个层面来看。如图 1—7 所示。

（1）与上级的关系。尽管我们说现场管理是复杂的、多方面的要素构成的系统管理

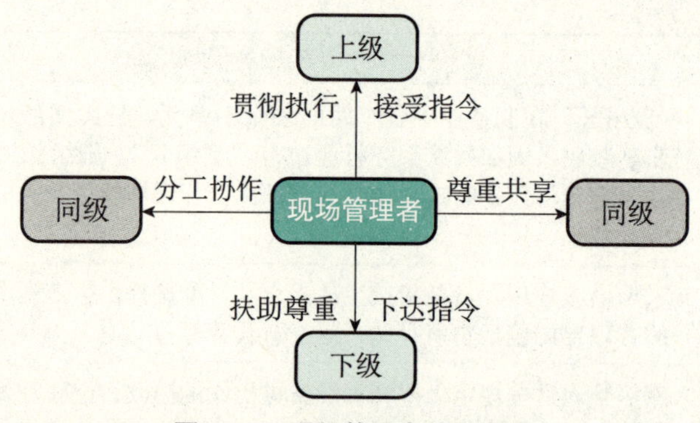

图 1—7　现场管理者的关系网

工程，但由于现场业务活动的方向、目标、要求仍然是受到组织、上级指令安排的，不能完成组织目标，即使现场管理得井然有序、高效运行，这仍然是对企业毫无帮助的。所以，现场管理者与上级的关系必然是接受指令、贯彻执行，同时配合上级做好系统协调工作，包括异常情况的及时汇报、协同处理等等。

(2) 与同级管理者的关系。从某种意义上看，企业是由不同的现场叠加起来，形成环环相扣、紧密协同的价值创造流程的。因而，一个现场管理人员必然需要与其他现场管理人员形成紧密的协作关系才可能共同创造价值。因而，协作共进精神是不可或缺的。

辅助阅读 1—10　**从内部顾客制盛行看现场协作**

现代企业中对内部协作的要求并不是停留在精神层面的一句空话。很多企业为了促进更高效地、高品质的现场生产活动，设计了内部顾客制管理模式。所谓内部顾客制管理模式，就是上游对下游负责，下游检查上游，如果发现上一道环节、上一个现场交付过来的产品不合格就有权退回产品，并要求上一道环节或现场加以改进，如此循环反复。

内部顾客制广泛运用于海尔、华为等知名企业。同时，像海尔、华为这样的企业也在推行流程化组织方式，即企业所有的业务都整合进一个从输入到输出的流程和程序里，减少层级。这意味着所有的管理者都是在流程中紧密衔接的一个点，某个点的断裂、滞停、偏差都会造成整个流程的不畅，因而也是不允许的。

(3) 与下级的关系。现场管理者是员工的直接上级或间接上级。所以，现场管理者将面临如何协助下级、开展现场工作等一系列问题。就工作成果达成方面，现场管理者让下级了解工作任务、工作目标或相关要求，制订工作目标、工作计划和绩效标准，并列出亟待上级帮助的事项，及时给予支持。

与下属建立紧密的相互支持、帮助的合作关系是后面将要讨论的一个关键技能。

2. 角色变迁

考虑到大多数现场管理者都是需要先从现场操作的历练发展起来，所以他的下属常常也是他原来的同事，如何处理好角色关系变迁是相当关键的意识转变。这一角色变迁和相关意识的建立，主要包括对工作性质、工作范围、工作方法、工作目标和人际关系的全新理解。

辅助阅读 1—11 **从员工到管理者的角色变迁**

当一个人从工作人员提升为现场管理者时，他的角色在诸多方面都需要进行相关的调整以适应其工作。现场管理者角色调整，如表 1—9 所示。

表 1—9 **现场管理者角色调整**

内容	调整前	调整后
工作性质	实际操作	企业管理
工作范围	局部	整体
工作方式	个体化	团队化
工作目标	个人目标	团队目标
人际关系	情感化	事业化

现场管理技能

任何一个管理者都需要掌握相关的管理技能，现场管理工作者显然也如此。现场管理所面对的各种管理内容、管理任务，包括业务活动的设计、管理控制、系统组织的协调等等，都离不开管理技能的支持。

1. 管理技能与现场管理技能

管理技能是一个宽泛的概念，特指管理者运用管理思维、技术、工具等各种手段解决管理实践问题的能力。这一概念有以下特征：

（1）管理技能与一般管理能力的区别。技能的概念与能力的区别在于，“能力”也可能是经验的、天赋的，而技能是必须通过学习、训练获得的，具有规范化、科学化、系统化的特性。

在管理实践领域，管理技能是管理能力的核心支撑。一个管理者没有管理技能的支撑，他的管理能力是无法体现出来的。例如，一个人认为自己能够管理好一个团队，但如果他都不能按照科学的方式对团队成员进行搭配、科学地进行任务分工，我们怎么能够相信他具备团队管理能力呢？

所以，我们说管理技能是管理能力的具体化，也是管理能力在实践操作层面的能力体现，优秀的管理能力必然需要通过管理技能的学习、训练而获得。

（2）管理技能与管理思维、技术、工具的区别。在管理实践领域，解决问题会存在很多思维模式、管理技术和相应的工具，与此区别的是，管理技能是在特定的问题面前，运用某些思维、技术和工具的能力。因而也可以说，管理技能需要管理思维、技术、工具的支持，但管理技能本身是一种综合实践能力，是从解决问题的角度进行系统综合后的特定能力。

（3）现场管理技能的概念。现场管理技能是管理技能的一个特定领域，是针对现场管理的内容、要求、问题而需要具备的综合实践能力。

辅助阅读 1—12 **现场管理技能与现场管理内容的关系**

乍看起来，现场管理内容有很多，例如人员管理、任务分配、执行标准、作业流程、预防、检查、纠偏等等，似乎每一项管理内容都需要相应的能力。要理解的是，技能是抽象出来的核心能力，例如一个人分析能力很强，所以他既可以通过这一分析技能解决执行标准的问题，也可以通过这一技能解决作业流程问题。由此，我们也可以理解，管理内容是管理技能的应用对象（或者说是管理技能解决的问题领域），而管理技能本身则是一种熟练运用思维、技术、工具等应对管理内容需求和管理对象的实践能力。

2. 美日 TWI 的四项标准技能

单就现场管理技能而言，美国国防委员会和日本产业训练协会有过长期的研究和实践（参考“案例分析”部分），他们共同概括并发展了现场管理的四项关键技能，并形成了《TWI：企业现场管理技能训练教程》。这四项关键技能包括现场指导技能、现场改善管理技能、现场关系管理技能以及现场工作安全管理技能。

（1）现场指导技能（JI，Job Instruction）。由于现场管理者是亲临一线的指挥者、协调者，所以他们必须掌握一项技能：如何指导下属按要求规范地工作。这一技能解决的问题是提升“员工的工作效能”。即使从常识来判断也能够知道，一个管理者要“能够指导他人”，前提条件就是管理者本人要对工作任务有深刻的理解，要善于分析、分配工作，对工作本身进行规范、科学的安排，也涉及如何“传授”、“指导”等问题。

（2）现场改善管理技能（JM，Job Method）。现场改善管理是针对现场人和事可能存在的问题而采取的优化性管理。现场管理者可以从三个重要方面来开展现场改善管理：问题识别与分析、改善过程管理以及标准化管理，这其中的每一项都涉及对现场管理活动本身的理解，也涉及相关思维方式、技术、工具的运用。

（3）现场关系管理技能（JR，Job Relation）。在每个现场中，上下级、同级关系构成了一个互相关联、互相制约的网状结构；每一处关系状态紧张都可能导致人们在现场工作中表现不力，甚至成为现场工作目标实现的掣肘。可以说，建立并维护人与人之间关系的和谐状态，是一件看似简单而又复杂的工作。因此，现场管理者必须重视现场关系管理技能的掌握和应用。

（4）现场安全管理技能（JS，Job Safety）。现场安全管理是后期添加至 TWI 技能体系中的一个内容。现场安全管理是从现场安全卫生、生产事故等现场安全问题的预防、解决等方面提出来的一项技能。显然，现场生产安全、人员安全、设备资产安全等等，在企业中是一个重大问题，必须予以高度重视，也正因为这个原因，现场安全管理被追加到了 TWI 的技能训练体系中。

3. TWI 的技能逻辑与不足

TWI 提出的四项技能主要是针对现场管理人员的，那些已经或正在从事现场管理工作的人。所以，可以明确地说，这一体系是企业的内部培训体系。这正是它的优势：人们可以通过学习这些技能真正地适应企业的需求。

客观上，TWI 是现场管理工作所需技能的高度概括和提炼。通过这几项关键技能的学习和获取，人们能够较好地适应现场管理工作。但是，对一个初学现场管理技能的人来说，TWI 技能培训体系也有它的不足，这些不足体现在以下几个方面：

（1）集中于操作，对“现场管理认知”方面较少涉足。由于是直接面向企业内部培训的，TWI 体系是一套“管理操作程序”，直接指向了管理者的操作能力，这是它的优势。但对一个初学者来说，他还是要首先弄明白什么是现场，现场管理有什么样的内容，以及需要达成什么样的目标，这些内容在 TWI 中较少涉足，这对初学者理解现场管理是一个不小的障碍。

（2）从指导入手，系统性能力培养不足。在一个成熟的企业中，现场管理者的工作经常是指导性质的，这种指导性质的工作包括如何指导员工落实工作，如何指导员工改善工作，如何指导员工解决问题等等。TWI 虽然讨论了关系管理技能、持续改善技能等等，但它的核心思想仍然集中于“现场管理者如何培训（指导）员工在各个方面做得更好”，因而它的培训特色较重，而对“现场的系统管理”，即对“全面有效地组织、设计、指导、控制”等的综合管理要求较少解读。也正因此，在一线管理者的理解中，TWI 经常被认为是“现场员工培训技能教材”，而不是现场管理的技能教材。

（3）在现场管理综合要求上存在选择性解读。严格意义上说，TWI 体系中的“安全管理技能”相对于“关系管理技能”、“指导管理技能”等是一个特殊的主题，应当说，安全并非是一种技能，而是一种管理实务领域，一种管理的综合要求。即使从一般意义上理解，我们也知道现场管理的综合要求包括经济上的、安全上的各方面，这些要求在实践中可以归纳为四项：质量、成本、交期、安全。安全只是现场管理要求中的一项。

TWI 将“安全”作为一项特别技能有它的背景：安全在企业管理活动中的重要性是非同一般的，各种各样的安全事故造成的企业和社会财产损失已经不是一个可以忽视的问题。但在逻辑上，我们也要认识到现场管理的目标要求并非只有安全，还有质量、成本、交期（后面的内容将对此有深入的解读）。一个企业如果长期不能按照客户要求即时交付产品，或者客户因为交付的产品质量不过关全部退回等，这些情况意味着企业根本上就是失败的，即使是安全的，企业也没有存在的必要或者终会消亡。

案例分析

美日现场管理技能探索

实际上，TWI 有它深远的历史，在美国、日本的企业管理发展进程中发挥过重要作用。也因此，我们提出 TWI 体系，并在本教材中对此进行分析。本教材也将充分地借鉴 TWI 体系的原理、原则和方法，并规避和修正它作为企业内部培训教材而非系统教育教学教材的局限性。在这里，有必要对 TWI 的发展历史进行一个解读，以便加深理解。

TWI 的确切名称是“企业内训计划”（Training Within Industry），中文翻译时通常称之为“现场管理技能训练教程”。最早，TWI 的技能训练内容是美国在第二次世界大战中开发出来并在美国企业界普遍使用的。

1940 年，德军攻占巴黎，第二次世界大战进入新的阶段，美国进入临战体制。为了强化战时的生产体制，美国国防委员会认为需要在企业中制定训练员工的计划，这就是 TWI 的开始。

在最初由美国开发和普及的 TWI 培训中，要求企业生产群体提高工作的知识与技能，培养技能工和现场管理者。其内容包括：现场指导技能（JI，Job Instruction）、现场改善管理技能（JM，Job Method）、关系管理技能（JR，Job Relation）。

在企业内部训练中，这三点成为重要项目。虽然 TWI 是一般用语，但后来却逐渐以培训现场管理者为中心展开，也就成了训练现场管理者的代名词。至第二次世界大战结束前，在美国接受过 TWI 培训的第一线管理者超过 200 万人，对战时的美国产业界产生了巨大影响。

1949 年，第二次世界大战结束满 4 年，TWI 训练教程被引入日本的产业界，并直接进入劳动省有关机构，开始了漫长的推广活动。当时的日本正处于战后重建时期，到处是一片废墟。如何迅速恢复经济，是首要课题。美国占领军当时对日本产业界提供了三套培训教材，包括对现场管理者的 TWI 教程——这套教程对日本产业界的复兴起到了极大作用。1949—1954 年的五年中，TWI 训练在日本从无到有，迅速发展，至 1954 年底，为各企业培养的现场管理者总数达到 339 378 人。1968 年，日本产业训练协会为现场管理技能培训确立了第四项目——工作安全管理（JS，Job Safety）。

较早引入现场管理技能培训体系的日本企业之一就是丰田汽车公司。当时，丰田公司已然处于破产的边缘。企业管理层和工会慎重思考后，决定帮助丰田公司引入一些关于现场管理者发展的培训计划。很快，TWI 在丰田公司开始被评估并实施起来。后来，丰田汽车开发出丰田生产体系（TPS），逐步成为世界领先的汽车制造商。而这一切也在较大程度上得益于现场管理思维的变化和能力的提升。

时至今日，越来越多企业开始将 TWI 引入企业管理中，这种现场管理技能的直接复制在短期内获得了不错的效果。这也引来了越来越多的管理学研究专家对它的关注。

行为要求

一个初学现场管理技能的人，应当了解 TWI。这是因为，TWI 紧密结合企业的实际技能需求，学习者可借此学到未来就业和职业成长所需要的实际技能。但同时，考虑到现场管理技能的初学者需要从头开始理解企业的现场管理，也应当系统地认识现场管理各方面的要求以及各项实践操作技能，从 TWI 的内容体系出发，并适当加以补充仍然是极有必要的。

图 1—8 所示的框架，是对 TWI 的技能体系加以调整后的内容，这一框架较系统地展示了现场管理从基础到核心技能的内容体系和技能逻辑，本教材的技能学习也将从下面的框架展开。

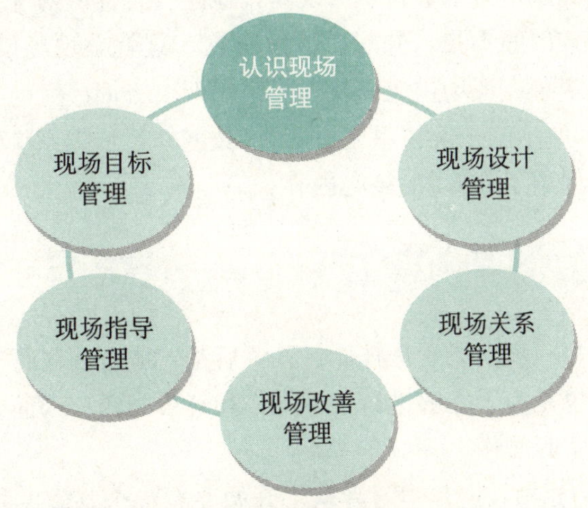

图 1—8 现场管理技能学习框架

对 TWI 的增补和调整

与 TWI 原体系相比，在图 1—8 所示的技能学习框架中，有以下调整：

1. 增补了"认识现场管理"的部分

这就是前面学习的本章的内容。在行为技能要求方面，第一章单元一要求了解企业现场，并在技能上能够"有效区分并理解不同现场的性质、要求和特征"，即掌握一套"现场活动分析程序"。第一章单元二要求的是理解现场管理的内容、要素及相关要求，并在技能上能够"有序地将现场组织起来"，即掌握一套现场组织程序。第一章单元三是对现场管理者的职业要求进行的一个初步解读，包括角色性质、角色要求，以及现在所了解的这些现场管理者的技能体系是如何出现的。对这些内容的学习都是现场管理工作的基本要求。

2. 增补并调整了现场目标管理

在 TWI 中，安全管理技能是作为一个独立的项目加以培训的。不过如前所述，安全只是其中一项——尽管是不可忽视的一项，但仍然只是一项，对初学者来说，还是要系统的学习，以便掌握全貌。所以，图 1—8 的体系中增加以质量、成本、交期三项技能管理内容，并与安全管理合并在一起，统称为“现场目标管理”。所以现场目标管理，是指现场应当实现的经济目标和经营效能，这在实践上是以质量、成本、交期、安全四项指标来衡量的。

3. 增补了“现场设计管理”的技能内容

从系统学习的要求来看，现场管理者理应整体上了解并掌握如何对现场的各类活动进行有机整合、设计的技能。可以这样说，假如一个管理者面临着一个混乱无序、各类活动流程、活动协调都规划得不够科学的现场，他应当怎样应对呢？事实上，他首先还应该认识到这些规划方面的不足，并想办法解决它。这就是现场设计管理的技能内容，包括现场布局、现场定置、现场供应以及人员组织四个方面。

总体上，图 1—8 所示的技能体系是对 TWI 技能体系依据系统学习需要进行的有益增补和调整，但仍然保留了 TWI 的核心内容。

技能学习的一般要求

我们所要学习的每一项现场管理技能，其背后都对应着现场管理的实际内容和实际问题，而学习的目的也是为了能够进行管理操作和解决问题。因而，现场管理技能的学习其中心点将落实到实际操作上。

为了更有效地学习这些技能，学习者从一开始要有一个基本的思维方式（图 1—9），包括三个关键要领：技能是什么，为什么要有这项技能，这项技能是怎么操作的。

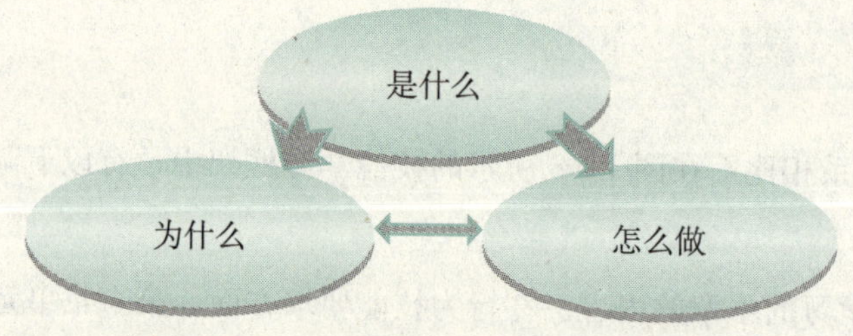

图 1—9 现场管理技能学习的思维要求

1. 关于是什么

每一个技能都有它的特定性质、内容和相关的内涵特征。在学习每一项技能时，应当带着一个基本的问题展开：你要掌握的技能是什么？这个技能包括什么内容？通常以什么样的模式呈现？这个技能具有什么样的性质或特征？技能的知识学习模式主要是解决这个问题的。

2. 关于为什么

学习一项技能既要知其然，也要知其所以然。了解技能的前因后果，可以让我们更充分地理解技能内涵，也能够让我们在未来实际应用中更灵活、更具思维能力。所以，要带着“为什么”的疑问进入到学习中。包括：为什么要掌握这项技能？这项技能可以应用于哪些方面？在现场管理中这项技能可以给你带来什么价值/作用？这部分的内容涵盖在知识学习、技能要领或案例分析中。

3. 关于怎么做

“怎么做”是技能学习的关键内容。后面的技能学习内容中，都专门设置了“技能要领”、“行动练习”模块。“技能要领”是在了解了技能是什么及其前因后果之后，对技能的实际操作要点、步骤和方法进行的解读，而“行动练习”则是模拟实际操作。

行动练习是为了通过情境模拟或现场演练，尝试让知识应用于实践。如果条件允许，在真实的现场进行练习，技能学习的效果会更好；如果条件不允许，亦可在教室或培训场所进行情境模拟。现场管理者在学习时切忌以背诵知识的形式被动参与，而要在内心里假定自己正处于那样的环境或情境中，必须处理某个问题，即：自己为自己创造现场体验感。这样的行动练习才能有助于人们将学到的知识活学活用。

学习拓展

熟悉管理学发展史的人会知道，从泰勒开始，到当代日本、欧美盛行的精益管理、现场管理培训计划等，现场管理一直以来没有脱离企业管理的视线，甚至一直居于企业管理活动的中心位置。原则上，一个企业是否能够发展得更好，是否能够提供更优质的产品、服务，是否能够与其他企业展开强有力的竞争，都需要回到一个原点：企业的生产和服务现场是高水平的。正是在这个意义上，我们知道泰勒研究现场的作业科学，大野耐一致力于提升现场的生产效率，降低现场的浪费。

中国企业目前正经历转型期，正在从过去的低端生产制造领域转移到高科技、高质量产品的生产制造。换言之，中国企业正经历从产业的价值链下游向产业的价值链上游的结构性转移，这个转移的过程中一方面要求提高企业的科学技术研究投入、创新和应用，另一方面就是管理水平的提升，而管理水平的提升首先就是生产和服务现场管理水平的提升，毕竟企业经营活动核心在于实实在在地做好产品，提供优质服务。

在这个转型的过程中，中国企业界需要大量能够从事一线现场管理工作的职业管理者。就目前的现状来看，这样的职业管理者在企业中普遍缺乏。所以，学习现场管理技能、成为一名合格的现场管理者是未来就业的一个重要路径。

第2章

现场目标管理

海尔集团是20世纪中国出现的奇迹之一。一个亏损147万元的小厂，16年后成为一个年销售额达406亿元，并保持80%的平均增长速度的企业集团。然而，海尔的成功却源自一种独创的中国式的管理模式——OEC管理模式。所谓OEC实际上是“Overall Every Control and Clear”的英文缩写，其含义是：全方位地对每人、每天所作的每件事进行控制和清理，以做到“日事日清日高”。而它的管理核心之一便是现场目标管理。

海尔的现场目标主要从质量、经济效益、生产率、安全、产品开发等诸多方面展开设计，确定每项内容的具体目标值、工作进度、完成期和承担的部门。

以质量目标管理为例，海尔始终将零缺陷作为质量目标。为实现这一目标，海尔在上下工序建立起严格的质量监督机制，每个工人把下道工序当作用户，质量指标日益提高。在海尔每个车间都设有“车间日清栏”，每天的质量、劳动纪律、工艺、设备物耗的情况在栏内一清二楚，质量状况在日清单上每两小时公布一次。10个重点工序都设有质量控制台，156个质量控制点都有质量跟踪单。

明确的目标和严格的目标管理，使得海尔的现场管理形成了扎实有效的生产管理模式，在竞争激烈的家电行业保持稳定上升的趋势。2014年，海尔实现利润150亿元，同比增长39%，利润增幅是收入增幅的3倍，在世界白色家电行业中名列前茅。

聚焦问题

为什么要设定现场目标？现场目标包括什么？为什么从这些方面设定目标？如何实现这些现场目标？

主题理解

现场管理不可无的放矢，必须有既定的目标去引导现场人员的行为发展。通常，现场管理的目标是从质量（Quality）、成本（Cost）、交期（Delivery）、安全（Safety）四个角度来设计的。因此，现场目标管理被分为以下四大方面：

（1）现场质量管理。质量是指产出产品与服务的工作结果和过程的质量。每个现场都需要设计质量标准，促使员工遵守标准，确保产品质量和生产过程质量达标。大部分的现场质量问题可以用“现场现物”的原则，以低成本、常识性的方法来解决。

（2）现场成本管理。任何现场的运营都需要采购所需资源，如物料、设备或服务等。而任何资源的取得都不是免费的，必须支付一些成本，如资金或某种代价。成本目标的设立绝不是降到最低水平，而是在管理、开发、生产及销售良好质量的产品和服务的同时，又能致力于降低成本或维持在目标成本的水准上。

（3）现场交期管理。交期，又称交货期，是指从公司支付购进材料及耗材开始，到公司收到售出货物的货款为止的整段时间。作为现场管理的目标之一，它要求现场设定所需品或服务送达至客户的最终截止时间，并在现场管理过程中保障交期的实现。对现场管理而言，这是一项极大的挑战——它要求人们对交货期实行承诺的同时，也能达成质量及成本的目标。

（4）现场安全管理。现场安全管理被视为现场管理工作的重中之重，它主要包括企业资产安全管理和人身安全管理两个方面。前者是针对企业整体，后者是针对企业成员个体，而无论是哪一个，一旦出现安全问题或事故，都将给人们带来不可估量的损失。因此，现场安全管理目标必然优先于其他任一目标。

说到这里，你可能会问：这四个现场目标都很重要，但哪个更重要呢？因为在具体情境下，这些目标之间可能存在一定的冲突。比如，某个客户急需一批货，为了达成交期要求，管理者可能在质量要求上稍降一个等级，或提高了成本。

其实，这个问题在现场管理中是非常常见的问题，而每个企业都有自己的一套衡量标准，即针对具体的需求进行重要度排序的调整。但同时，管理者必须谨记两条：一是四大目标皆不可舍弃，舍弃任何一个目标都会给现场管理带来灾难；二是把握好“度”的问题，比如上面说的交期与质量或成本目标的博弈，在此过程中，现场管理者有必要与客户进行有效沟通，以客户需求为导向，确保现场价值产出与客户需求相契合。

学习目标

本章的学习目标如表 2—1 所示。

表 2—1

知识点	位置	学习目标
质量管理的概念、目标	单元一	● 理解　○ 须知　○ 熟知　○ 活用
现场质量管理的四大活动	单元一	○ 理解　○ 须知　● 熟知　○ 活用
质量管理的责任界定	单元一	○ 理解　● 须知　○ 熟知　○ 活用
质量控制程序	单元一	○ 理解　○ 须知　○ 熟知　● 活用
成本相关概念	单元二	● 理解　○ 须知　○ 熟知　○ 活用
成本计算方法	单元二	● 理解　○ 须知　○ 熟知　○ 活用
成本合理性计算的参照因素	单元二	○ 理解　● 须知　○ 熟知　○ 活用
成本管理程序	单元二	○ 理解　○ 须知　○ 熟知　● 活用
交期的概念、构成及价值	单元三	● 理解　○ 须知　○ 熟知　○ 活用
交期管理的三项工作	单元三	○ 理解　○ 须知　● 熟知　○ 活用
交期变更的处理方法	单元三	○ 理解　○ 须知　● 熟知　○ 活用
交期管理程序	单元三	○ 理解　○ 须知　○ 熟知　● 活用
安全管理的概念、价值	单元四	● 理解　○ 须知　○ 熟知　○ 活用
安全管理三大要求、三大对象、四项工作	单元四	○ 理解　○ 须知　● 熟知　○ 活用
安全管理程序	单元四	○ 理解　○ 须知　○ 熟知　● 活用

单元一　现场质量管理

概念理解

现场质量管理工作的重点大多集中在现场，而非与现场外围之间的关联。现场质量管理的目标，是通过保证现场产出过程质量，来降低资源消耗，最终生产出符合质量要求的产品。

观念探析

请理解下面这两句话的含义。

观念1：质量不是检查出来的，而是设计和制造出来的，设计质量决定了产品的适用性质量，而制造质量则决定了产品的符合性质量。

观念2：现场质量管理的形式不单单是质量检验，它应是一个系统性的管理活动。

情境讨论

质量管理与系统制造

在很多企业现场中存在着这样一种现象：在产品质量问题处理规定中公开写明：但凡产品出厂，一经发现质量问题，则由质量部负全责。所以，生产部、技术部、销售部、采购部、工艺部等所有部门，一旦有了质量问题，想尽办法让产品尽快出公司，而待2个月后出现质量投诉、赔款时，企业领导就会向质量部问责。这样看来，似乎质量管理仅仅是质检员一个人的事或者是质量部一个部门的事，与其他人员毫不相干。

但事实并非如此。只要稍加观察即可发现，现场中任何一个环节、任何一个人的工作质量都会不同程度地、直接或间接地影响产品质量。例如，如果在进料之初即存在原料质量不合格，那么产品质量就难以保证；如果部分产品未严格按照标准进行生产，那么产品最后的质量水平就难以统一。

但是，如果能够将所有现场人员的积极性和创造性充分调动起来，人人都做质检员，保证不让任何有质量缺陷的加工件进入下一道工序，那么现场质量必然可以得到全方位保障。

知识学习

企业现场管理的基本任务是保证提供合格的产品和市场用户需要的产品。而满足需要的基本点是质量符合要求，具有适用性。所以，在现场管理工作中，必须把产品质量管理放在首位。下面来了解一下质量管理的相关概念、活动分类以及责任界定。

质量管理

现场质量管理是质量管理的一个主要组成部分，它的工作或活动的重点大部分在现场。因此，现场质量管理是生产第一线的质量管理，其重要性不容小视。首先，来理解一下质量管理的概念。

1. 什么是质量管理

现场质量管理是指从原材料投入到产品形成整个生产现场所进行的质量管理活动。

现场质量管理以生产现场为对象，以对生产现场影响产品质量的有关因素和质量行为的控制和管理为核心，通过建立有效的管理点，制定严格的现场监督、检验和评价制度以及现场信息反馈制度，进而形成强化的现场质量保证体系，使整个生产过程中工序质量处在严格的控制状态，从而确保生产现场能够稳定地生产出合格产品。由于现场是影响产品质量的诸多要素的集中点，因此，做好现场质量管理可以确保现场产出的高品质，使企业增加产量，降低消耗，提高经济效益。

通常，现场质量管理涉及人、机、料、法、环、测，是一项系统工程。这些内容需达到预定的标准，过程才会稳定受控，产品一致性才会好。具体而言，现场质量管理的主要内容也必然从这几个方面展开，如表 2—2 所示。

表 2—2　现场质量管理的主要内容

主要内容	说明
人员管理	包括：明确人员能力要求；提供必要的培训，提高胜任力；鼓励员工参与
设备管理	包括：制定设备保养制度，做好定期检测和维护，使设备处于完好状态；按规程操作，确保设备使用无损耗和产出品无损伤等
物料管理	包括：确保物料质量符合规定，并做好物料存放、检验状态的规定
作业方法管理	包括：现场人员按照要求作业，保障作业质量达标
工作环境管理	包括：为达到产品和服务符合质量要求，确保现场人员的健康和工作环境的安全
检测设备管理	包括：检测设备的精度达标，能够精准检测

2. 质量管理的价值目标

质量管理对现场运营有着深远而积极的影响，最好的例子就是日本。通过全面质量管理，日本企业得到了很多“实惠”。1962 年—1972 年，日本企业仅仅通过质量控制小组活动建设就为企业增加了近 250 亿美元的收益，比日本 1955 年的 GDP 还要多。

当然，做好质量管理并不只是为企业增加了经济效益，它还可以为企业在各个层面带来改善和效益。质量管理的目标如表 2—3 所示。

表 2—3　质量管理目标

（1）提升顾客满意度、忠诚度	（9）增强员工的质量意识
（2）延长产品生命周期	（10）实现公司对员工的承诺
（3）减少产品质量缺陷	（11）改善销售及售后服务的质量
（4）改善产品设计	（12）提高产品在市场的接受程度
（5）让生产过程更流畅	（13）降低质量成本
（6）确保各部门的配合与协调	（14）减少经营亏损
（7）激发员工的工作激情	（15）将质量责任事故降低到最小可能
（8）提高员工的操作技能	（16）让质量改善成为常态

如果现场质量管理工作实施得当，那么上述目标便很容易实现，并能够帮助企业提高竞争力，在竞争激烈的市场环境中获取一席之地。

3. 质量管理与现场

日本质量管理的集大成者石川馨认为：质量管理是用最经济最实用的方式加以开发、设计、生产、销售和服务，为客户提供满意的产品。全面质量管理大师费根保姆则认为：质量管理是把现场各部门的质量发展、质量维持和质量改进的各项努力，综合成一个有效的制度，使生产及服务均能以最低经济的水准，使客户满意。

从这些质量管理大师对质量管理的概念性界定中不难看出，质量管理（Quality Management）与现场保持着千丝万缕的关联。它并不是单纯地对产品进行检验，而是要集合现场人员的智慧与经验，活用组织体系，并且对现场内部的人、事、物进行改善，用最经济的生产方式，满足客户的质量需求的系统化合作过程。

为规范现场质量管理，管理者纷纷为现场建立了现场质量保证体系，将各工序的质量管理职能纷纷纳入统一的质量管理系统中，形成一个有机的现场管理整体。为了给本企业的现场质量管理能力增加竞争力砝码，大部分企业也进行了 ISO9000 质量管理体系认证工作。

辅助阅读 2—1　**质量管理与 ISO 体系认证**

很多企业进行 ISO9000 质量管理体系认证的目的并非为了提升产品质量，而是因为竞争对手先拿到了证书或是迫于政府与市场的压力而不得不申请认证资格。也有不少企业没有先定位质量目标，也未将现场运作与质量标准结合在一起，只是希望尽快找一家认证企业，毫不费力地在最短时间内拿到认证证书，而不是去考虑认证的真正目的所在。

毋庸置疑，ISO 质量管理体系是国际标准化组织（ISO）制定的国际标准之一，它对现场质量管理的影响是巨大的。但这种影响发挥的前提是该体系被真正引入现场，而且人们能够借助该体系实现现场质量管理能力的提升。

现场质量管理活动

现场质量管理的目标实现，得益于现场质量管理活动的有效组织。现场质量管理活动主要包括四大方面：质量标准管理、现场质量控制、质量数据管理、质量教育与培训。其中，质量标准管理是对现场作业和管理依据的策划；现场质量控制是质量管理及目标实现的程序设计；质量数据管理是现场质量管理的信息支撑；质量教育与培训是对现场质量管理意识和能力的培养。

1. 质量标准管理

质量标准是产品生产、检验和评定质量的技术依据。通常，设计质量标准时需要考虑三方面的因素，如图 2—1 所示。

（1）质量标准源于客户需求。产品质量标准取决于客户对产品质量的客观要求，而

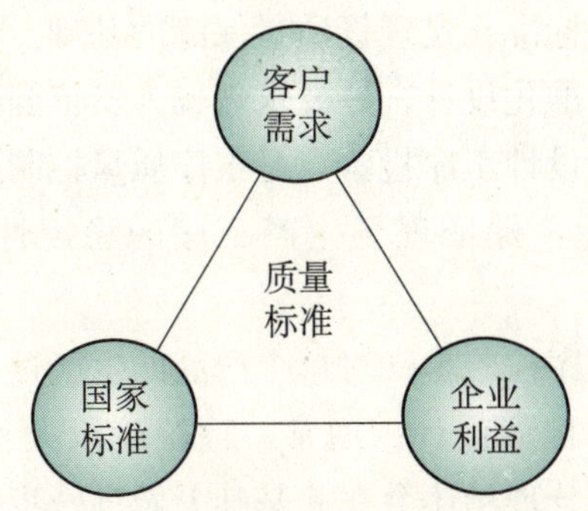

图 2—1　质量标准设计的影响因素

非企业对产品品质的主观要求。一些管理者认为衡量质量的标准就是有分量、奢侈。其实，这只是客户衡量质量的部分标准；对于整个客户群而言，质量标准就是“符合自己的需求”。而质量是否符合要求，则要通过将质量的附加条件加以定义和解释后，再去衡量。

（2）质量标准基于国家标准。客户虽然是产品的直接使用者，但对于产品质量究竟应达到什么标准往往不能给出准确论断，而采用国家质量标准作为衡量产品质量的基本标准是一种安全的做法。所以，现场质量标准的设计必须在国家质量标准的基础上进行，并根据国家质量标准实施检验。进一步说，企业所生产的产品质量水平可以高于国家要求的质量标准，但绝不可低于此标准，这样才能赢得客户的认可。

（3）质量标准满足企业的利益要求。虽然质量标准可以设定得略高，但却不可过度。如，随意加大产品安全系数；对于一般用途的产品，采用承受高负载的元件或高价格的原料……这会导致质量成本超出预期。因而，企业在综合考虑国家标准和客户需求的基础上，可以以同等功能和质量但价位不同的原料替换原先使用的原料。

辅助阅读 2—2　**戴明的质量环**

质量环是管理学中的一个通用模型——PDCA 循环。它最早由休哈特于 1930 年构想，后来被美国质量管理专家戴明博士在 1950 年再度挖掘出来，并加以广泛宣传和运用于持续改善产品质量的过程，因而又被称为戴明环。

PDCA 循环主要依照 Plan（计划）、Do（执行）、Check（检查）和 Act（修正）这样的顺序进行质量管理，并且循环不止地进行下去。而与其他管理活动一样，质量标准的生成与应用也应保持持续进步的状态，寻求可进步的空间。因而，在质量管理活动中，质量标准水平设计便有必要结合 PDCA 循环模式，进而充分满足客户需求、国家标准以及企业利益要求。

2. 现场质量控制

现场质量控制是指从管控的角度去考虑质量保障的问题。通常，质量控制主要从三个方面入手：作业标准化、质量过程监测、质量检验管理。

（1）作业标准化。作业标准化是现场质量保障的基础。为了保障工作质量，现场管理首先要对工作过程进行标准化设计，并要求现场人员依照标准进行有条不紊的操作。

（2）分工序检验。科学设计工序检验点是工序质量控制的前提。分工序检验，能够督促人们严格参照标准作业，保证现场生产工序的稳定性，保证产品生产达到质量要求。

（3）分阶段检验。分工序检验是针对单个产品的生产过程而设计的；而分阶段检验则是针对一批产品的生产过程而设计。通常，检验阶段大致分为：首件检验、在制检验、成品检验三个阶段。部分现场还会在此基础上做进一步细分，比如首三件检验、出货检验等。

辅助阅读 2—3

形式化的质量控制现状

无论引进哪一种质量监控方法，管理者或质量部都不可忽视对质量过程的控制。有些企业的质量部门对质量监控系统工作、流程本身缺少设计，导致质量监控项目设计缺失，质量监控流程的流畅性不足，故而常常因先天性障碍问题而导致质量监控不力。

还有些质量部监控方法的选择较为随意，以质量检验为例，对所有抽检一律选用高的检验水平。其实，检查费用较低、产品质量不稳定时，适宜选用高的检验水平；而检验费用高、破坏性检验或严重降低产品性能的检验时，则适宜选用低的检验水平。

这样一来，可以在保证产品质量的基础上，规避不必要的成本浪费，并节约检验时间。当然，最重要的是，只有这种有差异的抽检方式，才能使质量监控成为真正落到实处的质量控制，而不仅仅是走形式。

3. 质量数据管理

质量数据来自现场活动，同时又是现场活动开展的重要依据，质量数据管理也因此成为现场质量管理的重要部分。

关于质量数据管理，它是指质量部门通过抽取产品的质量数据，对所得到的质量信息进行数据统计和分析，直观地发现和改善数据中潜藏的质量问题，并以此指导现场管理活动，保障现场运作的质量。通常，质量数据管理主要从以下四大板块入手：

（1）质量数据收集。质量数据是有关质量方面有意义的数据，能够反映产品质量和企业生产活动各个环节的工作质量，因此，它是开展现场质量管理活动的一种重要资源。为了给质量管理活动提供真实、可靠的依据，就需要从采集真实的数据做起。

（2）质量数据统计。采集的质量数据往往较为杂乱，且不能直观地反映产品生产中存在的质量问题或重点。如果不采用科学的方法进行汇总分析，质量状态也就不能被快速显示出来，而且还很容易在整理过程中一点点被扔进垃圾桶。因此，现场管理时不妨借助直方图、层别图、柏拉图、鱼骨图、散布图和管制图等统计工具，快速地统计分析质量数据，以充分挖掘质量信息。

（3）质量数据分析。简单统计后的质量数据并不能让质量问题直接显露出来，此时要对质量数据进行分析，以便挖掘更多的质量信息。在分析数据时，应确保分析的准确、充分、到位、合理。具体可采用的方法如表 2—4 所示。

表 2—4　　质量数据分析的方法

数据类型	说明	分析方法
统计表的分析	将获得的数据经过汇总整理后，按一定顺序，排列在表格内	● 了解数据统计表格总体概况 ● 分析具体的数值，并与标准进行比较，通过鉴别找出差距 ● 通过分析、比较，找出有用信息
统计图的分析	根据统计数据，用几何图形绘制的各种计测量数据图形	● 了解数据统计图中各数据代表的意义 ● 分析具体数值，并与标准进行比较，通过鉴别，找出差距 ● 通过分析、比较、鉴别，找出有用信息
文字资料分析	用具体文字，描述质量计测量情况的资料	● 通览资料，找出重要信息，分析资料后面的信息和侧重点 ● 对比、鉴别，找出与标准的差距，提炼有用信息

（4）质量数据分享。无论是原始的质量数据，还是分析后的质量结果，都应以某种形式，与相关人员进行分享。这样做的目的是，便于现场人员结合质量数据或分析结果来优化现场工作，保障现场质量的实现与优化。在实践中，质量数据分享可以借助数据库、看板等载体来实现。

4. 质量教育与培训

现场输出质量优劣，取决于现场人员的质量意识以及保障质量输出的能力。然而，很多企业现场常常出现这样的问题：管理者都在追求先进的硬件设施和严格的文件体系，但却忽视了对现场人员的质量教育与培训工作，导致其行为难以保障现场质量的基本要求。

辅助阅读 2—4　　质量意识也需校准

先来讲一个故事。一天，一家财力雄厚的企业的领导接待一位日本客户。他大谈自己的优势，比如，设备多么先进，程序多么完整，过程多么受控，最后谈到他的员工们是如何严格按照要求校准那些设备，他感到多么自豪。日本客户微微一笑，对他说：我相信你们的设备是最先进的，程序也是完整的，技术也是领先的，而且设备都是严格按要求准时校准的。但是，请问：你那些校准设备的人员的头脑什么时候校准一次？谁来校准？用什么标准校准？

因此，质量教育与培训主要针对员工质量意识、质量控制能力展开培训。实施质量教育与培训的常见途径和方法如下：

（1）管理者以身作则。管理者从大事到小事无不表现出其对质量管理的重视，并让员工感受到这种对质量问题的重视，有质量危机意识。

（2）组织质量培训课程。通过开设专门的文化培训课程，强化员工的质量意识；通过工作技能培训，使员工具备保障质量的工作能力

（3）养成质量氛围。现场管理者可以安排人员在车间、走廊、路口等位置张贴、悬挂质量标语，让这些质量标语随处可见，随时可念；此外还可以组织一系列的质量宣传活动，如质量宣传月。

质量管理责任

没有责任的界定，那么任何工作都会因责任分散而使得无人运作或行而无果。在任何时候，责任的界定在现场质量管理中的作用都是不容小觑的。然而，质量管理的责任却并非某个个体的事情，它涉及的责任范围是复杂的——这是一个值得现场管理者深思熟虑的问题。下面，来介绍现场中应当承担起质量管理责任的责任人。

1. 质量管理责任人

与现场管理相关的责任人主要包括：管理者、质检员和基层员工。管理者是质量管理的标准制定者、维护者、直接影响者；质检员是现场质量的监督维护者；基层员工则是产品质量的创造者，他们在现场质量管理活动中发挥着重要作用。

（1）管理者。管理者的意识、态度影响着基层员工的质量意识、态度——员工会对管理者的质量意识行为进行效仿，并将管理者的质量意识变成个人的质量意识。美国质量管理专家朱兰博士认为，高达80%的质量问题责任是出于管理者的。

（2）质检员。他们致力于确保现场的运营良好和员工个人的舒适和健康，例如，清除工作间里的废弃物，为方便员工快速工作而设计特殊的工作台等。很多企业会专门设立质量小组（QC小组），对现场工作施加影响，以实现企业的质量经营目标。《财富》杂志调查表明，世界500强中已有96.7%的企业成立了“质量团队”。

（3）基层员工。戴明博士提出：“质量是生产出来的，不是检验出来的。”国际著名的人力资源公司Norrell则针对1 000多个客户进行了调查，结果显示：“客户认为公司的质量水平与基层员工的优异息息相关，因为没有人比他们更了解工作场所以及以此为中心辐射20英尺的区域。”简言之，在现场生产过程中，只有基层员工严格按照工艺和作业指导书要求进行，才能保证产品的质量；如果忽略基层员工在生产过程中的表现，那么最终必然很难保证产品质量。而现场质量管理的重点绝不能放在事后把关，而应放在对生产过程的控制上。

2. 协同工作模式

任何现场质量控制都需要多个部门共同协作才能实现，如图2—2所示。任何部门或个人表现不力或不愿承担协作，都会给现场质量管理带来负面影响。

通常，现场质量管理是由质量部主导，协同生产部、技术部和销售部等，实现现场

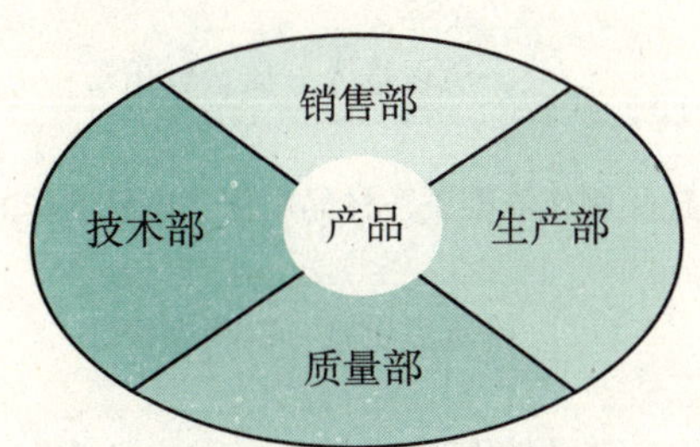

图 2—2 协同工作关系

质量管理的协同工作模式，来保障现场输出产品的质量，并解决各类现场质量问题。事实上，这也是现场人员的责任。

（1）质量部与技术部的协作。在样品制作过程中，质量部应参与编排工艺流程和编写作业指导书，并探寻样品制作过程中出现的质量问题，以便预防和指导批量生产过程中类似问题的发生和处理。

（2）质量部与生产部的协作。质量部门要协助和监督生产部门对生产异常现象进行分析，并为制订预防和纠正措施提出可行的建议。比如，督促生产部严格按作业指导书进行生产，做好首件检验工作，要求生产部按工艺流程安排自检工序等等。

（3）质量部与销售部的协作。销售部负责了解和反馈客户对产品质量的满意度，质量部及时处理客户对产品（服务）质量或工艺方面的投诉，之后销售部将处理结果及时反馈给客户。

辅助阅读 2—5　　**质量拉动模式**

从组织的角度来看，质量目标的实现离不开各个部门的齐心协力。而从供应的角度来看，质量目标的落实贯穿了整个供应链，理想的质量管理应当是一种质量拉动模式。在从整条供应链上看，上下游环节之间天然存在着一脉相承的关系，下游环节向上流环节提出质量要求，而上游环节则要为下游环节提供满足质量要求的产品或服务，否则下游环节将难以进行持续作业。也就是说，下游环节是上游环节的客户，上游环节必须为下游环节的要求负责。

技能要领

上文中我们对质量管理的概念、管理活动以及相关责任界定已有所了解。下面来阐述一下质量控制的基本程序。质量控制程序见图 2—3。

质量策划

质量策划的目的是为了生成质量标准，以用作现场质量管理的参照物。质量策划环

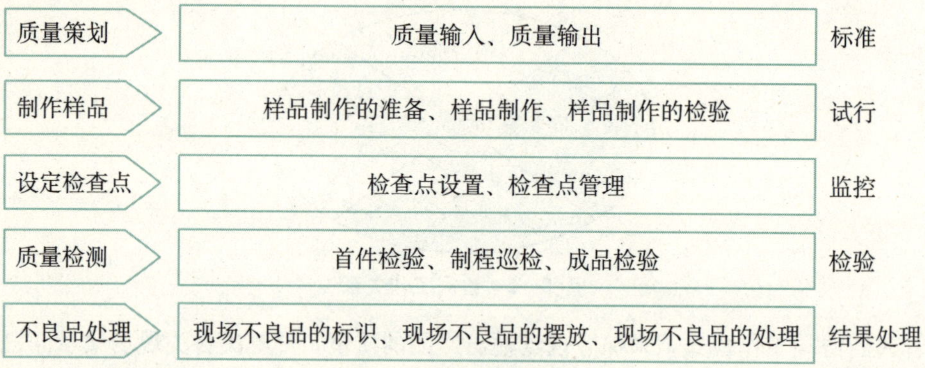

质量策划	质量输入、质量输出	标准
制作样品	样品制作的准备、样品制作、样品制作的检验	试行
设定检查点	检查点设置、检查点管理	监控
质量检测	首件检验、制程巡检、成品检验	检验
不良品处理	现场不良品的标识、现场不良品的摆放、现场不良品的处理	结果处理

图 2—3　质量控制程序

节，主要包括两方面内容，即质量输入、质量输出。

1. 质量输入

不少管理者习惯性认为，质量活动主要是生产过程中加以质量管理和监控，而较少注意质量输入。所谓质量输入是指在产品质量设计阶段对产品质量的要求，对这些要求的特征、依据、实现方式进行梳理。质量输入也被称为设计输入，其目的是确定哪些质量指标是必要的，哪些是不必要的，必要性如何衡量等等。表 2—5 提供了质量输入环节要关注的主要事项。

表 2—5　质量输入环节要关注的事项

工作项	细节要求
质量依据	质量标准的判断依据，可以是同类较佳产品的质量，这是竞争力导向的；也可以是从客户需求的角度确定的，这是客户需求导向的
质量表现	质量最终应当表现为何种“质量状态”必须得到明确的说明。例如，电动刮胡刀“不卡胡须、锋利、不伤皮肤、使用寿命×××小时……”等等
性能参数	某个灯泡的瓦数、额定电流、电压属于它的性能参数。质量输入要充分、全面考虑产品的性能参数，同时还要考虑产品使用时影响性能的要素，规避在产品使用时可能存在的不便利
合理容差	确立容差范围与质量成本之间的合理关系，对质量成本进行综合平衡
公差标准	在明确了产品的尺寸后，根据实际精确度的要求确立公差
材料要求	明确产品在制造过程中所需的材料
使用寿命	对使用寿命的约定，以及确保使用寿命的保障性设计思路
安全保障	识别安全隐患和安全要求，界定安全标准
产品成本	确定产品的质量要求在企业可承受的成本范围内；或者通过有效的设计降低产品的加工成本
质量可靠性	查找、排除影响设计稳定性的各种因素

通常情况下，设计输入时考虑的各项因素是作为质量标准的起始条件和要求呈现的。因而，它在输入阶段是非确定的，需要去判断、比较、分析的，甚至不得不去试验以确保各个指标是明确的、有效的、充分的，也是可实现的。不论是新产品的研制，还

是老产品的改进，都要经过设计输入这个阶段。加强对设计输入的管控是必不可少的。

2. 质量输出

相对于质量输入的另一面便是质量输出，即设计输出。设计输出是通过设计过程相关的资源和活动所产生的设计效果。设计输出的最终结果是要达到质量目标并且形成质量标准文件。质量输出的具体内容如表 2—6 所示。

表 2—6　设计输出的具体内容

输出事项	作用
技术任务书	由设计部门向上级对计划任务书提出体现产品合理设计方案的改进性和推荐性意见的文件
文字材料	文字描述产品设计的目的、确定整个产品的策略以及产品能够实现的功能等
图纸	形象地展现出产品的结构、形状等，便于确定整个生产系统的布局
产品设计计算书	如对运动、刚度、强度、振动、热变形、电路、液气路、能量转换、能源效率等方面的计算、核算
表格资料	提出特殊元件、外购件、材料清单

通过设计输出产生的文字材料、图纸、表格等技术文件，为采购、生产、检验等提供必要的依据。

控制设计输出的手段主要要求设计人员认真履行自己的职责，严格执行评审活动，保证输出的正确性和一致性。

辅助阅读 2—6　质量输出的可靠性检测

一般而言，可靠性是在输入阶段就应当考虑的设计问题。质量输出环节是进行可靠性检测。也许设计很完美，可靠性也有较好的预判，但输出阶段会发现质量标准在实际生产（试制）中是不可靠的，是存在性能稳定性、匹配性等各种问题的。所以，可靠性检测是保证产品质量不可忽视的环节。产品可靠性评价的各大指标，如表 2—7 所示。

表 2—7　典型的可靠性设计指标

序号	可靠性指标	含义
1	平均故障间隔时间	可修复产品两次故障间的平均时间
2	故障率	单位时间的故障数
3	平均无故障时间	不可修复产品故障前的平均时间或可修复产品的首次故障前的平均时间
4	平均寿命	平均寿命值
5	至首次故障平均时间	可修复产品的首次故障前的平均时间
6	平均维修间隔时间	特定类型的维修措施间隔时间
7	寿命	一件产品至彻底用坏的时间

续前表

序号	可靠性指标	含义
8	有效性	运行时间占运行和休息时间的总和的比例
9	系统效能	产品满足用户要求的程度
11	百小时维修次数	每运行 100 小时修理的次数

制作样品

样品是代表产品质量达成能力的一种实物证明，对外可以向客户证明企业现阶段的质量水平，提高产品质量信任度；对内可以作为质量检验与鉴定的依据。因此，现场管理者应考虑先行制作一批样品，确认合格后再正式生产，避免因样品不合格而造成批量生产不合格的问题出现。

为了更好地对样品质量进行管理，企业应该通过样品试制的手段，尽可能将产品中隐藏的质量问题和技术缺陷全部暴露出来，避免批量生产给企业造成更大的损失。

1. 样品制作的准备

样品制作并不可以随意而为（不计时间、成本、规范度等）。事实上，唯有符合质量要求和工作要求，这样的样品制作才是符合现场管理要求的。因此，在制作样品前，现场管理者应做好如下一系列管理准备工作。

（1）成立样品生产小组。样品生产小组应包括设计、工艺、检验和生产人员，并且保证每个人都是各部门的精英，能制订、实施样品生产计划，并分析和解决样品生产中的问题。

（2）确定样品生产地点。由于样品生产批量小，质量要求高，因此，应确定合适的生产地点，保证既不影响大批量生产，又不影响样品质量。

（3）确认样品制作任务。明确样品制作的交期、材质以及制作标准（数量、颜色、规格等）。

（4）召开样品分析会。研讨样品制作质量水平和检验方法，并将讨论结果运用到作业中去。

2. 样品制作的检验

样品试制时可参照质量策划输出来进行。待试制完成后，即可进行检验。样品检验项目包括以下内容，如表 2—8 所示。

表 2—8　样品检验的内容

内容	说明
基本质量检验	包括外观、尺寸等方面的检验

续前表

内容	说明
试装	针对产品的配件样品而言，用实际试装的方式可以确切地反映产品的偏差程度，有利于质量部门与生产部门一起调整作业重心
性能试验	针对样品的材料属性、组织装配效果、样品的抗破坏能力（物理的、化学的、人为的损坏）及各类质量参数的达成状态进行的试验
可试性试验	针对未来的产品在使用过程中的安全性。主要用于衡量产品在常规状态下的安全保障系数，确定产品是否符合有关法律要求

不过，不同的企业，由于生产要求或客户要求的不同，样品的检验项目也不完全一致，以上列出的检验项目可以作为参考。需要注意的是，样品的设计与制作的质量管理是企业能否生产出高质量、低成本产品的一个关键性因素，所有参与样品设计与制作的现场人员都应认真履行好属于自己的岗位职责。

设定检查点

检查点是针对现场作业工序质量管理的节点设计。设定检查点有助于人们全面系统地了解现场工作质量情况，因此设定检查点被视为现场质量管理的重要环节。

1. 检查点设置

合理设置质量检查点才能明确质量检查的对象和时机。质量检查点的对象一般分为两类。一类是指制程中的关键特性或重要的工艺条件（例如铸造中的铁水温度，造型中的型砂透气性、水分，机械加工中的尺寸精度、形状精度和位置精度等）；另一类指产品或零件的某一项特性值（包括性能、精度、粗糙度和硬度等）。

设置质量检查点时，通常遵循三大原则：

（1）工艺上有特殊要求，对下道工序加工、装配有重大影响的项目。

（2）对产品性能、精度、寿命、可靠性和安全性等有直接影响的关键项目和部位。

（3）质量信息反馈中发现的不良品较多的项目或部位。

2. 检查点管理

对质量检查点的科学管理应满足两大要求：一是对于设计、工艺要求的关键和重要的生产项目要实行长期的重点控制；二是对于生产工序的不稳定、不良品多和客户反馈项目要建立质量检查点。如果经过了技术的改进和加强管理后得到有效的控制且保证了质量特性的要求后，该质量检查点便可取消。质量检查点管理可分为如下 5 个步骤。

（1）确定检查点。确定工序质量检查点，并编制详细的工序检查点明细表。如表 2—9 所示。

表 2—9 **工序检查点明细表**

产品名称：________ 设备：________

序号	零件号及其名称	工序号	检查点编号	检查点名称	技术要求	检查方式	检查工具	检查频次	质量特性分级			管理手段
									A	B	C	
1												
2												
3												
…												

（2）制图并标示信息。由工艺部门负责设计《工序质量检查点流程图》，明确标示检查点的工序、质量特性、质量要求、检查方式和测量工具等。

（3）工序分析。工艺部门组织员工进行工序分析，找出影响检查点质量特性的主要因素。

（4）制作质量表。工艺部门根据员工对工艺分析的结果，编制《工序质量表》。如表 2—10 所示。

表 2—10 **工序质量表**

日期	更改原因	更改人	编号		零件号	
			材料		零件名称	

工序号	工序名及加工内容	设备	是否关键	工序检查点					质量问题原因分析			检查项目			纳入标准		责任人			
				质量项目	检查点															
					自检	首件检验	制程巡检	定期检验	1 次	2 次	3 次	项目及方法	允许界限值	检查次数	标准名称	编号	操作者	班长	工段长	检验员

（5）制定质检表。工艺部门负责编制控制点的《作业指导书》和《工序自检表》。《工序自检表》如表 2—11 所示。

表 2—11 **工序自检表**

自检表工序质量管理表（1）	零件号及名称		工序质量管理点表（2）	材质		毛坯重量	
	工序号及名称			硬度		成品重量	
	设备型号名称						

	测量工具	序号	工序名称	编号

<table>
<tr><th rowspan="2">检查项目</th><th colspan="2">加工精度</th><th colspan="2">测量方法</th><th rowspan="2">重要度</th><th rowspan="2">管理手段</th><th colspan="2">首件检验</th><th colspan="2">巡回检验</th><th colspan="2">完工检验</th><th colspan="2">定期检验</th></tr>
<tr><th>调整尺寸</th><th>工艺要求</th><th>测定工具</th><th>频次</th><th>测量工具</th><th>类别</th><th>测量工具</th><th>类别</th><th>测量工具</th><th>类别</th><th>测量工具</th><th>类别</th></tr>
<tr><td></td><td></td><td></td><td></td><td></td><td></td><td></td><td></td><td></td><td></td><td></td><td></td><td></td><td></td><td></td></tr>
<tr><td></td><td></td><td></td><td></td><td></td><td></td><td></td><td></td><td></td><td></td><td></td><td></td><td></td><td></td><td></td></tr>
<tr><td></td><td></td><td></td><td></td><td></td><td></td><td></td><td></td><td></td><td></td><td></td><td></td><td></td><td></td><td></td></tr>
<tr><td></td><td></td><td></td><td></td><td></td><td></td><td></td><td></td><td></td><td></td><td></td><td></td><td></td><td></td><td></td></tr>
<tr><td></td><td></td><td></td><td></td><td></td><td></td><td></td><td></td><td></td><td></td><td></td><td></td><td></td><td></td><td></td></tr>
<tr><td></td><td></td><td></td><td></td><td></td><td></td><td></td><td></td><td></td><td></td><td></td><td></td><td></td><td></td><td></td></tr>
<tr><td></td><td></td><td></td><td></td><td></td><td></td><td></td><td></td><td></td><td></td><td></td><td></td><td></td><td></td><td></td></tr>
<tr><td colspan="10" rowspan="3">1. 检查频次：（全），n 件检查（$1/n$）、日班检 n 件（n/D）、月检 n 件（n/M）
2. 重要度：关键（a）、重要（b）、一般（c）
3. 管理手段：控制度（a）、计量用表（b）、记录用表（c）、不用记录（d）</td><td>标记</td><td>修改理由</td><td>日期</td><td>指标</td><td></td></tr>
<tr><td rowspan="2"></td><td rowspan="2"></td><td>校对</td><td colspan="2"></td></tr>
<tr><td>审核</td><td colspan="2"></td></tr>
</table>

此外，工序检查点设定办法也应形成管理制度，并统一纳入现场的《质量责任制》中。

质量检测

质量检测是质量控制程序中的核心实施环节，它包括三大环节：首件检验、制程巡检和成品检验。首件检验可以及时发现不良产品并及时排除故障，防止产品的成批报废，为企业节约成本损耗。制程巡检可以有效避免企业在生产加工的过程中出现大批不良品，使其流入下一道生产工序中，同时也减少了成品的检验难度。而成品检验是在保证产品符合客户质量要求的同时，巩固产品的竞争力。

1. 首件检验

首件是指企业进行生产加工的第一个工件或者是在加工的过程中由于换人、换料以及换工装等改变生产工序后所加工的第一个工件。对于大批量的生产来说，首件也可以指一定数量的样品。首件检验作业分为自检、互检和专检三种检验方式，自检由操作人员进行，复检由班组长进行，专检由检验人员进行。

（1）首件检验的基本模式。首检检验是针对相关质量文件要求，核对首件质量是否达标。如合格，则开始批量生产；如不合格，则通过修模或调整制程以达到质量合格。如是一般性缺陷，则由设计人员确认后进行规格修改，确认质量合格后，对首件成品进行首件检验作业。

（2）首件检验的文件参照和检验内容，具体如表 2—12 所示。

表 2—12　首件检验的文件参照和检验内容

参照文件	检验内容
BOM 表或图面规格	核对作业用料的正确性
测试范围卡或质量工具操作说明书	核对作业方法及检测条件的正确性
图面/工程规格、QJP 等	检验产品特性和功能尺寸。对产品特性，需用相应质量检验工具进行测试，对尺寸规格，视情况用卡尺或投影仪进行测试
检验规范或检验标准	逐项检查产品的外观，确保正确

首件检验发现异常后，应及时确定责任部门，由其进行处理。比如，对于材料异常，须通知采购部、仓储部在规定时间内进行处理；对于设备或测量工具异常，应及时要求作业人员停止生产，通知技术部及时维修。当首件检验异常排除后，再生产时，需重新进行首件检验直至首件检验合格为止。

2. 制程巡检

制程巡检是指专职检验员到操作者的工作场地所进行的检验。通过巡回检验，可以及时发现生产过程中的不稳定因素并加以纠正，防止成批地产生不良品，便于专职质检员对现场人员进行指导。

巡回检验时，质检员应按一定的检验路线和巡回次数，检查以下内容：有关工序加工的半成品、成品的质量、现场人员执行工艺的情况、工序控制图上的点子排列情况以及废次品的隔离情况。其中，工序质量控制点应该作为巡回检查的重点，检验人员应把检验结果标记在工序控制图上。

如果在制程巡检中发现工序问题时，应进行如下工作事项。

(1) 查找工序不正常的原因，并采取有效的纠正措施，以恢复其正常状态。

(2) 对上次巡检后到本次巡检前所生产的产品，全部进行重检和筛选，以防不良品流入下道工序。

辅助阅读 2—7　质量检测过程与沟通

某车间接收了一个紧急插单，由于先前对这类紧急工作缺少管理经验，整个生产流程极为混乱。一天，质检员在抽检过程中检查出了45%的不合格品，不合格原因多是缝合处宽度偏窄，易出现拔丝现象。于是，要求所有不合格品全部返工。但是，新产出的服装仍然存在同样的问题。

按照常理，如果出现同类质量问题，在接下来的产品中，起码在下一批产品中绝不应该出现类似的问题。于是，质检员再次到车间检查作业情况，一位缝制人员抱怨道："这批裁片本身就不符合规格，怎么缝制也是存在这个问题啊，追究根源应该在裁片车间嘛！"此时，质检员才了解到质量问题的真实根源，但是，由于质量问题诊断失误使生产进度延误了整整两个工作日。

这给现场管理者一个启示：质检员在得出质量检测结果之前，务必做好沟通工作，了解问题发生的真实情况，找准问题发生的根源，只有这样，才能确保质量检测结果的精准。

3. 成品检验

成品检验是企业产品能否满足质量要求的最终判定。忽视成品检验，使不合格的产品流入市场，会损害客户利益，并给企业带来巨大的损失。

成品检验通常由检查人员在产品完成时，依照成品规格及成品检查标准，实施全数检查，其重点是外观、尺寸及特定测试项目，如表 2—13 所示。

表 2—13　　成品检验内容

检验内容	说明
外观	检查产品是否变形、受损，配件、组件、零件是否松动、脱落、遗失
尺寸	测试产品是否符合规格，零配件尺寸是否符合要求，包装袋、盒子、外箱尺寸是否符合要求
特性	检验产品的物理、化学特性是否产生变化及对产品的影响程度
产品抗衡能力	测定产品抗拉力、抗扭力、抗压力、抗震力等方面是否符合品质要求
寿命	在模拟状况下和破坏性试验状态下，检验产品寿命
产品包装及标识	检查产品的包装方式、包装数量、包装材料的使用、单箱装数是否符合要求，标识纸的粘贴位置、书写内容、填写是否规范

成品检验完成后，须根据成品检验结果进行标识，并针对成品的合格或不合格状态，进行分区、分类管理。对于不良品，要进行专门处理。

不良品处理

不良品是指质量与预期不符合的产品。无论是制程巡检还是成品检验环节，都可能涉及不良品处理的问题。

1. 现场不良品的标识

现场不良品需采用明显的颜色标识加以区分，以免混淆。不良品色标为一张正方形的有色粘贴纸，可直接贴在不良品表面或产品外包装以及标签纸上。色标的颜色要求如表 2—14 所示。

表 2—14　　不良品色标颜色

序号	颜色	意义	贴置位置
1	绿色	受检产品合格	贴于产品表面右下角易于看见的地方
2	黄色	产品品质暂时无法确定	贴于产品表面右上角易于看见的地方
3	红色	不合格	贴于产品表面左上角易于看见的地方

2. 现场不良品的摆放

每一类、每一区的不良品都有对应的摆放区域，切忌混在一处。规划不良品摆放区域时，可从以下 4 个方面入手。

（1）在每台机器或每条生产线的每个工位旁边，均应配有专用的不良品箱或袋，用来收集生产中产生的不良品。

（2）在每台机器或每条生产线的每个工位旁边，要专门划出一个专用区域用来摆放不良品箱或袋，即“不良品暂放区”。需要注意的是，此区域的不良品摆放时间一般不超过 8 小时。

（3）各生产现场和楼层要规划出一定面积的“不良品摆放区”，用来摆放从生产线上收集来的不良品。

（4）所有的“不良品摆放区”均要用有色漆进行划线并用文字注明。区域面积的大小视该单位产生不良品的数量而定。

在使用不良品区域时要注意：在任何的不良品区域只能摆放本部门产生的不良品；在不合格区域不能摆放合格的产品或物料以及配件等。

3. 现场不良品的处理

一旦确认并做好标识的不良品，质量部要督促现场人员及时进行处理。比较常见的处理方法包括：让步接收、返工或返修、报废处理等，如表 2—15 所示。

表 2—15　　不良品处理方法

方法	说明
让步接收	在不良品经过局部修整后，可接受或直接使用并不会影响产品的最终性能时，可以对该部分不良品让步接收，也称条件收货
返工或返修	返工、返修是指对不良品进行重新加工或修理，使之达到规定的质量要求，待检验合格后也可以放行
报废处理	如果不良品已经失去了任何使用价值，质量部可对其进行报废处理。不过，有些产品不需要整体报废，对于其中有价值的部件可拆卸下来并使用

在整个质量管理过程中，现场管理者不应以发现不良品、处理不良品为主要工作目标，而是要在各个环节强化控制，避免不良品的出现，朝着“零缺陷”的方向努力。在理想的质量控制过程中，不良品处理是不应存在的环节。

行动练习

接下来，我们以某粥店的粥品制作为例来练习现场质量管理的相关工作。

【练习说明】

假设一家粥店正在设计粥品，根据客户调查发现：皮蛋瘦肉粥比较为客户喜爱。于是，厨师长开始组织进行粥品开发。现在，请你说明一下他们应该如何控制粥品质量。

步骤 1：请对该粥品进行先期策划。

粥品策划主要涉及两方面：一方面是针对粥品本身的设计，对粥品所用食材类型、取用的食材量、味道、食用功能等进行设定；另一方面是针对粥品的呈现形式进行设计，包括对粥品承装容器的材质和图案、粥品盛装量等进行设计，确保粥品呈现的美观度。表 2—16 是粥品策划方案。

表 2—16　　粥品策划方案

<table>
<tr><th colspan="5">粥品策划</th></tr>
<tr><td rowspan="3">食材及重量（以一砂锅为单位）</td><td>泰国香米</td><td>100g</td><td>生姜、香葱末</td><td>少许</td></tr>
<tr><td>皮蛋</td><td>2 枚</td><td>盐、色拉油</td><td>少许</td></tr>
<tr><td>猪肉丝</td><td>100g</td><td>水</td><td>2L</td></tr>
<tr><td>味道</td><td>咸鲜</td><td rowspan="5">参考图片</td><td rowspan="5" colspan="2"></td></tr>
<tr><td>功能</td><td>具有润肺、养阴止血、保护血管、凉肠、止泻、降压之功效</td></tr>
<tr><td>容器</td><td>双耳白瓷碗</td></tr>
<tr><td>盛装量</td><td>至距离碗沿 1 厘米处</td></tr>
<tr><td>单品成本</td><td>4 元</td></tr>
<tr><th colspan="5">粥品制作流程</th></tr>
<tr><td colspan="5">1. 米洗好，放入砂锅，用少许色拉油腌制 10 分钟后，放入 2L 水煮；
2. 皮蛋用棉线勒成丁，肉丝用淀粉浆好备用；
3. 粥煮稠后，放入浆好的肉丝和皮蛋丁，搅拌均匀，煮 10 分钟后加葱末、姜末；
4. 小火再煮 2 分钟，加适量盐搅匀起锅。</td></tr>
</table>

步骤 2：请安排试做过程。

试做过程有两大环节需要控制。首先，安排试做人员，根据粥品策划方案，先行试做一砂锅。试做过程中，严格按照方案进行，发现操作异常或有异议的地方，应随时记录在案。然后，安排三名试吃人员，评价试做粥品口感、盛装外观感受等，可提出改善意见。

在此环节中，应考虑对制作内容和制作过程进行完善，可多次尝试，以找到最佳粥品状态。表 2—17 为试做及试吃环节记录表。

表 2—17　　试做及试吃记录

<table>
<tr><th colspan="2">尝试阶段</th><th>负责人</th><th>过程记录</th></tr>
<tr><td rowspan="3">试做过程</td><td>准备阶段</td><td>李想</td><td>（根据实况进行记录）</td></tr>
<tr><td>熬制过程</td><td>李想</td><td></td></tr>
<tr><td>出锅阶段</td><td>李想</td><td></td></tr>
</table>

续前表

尝试阶段		负责人	过程记录
试吃过程（1）	外观评价	林涛	
	口味评价：咸度		
	口味评价：鲜度		
	口味评价：稠度		
	口味评价：饱腹感		
	……		
试吃过程（2）	同上	吴慈	
试吃过程（3）	同上	刘观	

步骤 3：请设定适宜的检查点。

当试做及试吃环节结束后，即可将该粥品置入粥品菜单中了。当客户点单后或在规定时间点，该粥品即可开始按要求制作。

在正式熬制过程中，应设定五个检查点：一是腌米；二是放置肉丝和皮蛋丁的时间；三是放葱、姜末；四是放盐；五是熬制过程中对粥品的不时搅动，避免粘锅底。这五个检查点主要用于熬制人员自查时参照。

步骤 4：请设定质量检测模式。

粥品质量检测通常采用两种方式：熬制过程巡查和盛装上桌前检查。厨师长在熬制过程巡查时，可以对应检查表上的五个检查点进行抽查，确认操作人员是否严格遵循要求进行操作。在上桌前，厨师长通过粥品样貌、气味，判断粥品是否符合质量要求。

步骤 5：如果出现不良粥品，请问你会如何处理？

如粥品质量不合格，应快速采取抢救办法，比如针对米粒不够软烂的粥品，可以增加熬制时间。如无法抢救，则将粥品放置不合格菜品区，以作他用。同时，安排人员与顾客沟通，延迟送餐，并快速安排粥品再制。此环节的核心是全力避免粥品浪费。

学习拓展

本单元阐述的重点内容是现场质量管理的相关概念：质量管理的定义、质量管理活动和相关责任；以及现场质量控制的基本程序：质量策划、样品制作、设定检查点、质量检测以及不良品处理。在整个质量管理过程中，大多数企业实际上是围绕着“质量缺陷预防”的理念展开的。

质量缺陷预防是来自“零缺陷”管理创始人克劳士比的理论——“质量是预防出来的”。他的理论根据是：真正消耗、消除效益的是那些不符合要求的事情，如果预防质量缺陷的产生，创造零缺陷的工作环境，那么那些浪费在补救工作上的时间、金钱和精力是完全可以避免的。

质量缺陷预防应从质量策划开始即有体现。进一步说，在质量策划时，现场管理者就要考虑如何避免质量输出可能存在的各类缺陷，保证产品设计质量，积极主动地提高设计质量水平，保证客户的满意，为现场质量控制工作开个好头。而到了质量实施过程中，现场人员更需要严格按照标准去操作，第一次就把事情做对，那么质量缺陷基本可以由此杜绝。因此说，质量缺陷预防应该是内含于现场质量管理中的核心理念。

单元二 现场成本管理

概念理解

现场成本是指企业为生产一定种类、一定数量的产品所发生的直接费用、直接人工和制造费用的总和。企业原材料消耗水平高低、设备利用好坏、劳动生产率的高低、产品技术水平高低等，都会通过现场成本反映出来。换言之，现场成本的控制能反映企业经营工作的效果。

观念探析

请理解下面这两句话的含义。

观念 1：单位成本的产出越高，其生产率越高，企业竞争力也越强。

观念 2：成本管理并非简单的降低投入，而是促进单位成本的产出率。

情境讨论

大额订单与小额订单的成本差异

有人说大额订单的成本支出必然多于小额订单的成本支出。然而，在某些方面并非如此。比如在文案工作上，二者付出的成本是相差无几的。比如，工作人员都要做协同的工作，诸如订单记录、下达生产通知、安排进度、计费、收款等。可能每一个环节都需要工作人员耐心做到位，保证没有任何纰漏。

但显然，小额订单与大额订单的利润是不相等的，如果固定成本是收入的 90%，那么完成价值 1 000 元的订单和价值 1 万元的订单，二者的既得利润就有 10 倍差距。

这种道理看起来很简单，但这种成本管理却很容易被忽视。很多企业都不会特别区分大额订单与小额订单的成本控制，而是在很多现场项目上采取一刀切的模式，这是现场成本管理失利的根源所在。

知识学习

现场成本是一个经济学概念，是构成现场产出价值的重要组成部分，是现场生产中生产要素耗费的货币表现。在现场管理中，成本管理的重点是控制现场投入产出，提高生产率和效益率。下面，我们先来理解与成本相关的概念。

投入产出

现场管理是一个从投入到产出的整个转换的全过程。而所谓现场成本则是指在产出（如产品、服务）的基础上所进行的一切资源投入。

1. 投入与产出

投入是指现场运作所需耗用的各类资源，如：人员、物料、设备、工艺模式等都属于投入的范畴。

产出是指现场作业完成后的产成品，包括：实体产品、虚拟产品、服务产品。实体产品如电脑、手机等；虚拟产品如软件、电子书等；服务产品即交付给客户的服务体验。

单纯的投入而没有产出，是没有价值的现场活动；只有形成了产出，投入才有存在的意义。

2. 投入产出比

投入产出比是衡量企业经济效益的关键，是一个适用于现场生产、技术改造和设备更新等项目的经济效果评价指标。投入产出比的计算公式如下：

投入产出比＝所投入的总成本/所获得的产出总收入×100%

其值越小，表明经济效果越好。

3. 投入产出表

投入产出表是用来进行投入产出分析的表单。投入产出表有实物和价值两种形式：

（1）实物表，亦称综合物资平衡表，按实物单位计量，主要包括：资源、中间产品、最终产品。

（2）价值表，从使用价值的角度，反映各部门在价值投入后的分配使用情况和产出价值情况。

辅助阅读 2—8　**精益管理的核心是成本管理**

精益管理源自于精益生产（Lean Production），衍生自丰田生产方式的一种管理哲学。美国麻省理工学院教授詹姆斯·P. 沃麦克等专家通过“国际汽车计划”，对全世界 17 个国家 90 多个汽车制造厂调查和对比分析，认定这是一种最适用于现代制造企业的生产组织管理方式。

精益管理（Lean Management）要求企业的各项活动都必须运用“精益思维”（Lean Thinking）。所谓的“精益思维”的核心就是要求企业用最少的资源投入，创造出尽可能多的价值。

生产率

生产率是一个经济学名词，它是由原材料变成产品的过程中的效能和效率表现，用公式表示为：生产率＝所获得的产出总收入/所投入的总成本。通常情况下，生产率这一概念主要用于现场。如果这种投入产出比放在企业环境中，则被称为“收益率”。

1. 生产率的分类

生产率（Productivity）有很多分类模式，但一般表现为劳动生产率。

劳动生产率是指劳动者在一定时期内创造的劳动成果与其相适应的劳动消耗量的比值。劳动生产率水平可以用同一劳动在单位时间内生产某种产品的数量来表示，单位时间内生产的产品数量越多，劳动生产率就越高；也可以用生产单位产品所耗费的劳动时间来表示，如多少时/台。生产单位产品所需要的劳动时间越少，劳动生产率就越高。

此外，根据生产要素种类来区分，生产率还有原材料生产率、能源生产率等类型。原材料/能源生产率是以投入原材料量/投入能源量作为总投入计算的生产率，如多少元/吨（钢材）多少元/度（电）。

2. 生产率与成本

生产率与成本息息相关。在规模效应下，生产率高，可能使得单位成本降低，进而降低总成本。但有时，如果对现场生产不加控制，过高的生产率又意味着产出过高，成品积压量增加，又使得总成本攀升。

也就是说，提高个别劳动生产率，在其他条件不变的条件下，可以或有利于现场成本的降低。但若以过度增加物化劳动或管理费用为代价，则未必达到减少成本，提高现场经济效益的目标。

辅助阅读 2—9　**生产率测定**

为了考察生产率是否提高，变动趋势如何，现场管理者必须对生产率进行测定。

此时，不仅要测定现期生产率水平，而且将现期生产率同历史上最好水平或某一特定时期生产率水平进行比较。于是，生产率被分为静态生产率和动态生产率指数。

（1）静态生产率。某一给定时期产出量与投入量之比，也就是一个测定时期的生产率绝对水平。其计算公式为：

静态生产率＝测定期内总产出量/测定期内要素投入量

（2）动态生产率指数。一个时期（测定期）的静态生产率与以前某个时期（基准期）静态生产率的比值即称为动态生产率指数。其计算公式为：

动态生产率指数＝测定期内静态生产率/基准期静态生产率

动态生产率指数反映了不同时期生产率的变化。指数大于1，表示与基准期相比，现期生产率提高；指数小于1，表示与基准期相比，现期生产率降低。

成本项

成本项是指从现场生产费用的具体用途出发，将直接生产费用和间接生产费用划分为若干项目，它包括直接材料成本、直接人工成本和制造费用等。

（1）直接材料成本。它是指在生产过程中的劳动对象，通过加工使之成为半成品或成品。如物料费、辅料费等都属于直接材料成本。

（2）直接人工成本。它是指生产过程中所耗费的人力资源，如工资额和福利费等都属于直接人工成本的范畴。

（3）制造费用。它是指生产过程中使用的厂房、机器、车辆设备等设施所耗费的成本，它们的耗用一部分是通过折旧方式计入成本，另一部分是通过维修、定额费用等方式计入制造费用成本。

成本计算

成本计算并不是简单的成本额度汇总，它涉及对现场成本的整体规划，甚至包括对成本发生的合理性的评估。下面来介绍成本计算的一般方法和成本合理性计算的参照因素。

1. 成本计算的一般方法

在现场生产作业中，由于生产的工艺过程、生产组织以及成本管理等要求的不同，成本计算的方法也不尽相同。不同成本计算方法的区别主要表现在以下三个方面：成本计算的对象不同、成本计算的周期不同、生产成本在产品和半成品之间的分配情况不同。常用的成本计算方法主要有品种法、分批法、分步法和分类法，具体说明如表 2—18 所示。

表 2—18　　常用的成本计算方法

类型	说明	适用范围
品种法	以产品品种作为成本计算对象来归集生产费用、计算产品成本	适用于大量、大批单步骤生产
分批法	也称定单法，以产品的批次或定单作为成本计算对象来归集生产费用、计算产品成本	适用于单件、小批生产的企业及企业新产品试制、大型设备制造等
分步法	按产品的生产步骤归集生产费用、计算产品成本	适用于大量、大批连续式多步骤生产企业
分类法	按产品的类型归集生产费用，在计算出某类产品总成本的基础上，按一定标准分配各种产品成本	适用于产品品种、规格繁多，并且可以按一定标准将产品划分为若干类别的制造企业

2. 成本合理性计算的参照因素

现场成本的发生是否合理，主要从五大要素出发来考量。这五大要素分别是指：事件、多少、时间、地点、人员，具体说明如下。

（1）事件（Event）。现场管理者首先需要考虑的问题是：成本为什么要发生？成本应不应该发生？如果该成本项是不应发生的，那么一旦发生，浪费便立即生成。从这一点来说，确认成本发生的必要性是至关重要的。

（2）多少（How Many）。如果应该发生，那么应该发生多少额度的成本才适宜，这是确定成本合理性的第二个重要问题。每一个事件中涉及不同的成本项，各个成本项应发生数量各有不同。即便是同类成本项，因其发生在不同事件或企业中，其数量需求也会存在差异。

（3）时间（Time）。是指成本应该发生在什么时间。不同时间，成本价值也会有所不同。比如，对于同一类物料，在旺季和淡季中，其所需支付的采购成本是不同的。但是，如果在淡季采购过多的物料，又不能立即使用完毕，那么又会占用运营成本、仓储成本。所以，成本发生的时间如何去平衡，是一个非常关键的要素。

（4）地点（Place）。成本发生的地点会影响其他成本支出。举例来说，如果采购地（成本发生地）位于较远的地域，那么运输成本会大大增加。如果采购成本的超出无法对抵运输成本及其他成本的超标，那么此时的成本发生就是不合理的。

（5）人员（People）。是指成本应该由谁来发生。并非所有人员的成本发生都是必然需要的。最常见的现象是现场雇佣了 10 个各有所长的员工去完成生产任务，但如果选择多能工可能只需要 4 个员工即可，显然后者的个体成本相对高，但总和成本却相对较低。此时，前面 10 个员工便是不应发生成本的人员。

技能要领

从前文中我们学习了成本管理的相关理念以及成本计算的方法和重点。下面我们来看成本管理的基本程序：成本规划、成本核算、成本考核和成本优化，如图 2—4 所示。

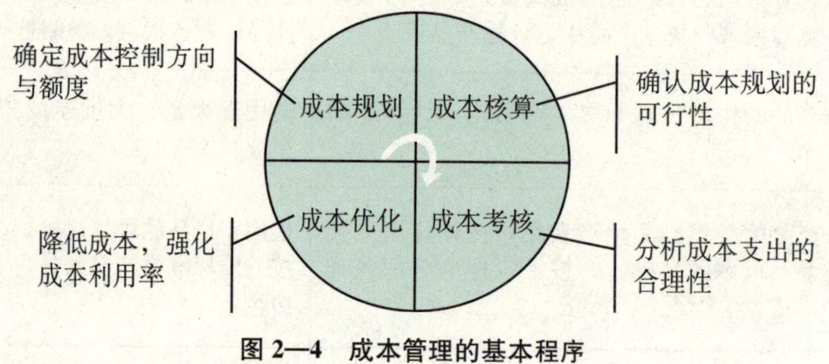

图 2—4 成本管理的基本程序

成本规划

成本规划（Cost Planning）是对现场未来的一段时间内经营、资本、财务等各方面的收入、支出、现金流的总体计划。对成本进行规划可以使管理者对未来一段时间内所需的现场生产成本形成大致的了解，对现场的财务状况做到心中有数。

成本规划的原则主要有以下 3 个方面：

（1）确定成本费用的控制重点。进行成本预算时，可以针对以往成本费用控制的薄弱环节，提出本年度预算的控制要求。例如，可以要求管理费用在上一个年度的成本基础上下降 5%，对于下降空间较大的环节，也可以提出更高的要求。

（2）保证规划的真实性。进行成本规划时，要确保成本规划在“资料收集——审查汇总——调整抵消——结果”确认全过程中做到“全面、准确、有序、合理、合规”。

（3）针对性处理。盈利单位要增利、亏损单位要减亏、费用单位要节约。

以人工成本规划为例，可以设计这样的规划表，如表 2—19 所示。

表 2—19　　A 企业人工成本规划表

科目名称	详细项目	1 月	2 月	3 月	4 月	5 月
薪资	实发工资					
	小计					
奖金	年终奖（绩效奖、红包）					
	优秀奖（项目奖等）					
	小计					
保险费	五险					
	补充商业险					
	小计					

续前表

科目名称	详细项目	1月	2月	3月	4月	5月
住房公积金						
福利费	餐补					
	体检费					
	庆生费					
	节日费					
	喜庆贺金					
	茶歇					
	小计					
教育费	培训费					
	图书资料费					
	教育费（讲师费等）					
	小计					
其他	员工活动					
	残保金					
	小计					
合计						

当成本规划基本完成后，即可针对如何控制成本展开计划，实现总体成本最优。现场管理者应通过相关资料进行综合分析，并结合企业经济承受度，来规划该项目设定多大的成本额度。

成本核算

成本核算（Cost Accounting）是成本管理工作的重要组成部分，它是将现场运作过程中所使用的全部成本归集并加以分析，以计算产品的总成本和单位成本。成本核算的正确与否，直接影响现场成本控制效果，且对成本决策产生重大影响。

1. 做好成本核算准备

在进行成本核算前，要做好核算前的准备工作，具体内容有以下 4 点：

（1）制订和修订定额。根据设备条件、技术水平、员工积极性等因素，制订和修订原材料、燃料、动力等资源的消耗定额。

（2）材料物资的计量和盘点。材料物资在产品、半成品状态下的内部转移，产成品的入库，库存的材料物资、半成品、产成品和车间的在产品和半成品，均应按照规定进行盘点、清查、计量、验收或交接，并编制相关报表。

（3）保存原始记录。对生产过程中工时和动力的消耗，物料在产品和半成品的内部转移，以及产品质量的检验结果等，要做出真实详尽的记录。并做好原始记录的登记、传递、审核和保管工作，以便正确、及时地为成本核算提供原始资料。

（4）设置生产成本账户。可分别设置基本生产成本和辅助生产成本账户。制造费用在未计入各产品成本计算对象之前，应先在制造费用账户中进行归集核算，然后再按一定标准分配到各产品成本中。

2. 确定核算项目

成本核算的基本项目类别即为直接物料成本、直接人工成本和制造费用。在具体的成本核算中，这些成本项将被进一步细分。每一个事实成本项便构成了最基础层面的成本核算项目。这也是最简单的成本核算项目区分。

不过，现场成本核算并不限于基本层的成本核算，为便于现场运营管理，成本核算时还会根据月份、多产品、完工与否等条件分别进行，具体说明如表 2—20 所示。

表 2—20　　常见的成本核算项目划分

内容	说明
生产成本与管理成本	生产成本是指用于产品制造的成本费用，管理成本是指管理人员和日常管理过程所耗费的成本
月度成本	将所有成本类型的耗费情况在各个月份之间进行划分，即月度成本
多种产品成本	为正确计算各种产品的单位实际生产成本，必须将本月的产品生产费用在各产品之间进行划分：属于某种产品单独发生、能够直接计入该种产品的生产费用，应直接计入该产品的生产成本；属于多种产品共同发生的生产费用，应适当分配，分别计入这几种产品的生产成本
产成品成本与在产品成本	如果某种产品一部分已经完工，另一部分尚未完工，那么与这种产品有关的费用及成本之和，应采用适当的分配方法，在完工产品和在产品之间进行分配，并分别计算产成品和在成品的生产成本

3. 核算分析

当所有成本材料明细账收集完备后，将直接费用（直接材料成本、直接人工成本、制造费用）进行汇总。然后，按核算项目来计算单位时间内所需的成本，并最终得出完工后所需的总成本。

核算结果得出后，现场管理者还应通过深入分析，准确评价现场成本规划的合理性，同时发掘成本管理中的薄弱环节。从这个层面来说，成本核算是对成本规划的进一步细化，也是对成本规划合理性的确认环节。如成本核算无误，即可开始现场作业，即进入成本支出阶段。

成本考核

在成本支出过程中，要定期通过成本指标的对比分析，对目标成本的实现情况和成本计划完成结果进行的全面审核、评价，即：成本考核（Cost Assess）。

1. 成本考核指标

成本考核的重点在于确认成本支出过程是否严格参照成本规划和核算项进行，这要求在考核前确定成本考核指标。成本考核指标具体可以分为以下 3 种：

（1）实物指标和价值指标。实物指标是指从使用价值的角度，按照其自然单位来表示的指标，如采购物料的数量、产品生产数量等。价值指标是以货币为统一尺度表示的指标，如采购经费、人员培训成本等。在成本考核指标中，实物指标是基础，价值指标是一种综合性指标。

（2）数量指标和质量指标。数量指标是指反映现场在一定时期内某一工作数量的指标，如产量、生产费用、总成本等。质量指标是反映现场在一定时期内某一工作质量或相对水平的指标，如产品单位成本。

（3）单项指标和综合指标。单项指标是反映成本变化中一个侧面的指标，如单位成本。综合指标是总括反映成本的指标，如总成本等。

2. 成本考核方法

传统的成本考核方法是指通过实际成本与计划成本的对比，考核产品成本计划的完成情况。具体成本考核表，见表 2—21 所示。

表 2—21　　成本考核表

生产部门	产品数量	使用物料	计量单位	实际成本		计划成本		差异		
				总成本	单位成本	总成本	单位成本	总成本	单位成本	差异率

随着现场需求变化，一些企业在传统考核指标的基础上纳入设定较为灵活的考核指标，如成本降低率、标准总成本等。而无论考核方法如何变化，其宗旨始终是：通过对比，找到实际成本与成本规划之间的差异。

成本优化

成本优化（Cost Optimization）是针对成本考核中发现的成本偏差问题进行纠正或系统性优化，以保障成本控制力，并在此基础上降低成本支出，提高投入产出率。

1. 成本纠偏

成本偏差（Cost Variance，CV）是指一项活动的预算成本与该活动的实际成本之间的差额。当 CV 为正值时，表示实际消耗的成本低于预算值，即有结余或效率高；当 CV 等于零时，表示实际消耗的成本等于预算值；当 CV 为负值时，表示实际消耗的成本超出预算值或超支。成本纠偏通常是对 CV 为负值时的情况进行纠正。

现场成本偏差的发生可能源于任何一个成本项的控制不力。比如，人员安排过多、工时安排过长等，都可能造成成本偏差的出现。成本纠偏的重点在于找出导致现场成本发生偏差的具体成本项，并确认偏差发生的根源。现场管理者在此环节要做的就是对照成本项，逐一核查确认。

辅助阅读 2—10　　**成本偏差分析方法：因果分析图法**

因果分析图又叫鱼骨图，它是用来寻找某项成本偏离原因的有效工具。因果分析图的做法是，首先明确项目成本偏离的结果，画出项目成本偏离分析的主干线，然后再逐层确定影响成本偏离的大原因、中原因和小原因。

影响某项费用超支的原因可能有多个，也可能只有一个；有主要原因，也有次要原因。小原因不等于是次要原因，而恰恰相反，也可能是最根本的原因。通常要对主要原因做出标记，以引起重视。图 2—5 是某施工现场的成本偏差分析简图。

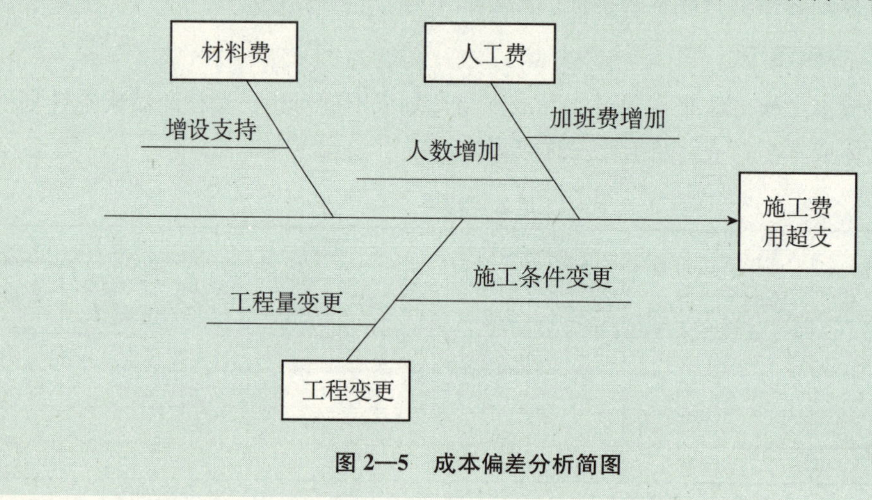

图 2—5　成本偏差分析简图

2. 成本优化途径

成本优化是在按预期控制成本的基础上，追求成本控制最佳化。通常，成本优化方向有：研发成本、物料成本、人工成本、作业成本、设备成本、能源成本、质量成本等。在现场成本管理实践中，对于每一种成本的优化都有独特的方法。

（1）研发成本优化。主要从优化产品的结构类别、使用标准通用件、对产品进行小型化设计、实施产品价值工程分析和规划产品生命周期等方面进行优化。

（2）物料成本优化。主要从供应商关系、价格调控、流程化管理、科学储存、科学使用物料等方面进行优化。

（3）人工成本优化。主要从专业化招聘、精简组织结构、技能提升、绩效管理、工作丰富化设计等方面进行。

（4）作业成本优化。主要从实施作业经济分析与改善、作业瓶颈分析与改善、优化布局、实施拉动式生产等方面入手。

（5）设备成本优化。主要从作业方式、设备效率、工装模具等方面进行优化。

（6）能源成本优化。主要从能源采购、消耗、回收利用、环境保护等方面对能源成本进行优化。

（7）质量成本优化。主要从质量功能展开、首检制度、8D 改善等方面入手。

辅助阅读 2—11

单位成本优化

单位成本是指生产单位产品而平均耗费的成本。一般只要将总成本数量去除以产品总的数量问题就能得到。比如说某企业生产了 100 件产品，总的生产成本是 500 元，那么，500/100=5 元就是该产品的单位成本。在企业生产中，削减了产品的单位成本，总的生产成本自然就会降低。

假设，单位产品的成本是 20 元，其中材料占 12 元，制造费用占 5 元，人工费用占 3 元，就可以画出类似图 2—6 的单位成本结构图。

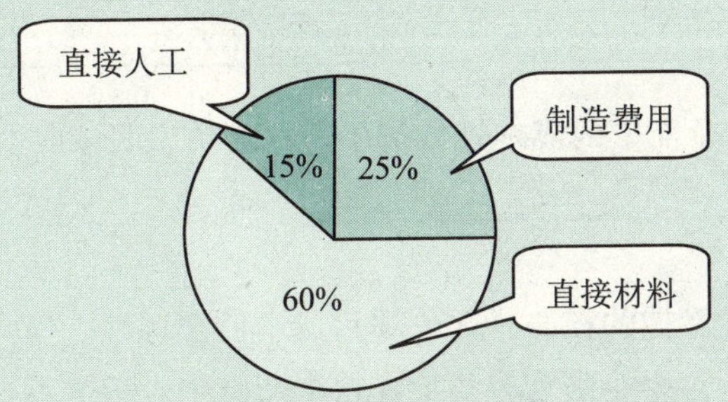

图 2—6　单位成本结构图

单位成本结构图中，成本所占比例越大的那部分，就越应该成为降低成本的重点方向。其中直接材料占生产成本的比例最大，所以在控制该产品成本时，主要是对产品的直接材料进行控制，可以尝试选择一些相对便宜的材料。当然，降低材料费用的同时，不能影响到产品的性能。

行动练习

接下来，我们以某宣传文案制作项目为例来练习现场成本管理的相关工作。

【练习说明】

假设某单位即将承接一个宣传文案制作项目，客户要求在 5 天内完成。现在请大家讨论一下如何进行成本规划和成本控制。

步骤 1：在项目成本规划之前，需要从哪些方面来准备相关成本信息资料？

____

该步骤的重点是拓展学生的成本规划能力。在成本规划之前，现场管理者通常需要从历史成本和市场成本两大角度切入，分别考虑该单位过去在承接此类项目时曾支出的成本，如单位人员薪资成本、管理成本、物资资源成本等；市场上对于此类项目的成本额度。针对客户需求满足而言，成本支出是否存在升降空间。在这个步骤中，老师重点确认学生是否对上述方面皆有考量，以及考量的深度如何。在此过程中，学生可以设计一个准备清单，如表 2—22 所示。

表 2—22　　成本信息准备清单

信息类型	文件或信息名称	获取源
人工成本	单月工资单	人力资源部/财务部
	员工日成本统计表	人力资源部/财务部
	加班工作计算制度	人力资源部
	奖金等级管理制度	人力资源部
	月考勤统计表	行政部
……	……	……

步骤 2：请列出一个简单的成本规划清单，并简单说明该成本规划的合理性。

____

____

在此步骤中，技能掌握的核心是评价项目成本的合理性。当内部成本控制和客户满意度方面达成平衡时，对企业最为有益。在这个步骤中，学生不必专门列示出具体的成本额度，但要拓展对成本控制的思维广度。为此，老师应引导学生列出一个成本规划简表（如表 2—23 所示），并结合该表，尽可能全面地说出成本规划时自己所考虑的各类因素。

表 2—23　　成本规划简表

成本项		成本规划	金额
人工成本	基本工资		
	协调工资		
	奖金		
日常管理费	办公用品费		
	耗材费		
	水电费		
……	……		
汇总			

步骤 3：在项目运作过程中，是否还要考虑项目成本控制的问题？如果还需控制，可以从哪些角度来控制？

____

____

该步骤重点强化过程控制，避免在项目运作过程中项目成本出现浪费或超出预期的情况。现场管理者需要明确项目责任人的工作职责，通过质量控制和进度控制，保证项目成本的支出最终实现预期价值。在这个环节，应引导学生从控制和监督的角度去形成项目成本控制的基本思路。

步骤 4：你认为除了当下的项目成本控制方法外，还可以从哪些方面来优化成本？

当下的项目成本控制方法始终存在可待优化的空间。如何让当下成本控制方法得到优化是本步骤的重点。在本步骤中，重点在于拓展学生的思维方式，使之从多个角度来对当下的项目成本控制方式进行创新、优化。以人工成本控制为例，现场管理者可以通过定期调动、班内定期轮换、工作交替等方式来培养多能工，使人力资源优势得到充分的发挥，提高现场运作效率。

学习拓展

本单元阐述的主要内容是现场成本管理的相关概念、成本核算的方法、成本管理的一般程序。掌握了上述内容，便可以掌握现场成本管理的一般性操作模式。在进一步管理实践中，管理者还需要注意“战略成本管理”的概念。

实际上，这个概念是大家在实施成本管理之前就需要考虑的问题。所谓战略成本管理是指在成本管理中导入了战略管理的思想，实现了战略意义上的功能扩张。实施战略成本管理，要求现场管理者跳出现场的局限，面向外部环境，从战略环境分析入手，识别成本的驱动因素；然后，通过成本数据和信息的运用，对企业成本进行战略高度的分析与管理，从而形成企业的竞争优势和核心竞争力。

现场人员极为称道的“供应链模式”便是一种战略成本管理方法。它们将现场与供应商、客户之间建立强关联，以客户为立脚点逆向推动，保证每一项成本支出都是有效的、无浪费的，是最有效的成本控制模式。

此外，战略成本动因分析也是一种贯穿战略成本管理始终的方法。成本动因是指引起产品成本发生变动的原因。它要求现场管理者从战略的高度对引起成本发生变动的原因进行分析，可以找出引起成本变动的因素到底是哪些，从而通过控制，降低现场运作成本。成本动因分析贯穿于战略成本管理的始终，处于战略成本管理的基础地位。

当人们能够从战略角度去管理现场成本时，成本管理的有效性将大大提高。

单元三　现场交期管理

概念理解

按交期交货是现场正常运作的必然要求，其管理的核心是让产出在规定时间内完成，避免延误事故的出现。交期管理的内容包括：产前计划、产中监控、产后总结以及交期变更，其常用工具有：《交期预定表》、《交期变更通知单》、《计划表》等。

观念探析

请理解下面这两句话的含义。

观念 1：交期确定的重要性，并不亚于交期管理的重要性。

观念 2：交期管理是一个面向时间、资源和成果的系统控制过程。

情境讨论

戴尔订单与交期控制

戴尔公司的运营模式一直为业内称道：其订单量的一半以上来自互联网，客户发出订单后一分钟之内，控制中心就会收到信息。工作人员将收到的订单信息迅速传递给各个配件供应商，同时将信息输入管理装配线的电脑程序。

按照客户对电脑采购的要求，戴尔的配件供应商会将所需的数量、规格、型号的配件送达车间。随后，立即进入分装流水线。从零配件进厂到装配、检验完毕后装车运出厂，平均每台电脑只需要 5 个小时。工厂每 2 个小时接到一批零配件，每 4 个小时发出一批装好的电脑。如果再算上运输时间，戴尔电脑通常可以在 7 天内送至客户手中。

仔细看戴尔的运营模式即可发现，客户为导向的生产模式使之对客户需求和资源需求的把握非常精准，进而对生产交货时间和资源供给也有了较为系统的控制——这种运营模式最终使得客户需求得到快速满足。而这种模式的核心管理方法就是本单元的主题：交期控制。

知识学习

按照预定时间，将货物交付给需求方——客户，这是企业维系自身信誉和生存资本的最原始要求。下面，先来看交期的概念、基本管理模式以及交期管理中的特殊情况处理方法。

什么是交期

生产交货期（Delivery），简称交期，是指从采购订货日开始至供应商送货日之间的时间长短。通常情况下，交期越短，现场管理工作越复杂，紧急订购外协件和原材料的现象会时有发生，这会导致产品成本的增加；交期越长，生产计划工作越难控制，例如某产品的交货期为半年，在这半年中如何安排组织生产，严格按照客户要求生产，如何存放提前完成的成品，都是相当困难的事情。因此，生产交期的科学管理，是现场管理者必须予以高度重视的一项工作。

1. 交期的构成

关于交期的构成，有这样一个公式：交期＝行政作业时间＋原料采购时间＋生产制造时间＋验收和检查时间＋运送与物流时间＋其他预留时间。下面，对上述各时间组成部分分别加以说明，如表 2—24 所示。

表 2—24　交期时间组成说明

组成	说明
行政作业时间	行政作业时间是存在于客户与企业之间，为完成采购行为必需进行的文书及准备工作所需的时间。对采购方或客户而言，行政作业时间包括：选择供应商，准备订单，取得采购授权，签发订单等。对供应方而言则包括：客户信用调查，采购订单进入生产流程，确认库存，生产能力分析等
原料采购时间	企业为完成客户订单，需要向供应商采购必要的原材料，该过程需要花费一定的时间
生产制造时间	生产制造时间是企业生产线制造出订单上所规定产品的生产时间，包括准备时间、生产线排队时间、加工时间、不同工序等候时间、物料搬运时间等。在非连续生产中，排队时间占总时间的一大部分；在订单生产中，非加工所占时间较多，所需的交期较长
验收和检查时间	验收和检查时间主要包括卸货与检查、拆箱检验等，确认交货产品外观、质量和数量是否与订单一致；同时填写好验收文件，并留存，然后将产品移送到适当地点
运送与物流时间	当订单完成后，将产品从企业的生产地送到客户指定交货点所花费的时间，是运送与物流时间。运送和物流时间的长短取决于企业与客户之间的距离、交货频率以及运输方式等
其他预留时间	其他预留时间包括处理因不可预计因素而造成延误的时间以及企业预留的缓冲时间

现场管理者需要准确计算交期的时间组成，确认自身生产能力以及扩展能力，即：通过衡量加班等扩展生产能力所需付出的成本与收益之间的关系，并考虑可以允许的交期变动范围，然后与客户商定对自身最有利的交期。

2. 交期控制的价值

交期管理是为遵守和顾客签订的合同，按质、按量、按期交货。如果能按时交货，会给企业带来很多益处。

（1）即时满足客户需求。在约定的时间将货物提供给客户，可以保障客户需求的满足，不会因延迟交货给客户带来运营难题。例如，遵守交期约定，可以维护企业的信誉，更好地维系现有客户和潜在客户。

（2）改善内部工作成效。严格、科学的交期管理事实上也必然要求精确地计算、组织内部工作的时间安排，这种安排通常是提前加以计划的。因而，也可以说科学的交期管理本身是内部组织的科学化、高效化，减少不必要的工作浪费。

（3）改善质量满意度。企业提供的产品、服务都需要经过客户的检验，其价值体现为客户的满意度。而这种满意度只有经过与客户的交付才能体现出来。这也意味着，快速地交付同时也是快速地接受质量检验，并为下一步的质量改进获得依据。

（4）加速资本流通。管理学彼得·德鲁克有一个著名的观点：企业内部都是成本中心，是消耗资源的，企业的利润中心是在外部：客户。只有将产品交付客户并回收货款，才能产生利润。这些利润可以是资本的积累（用于扩大再生产），也可以是投入所得。确切地说，交期越快，资本流通速度也越快，企业的资本积累速度也就越快。而资本是企业进一步发展的血液。

 交期管理

交期管理有三个基本的工作项，即：产前计划、产中监控、产后总结。这三项工作的核心在于协调，其中，计划是协调的依据，监控是协调的基础，总结是对协调的检查。

1. 产前计划

产前计划（Production Planning），又称排程计划或排产计划，是指在有限产能的基础上，综合来自市场、物料、产能、工序流程、资金、管理体制、员工行为等多方的对生产的影响，得出合理有效的现场作业生产计划。

（1）产前计划的内容。

在现场生产正式开始之前，应在时间、空间、规格等方面对生产任务进行分解。在时间上，细化到日、时，以确保企业生产计划的落实；在空间上，即在作业单位方面规定到车间工段、班组、设备；在规格上，即在产品方面具体规定到品种、数量和工艺要求。

产前计划的任务就是按照生产计划，将生产资源适当地配置给生产任务，形成作业单位在时间周期上的进度计划，并满足计划所规定的时间、数量和工艺质量等要求。

（2）产前计划的影响因素。

产前计划的编制和实施会受到很多因素的影响，这些因素有来自市场、环境的，也有来自企业内部的。现场管理者在计划编制时应对这些因素加以关注，以确保所制定的产前计划最终能如期保质保量地完成。部分产前计划的影响因素示例分析如表 2—25 所示。

表 2—25　　产前计划的影响因素示例

影响因素		说明
外部影响因素	订单量	在订货生产型现场中，销售部能否拿回订单和拿回订单的数量，会给现场生产投入带来极大影响。在订单数量比较少时，现场可能会停产；在订单数量比较多时，员工可能得安排较多的加班，还可能出现交期延误等。因而，订单量是这类现场编制计划时的重要影响因素
	需求预测	在备货生产型现场中，生产依据不是订单，而是销售部对于需求的预测。在预测到某产品的需求将会增加时，就应该提前组织生产。在这类现场中，消费者需求的变化和下游企业存货多少是影响现场生产计划实施的主要因素

续前表

影响因素		说明
内部影响因素	资源限制	企业内部的设备、员工数量以及可用材料等资源限制，都会在一定程度上影响到生产作业计划的实施。例如，员工数量将直接决定企业劳动力大小和产量
	生产空档	因订单大小和紧急程度不同，如果不能够利用生产的空档期来安排小批量订单生产或者加急订单的生产，则很可能会导致交期延误。因此，生产空档期时间的长短，会直接影响到企业生产顺利与否
	工艺路线安排	工艺路线是否顺畅，会影响到产品的生产周期和成本。在编制生产计划时，也要考虑到企业固有工艺路线上的产品出产时间给交货期所造成的影响

分析上述影响因素的根本目的，并不是让企业极力摆脱这些因素，而是要做到因势利导，变劣势为优势，通过科学的交期规划，为企业和现场赢得更多有利条件。

辅助阅读 2—12　模拟排程与交期管理

为了便于交期计划，一些企业现场会导入模拟排程软件系统，如 APS 系统（Advanced Planning System，高级计划系统）。比如，某公司为了确定准确的交期，减少生产过程中的频繁变动，而安装了一套模拟排程系统。这套模拟排程系统能够结合该工厂在上一阶段的生产数据以及生产过程中可能遇到的问题点，自动计算出当前阶段和下一阶段生产所需的时间长度、部件数量以及工作站点，提供一个较为完善的排程计划。而且，该排程计划绝不会干扰到当前生产活动的进行，并能根据客户的订单情况做好设备调配、人员统筹等工作。事实上，很多企业现场在引进模拟排程系统后，都实现了计划变更率的降低和交期实现率的提升。

2. 产中监控

产中监控主要包含两方面含义：投入进度跟踪和产出进度跟踪。其中，投入进度跟踪是指对产品开始投入的日期、数量、种类进行控制，以确保实际生产和计划相符；产出进度跟踪是指对产品的出产时间、出产提前期、出产量和出产成套性的控制。下面，我们分别介绍具体的跟踪方法。

（1）投入进度跟踪。

投入进度跟踪包括检查各生产环节、各种原材料、毛坯和零部件是否按要求投产，技术、设备、人力等的投入是否符合计划要求等。根据现场类型，可以将投入进度控制的方法分为两大类。

一是批量生产的投入进度跟踪。根据投产指令、投料单、日报表等，对生产投入进度进行控制。

二是单件生产的投入进度跟踪。对少量多品种生产投入进行进度跟踪，要比批量生产投入进度跟踪复杂得多：既要跟踪投入的品种数量和成套性，又要跟踪投入的提前期，对此，现场管理者可以借助配套计划表和工艺过程卡等工具进行控制。

（2）产出进度跟踪。

进行产出进度跟踪，可以确保按时按量完成计划，确保各生产环节之间衔接紧密、各零部件成套均衡生产。产出进度跟踪通常是将计划进度和实际出产进度同列在一张表上进行比较控制，如倾向分析、坐标图等。

一是批量生产产出进度跟踪。批量产出进度跟踪和批量生产投入跟踪所使用的工具是相似的。现场管理者可以将生产日报与出产日历进度计划表进行对比，以此跟踪控制每天的出产进度。

二是单件生产产出进度跟踪。现场管理者可以直接利用生产计划图表，对生产进度进行跟踪控制，只需要在计划进度线下用不同颜色的线标记实际进度即可。

大多数情况下，现场的进度跟踪和控制是同时进行的。在跟踪过程中，如果发现问题，应及时解决，将问题消灭在萌芽状态。

辅助阅读 2—13 **交期跟踪与形式管理**

A企业是一家刚成立的奶业公司，该公司聘请了一位在大型企业“混”过的生产主管。由于晋升为管理人员，受到领导的器重，这位新启用的管理人员决定大展身手，好好表现一下。于是，他设计了日报表、周报表、旬报表、月报表，并要求所有人员每天上交工作日记、工作计划等。但是，工作人员每天的生产任务很多，时间一久，报表填写开始流于形式，最终不过是应付差事而已。

很明显，生产进度记录工作虽然一直被贯彻执行，但却始终流于形式，流程记录者对记录管理作用的理解不甚了解，如同盲人摸象，在落实过程中易出现偏差，难以达到预期的管理效果。这样一来，流程记录工作的价值等于零，甚至成为一项浪费人力、物力和空间的负值活动。

其实，进度跟踪记录的价值不单单在于记录作业流程中每一环节的业绩，关键在于使人们方便地记录交期信息，并从中发现交期异常，想出有效的解决办法。

3. 产后总结

产后总结是指在现场生产作业结束后，对作业过程和作业结果进行资料信息存档、问题汇总与分析及经验总结。

（1）资料信息存档。在现场作业结束后，应将作业过程中涉及到的相关资料（如生产计划、生产进度跟踪表、产量汇总单等）加以汇总，录入数据库中。

（2）问题汇总与分析。交期问题的常见表现是进度异常，比如：进度异常出现在哪个阶段，影响因素有哪些，最深层根源在哪里，随后采取了哪些解决措施，是否有效解决进度问题……这些都是问题汇总与分析时需要考虑清楚的事项。

（3）经验总结。经验总结是从现场作业的有效做法和显著成绩中，提炼出规律性的管理方法。经验介绍要真实、准确，针对具体的事项而展开总结。

产后总结的核心是发现在交期管理中存在的不足，总结在交期管理中展现出的优势，以便在日后的交期管理中设定更科学、细致的规划，并从细节控制的角度对交期进行控制。

交期变更

理想的现场生产是按照交期完成。但是，当产前计划和产中监控难以确保交期实现时，现场管理者就需要考虑变更交期，以保障客户关系的和谐性。这是现场交期管理中的重要环节之一。

1. 交期变更的处理

导致交期变更的因素有两类：外部市场因素，比如，客户要求追加订单或者减少订单、取消订单、变更交期；内部生产因素，比如，机器故障、人为因素、品质因素、物料异常、工艺瓶颈等等问题导致产品未能按时入库。针对不同类型的交期变更，其采取的变更方法是不同的。

（1）外部市场因素导致的交期变更。对于此类变更，销售部应在第一时间开出《交期变更通知单》，并注明变更的时间、数量，或者是推迟、提前、取消，具体说明如表2—26 所示。

表 2—26　　《交期变更通知单》填具说明

情境	填写说明
交期延迟	注明第二次交货期的时间、数量
交期提前	销售部应注明提前的时间、数量；计划部则要根据目前的生产状况，回复销售部合理的提前入库时间
追加订单	注明追加订单的数量及交货时间，最终产品入库时间由计划部集合目前生产情况、工艺流程及采购周期等给销售部回复一个相对合理的产品的入库时间
取消订单	注明原因，注明目前已采购回物料的处理办法（如用在别的订单等），给出明确结果。如果生产部已生产出成品或半成品，销售部要给出明确的处理办法

（2）内部生产因素导致的交期变更。对于此类因素，现场管理者应开出未按时入库的异常报告单，并组织工程部、品质部、采购部一同在报告单上，注明改善措施的方法。随后，现场管理者要开出《入库延迟（交期变更）通知单》并注明第二次入库的时间，及延迟原因。

无论是哪一种交期变更，现场管理者都需要根据《交期变更通知单》调整目前的作业计划，同时应发出《作业计划变更通知单》，调整现场作业。

2. 交期变更的改善方法

交期变更是一种不被期望的现场管理现象——交期变更很可能在无形中消磨掉现场生产能力，并使得现场管理者在做出决策和生产计划时不得不再次调整各类资源。因此，采取措施消除延误，改善交期变更问题，这是现场管理者必须予以重视的。

（1）了解交期延误的原因。导致交期延误的原因有很多，如紧急订单增多、产品技术性变更频繁、物料计划不当、过程控制失当等。交期延误的原因列表，如表 2—27 所示。

表 2—27　　生产交期延误的原因列表

延误原因	具体说明
紧急订单增多	紧急订单多，交货期缩短，引起生产准备不足，生产计划制订不周全，仓促投产，继而导致生产过程混乱，引发交期延误
产品技术性变更频繁	产品设计、工艺变更频繁，生产图纸一直在改，生产人员刚刚熟悉一种加工工艺，就要更换图纸，导致员工无所适从，引发交期延误
物料计划不良	供料不及时导致生产现场停工待料，引发交期延误
生产过程控制失当	产品合格率低下，返工产品量多，从而影响到交货数量
设备维护欠佳	生产设备由于老化、操作不当等原因导致故障频发，引发交期延误
生产排程失误	由于排程人员的疏忽，导致漏排或排程不合理，导致生产效率低下或产品没能及时投产，引发交期延误
产能不足	选择的外协厂商能力欠佳，导致交期延误
其他	因交通、天气等客观原因导致货物不能及时送到指定地点，而引发交期延误

（2）选对交期延误处理方法。一旦发现有交期延误的可能，现场管理者必须对交期延误进行处理。为保障交期，现场管理者通常可以采取以下方法，如表 2—28 所示。

表 2—28　　交期延误处理方法

方法	具体说明
调整作业顺序	在预计出现交期变更苗头时，要保持镇静，将交期不紧急的产品暂缓生产，优先生产可能出现交期延误的产品
延长作业时间	通过加班、休息日上班、两班工作制变三班等方式加紧生产。但是在增强工人劳动强度的同时，也要注意对员工情绪的安抚和对生产质量的控制
分批配送	通过与客户协商，可以将已经生产出来的部分产品交付，使需求方不会因为交期变更而影响生产，从而为剩余部分产品的生产赢得时间。该方法只适用于大批量生产类型的企业
销售、后勤部门的支援	销售、后勤等部门做好配合工作，使生产作业更为顺畅，以便实现交期目标

现场生产过程从一开始就处于动态变化之中，引发交期变更的因素随时可能发生。这就要求现场管理者能够观察入微，系统地进行现场处理，以避免交期变更和交期延误现象的出现。

技能要领

上文中我们介绍了交期管理的基本方法。下面，结合上述基本方法来了解现场交期管理的四步基本程序：协调交期、确定作业计划、过程监督与协调、交期变更处理，如图 2—7 所示。

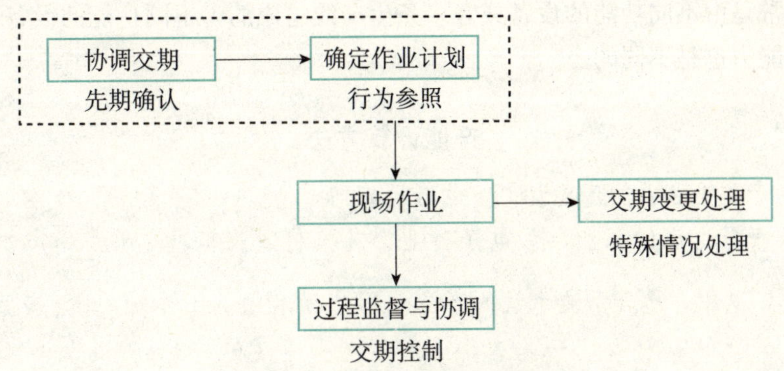

图 2—7 交期管理的基本程序

协调交期

协调交期是交期管理的第一步。交期关系着两大方面：客户需求和现场产能。因此，在协调交期时亦是从这两个方面出发。

1. 界定客户需求

客户的交期需求通常会以直截了当的截止日期形式提供。通常，交期需求的确认，需要通过现场管理者与客户沟通而获得。但也有一部分客户的交期需求是较为笼统的。

> 辅助阅读 2—14　　**交期控制难：客户需求不明**
>
> 一些客户会向现场管理者表示："我不着急，你们慢慢完成即可。"于是，现场工作安排并不紧急。但是过一段时间后，客户又说："我希望在后天收到产品。"此时，现场管理会因此而不得不打乱既有工作计划来满足客户需求。而如果现场管理者采取加班加点、调用多能工等协调措施时，那么现场将为该任务付出更大的交期成本。

此时，现场管理者需要采取有效的方式，引导客户明确自己的真实需求，以免客户后期需求变化而影响了现场工作的顺利开展。比如，问客户："这批产品，您是要用于什么项目上？你最早可能什么时候用?"通过旁敲侧击，现场管理者可以了解客户的真实需求，并通过这种引导，使得客户关注自身工作与现场工作的时间对接点。

2. 了解产能

交期落实受制于现场产能。如果企业了解自己的产能，可以最大限度地利用生产能力创造效益，超越产能的限制。如果不了解产能而随时制定计划，那么必然导致交期和效益难以实现。为了避免上述现象的发生，现场管理者需要计算产能。

在制造企业中，一般先计算单台设备的生产能力，在有多台同类设备时，生产能力为各个单台设备生产能力之和；然后，再自下而上地计算生产线、生产车间和整个工厂的生产能力。

车间通常是由不同功能的设备或者多条生产线组成的，不同功能的设备或不同的生产线的生产能力也是不同的。

辅助阅读 2—15

产能计算方法

不同生产类型企业的产能计算方法各不相同。

对于大批量生产的企业，如电子行业、汽车制造业等，流水线的产能计算公式为：$P=\frac{T_e}{r}$，其中，P 表示流水线的产能；T_e 表示有效的工作时间；r 表示流水线的生产节拍。

而对于成批生产的企业，单台设备的产能计算公式为：$P=T_eq=\frac{T_e}{t}$，其中，q 表示设备的产量定额；t 表示设备台时定额。

上述公式中，计划期的实际有效时间为制度工作时间减去计划修理停工时间，计算公式为：$T_e=T_0-d=T_0(1-\theta)=T_0\eta$，其中，$T_0$ 表示计划期设备的制度工作时间；d 表示设备计划修理停工时间；θ 表示设备计划修理停工率；η 表示设备的制度工作时间利用率。

3. 确定交期

将客户需求的交货量，与现场产能相除，即可得出客户需求满足所需的生产制造周期。在此基础上，再确定行政作业时间、物流时间等等，即可得出产能范围内的交货期。

如果该周期与客户要求的时间周期符合，则可以将客户要求时间作为交期时间。如果该周期超出客户要求的时间周期，则需与客户进行沟通，协调新周期。表 2—29 为交期预定表。

表 2—29　交期预定表

交货日期	订单号码	产品名称 零件	订单量 生产	预定开工 日期	预定完工 日期	备注

确定作业计划

作业计划是现场工作按交期落实的参照。而交期的确定，又确定了作业计划必须保证避免时间和资源的浪费，做好合理安排。

1. 计划确定方法

为了便于作业计划的循序渐进开展，作业计划的确定通常会按照从长周期计划到短周期计划的顺序进行细分。通常，确定作业计划时，会按照季度/月度生产计划、周计划、日计划、时计划的顺序，逐步进行资源安排，如表 2—30 所示。

表 2—30　根据时间段制定作业计划的种类

种类	说明
季度/月度生产计划	包括具体订单排程、产值目标、售货员配置等内容
周计划	属于细部生产计划，明确每一周的生产进度以及必要的人员和材料配备
日计划	根据月计划和周计划制定，明确各个车间、各个班组（工序）的日生产任务和每个员工的日工作量
时计划	部分现场还会根据日计划，计算每个环节或每个人需要完成的作业量

在资源安排的同时，现场管理者也要确保各环节的产出达标，即：除了规定输入时间，还要规定输出时间，这是确保交期的基本点。下面是某企业的日计划表，如表 2—31 所示。

表 2—31　日计划表

日期：_____年_____月_____日

生产部门							
订单号码				生产日期			
产品名称				生产编号			
产品规格				生产数量			
使用材料							
材料编号	品名	规格	单位	单机用量	标准用量	备用件数	备注
A							
B							
C							
制造方法							
完成日期				生产部门主管		（签章）	
移交单位				计划员		（签章）	

2. 计划确定程序

确定作业计划时主要包括制定、复核、审批、发放等环节。

（1）制定。根据企业总体规划、客户订单和销售情况，制定现场月度生产排程，包括订单编排、生产时间、交货时间和工序交接时间等内容。

（2）复核。计划制定之后，现场管理者应与销售部、采购部、仓储部及客户代表充分沟通，确保该作业计划的可行性。

（3）审批。生产计划复核之后，由现场总监审批，强化其严肃性和指令性。

（4）发放。生产计划批准后，由行政部组织向现场及所属车间、品质部、物控部、采购部、销售部、财务部和仓库发放正式的作业计划文件。

辅助阅读 2—16

自制或外协计划

有时订单产品不可能全部由企业自己完成：或者没有能力生产，或者有更重要的零件要生产。这时候，现场管理者就要作出自制或外协计划。

从原材料供应到将产品交付，这个过程构成了生产和配送链，构成了产品的纵向集成。例如，某企业在生产链上既负责某零部件的加工，又要将该零部件装配到自己的产品中，这便属于该企业纵向集成度的范畴。

（1）小型企业和初建企业的生产能力比较弱，纵向集成度较低。例如，很多小企业只负责为供应链上的核心企业提供某个零部件的生产。

（2）大型企业的纵向集成度一般较高，自主掌握大部分的制造和装配设施、设备，外协件主要为原材料。

市场的发展变化对企业的柔性化要求也越来越高，这些因素都促使企业外协范围的扩大。外协范围的扩大，不仅限于原材料，产品运输、设备维修、产品设计、会计核算等也都逐渐扩展为企业外协的范畴。

过程监督与协调

当作业计划确定后，那么各个环节和负责人即可参照计划交期要求去执行了。在这个落实过程中，现场管理者的管理重点就是进度监督与现场协调，避免因生产因素，导致产品无法按期完成入库，推迟交期。

1. 进度监督

要确保生产进度能够按照计划完成，就需要采取一些现场管控措施，对生产进度和现场状况进行控制，以使生产作业在最有利的条件下、最科学的指挥下，保质、保量、按时地完成。

（1）进度监督内容。进度监督是多个部门合作的成果，其内容如表 2—32 所示。

表 2—32　进度监督的内容

内容	说明
事务性进度	控制接到客户订单后到物料分析和订购等的时间
采购进度	控制采购的材料及零件的标准购备时间
检验进度	控制物料进厂后完成验收的时间
委外进度	控制委外处理的半成品或成品的时间
生产进度	由制造部门及生产管理部门控制本身生产过程

（2）进度监督形式。为了及时发现实际作业情况与计划之间的偏差，现场管理者可以将生产进度以表格形式汇总统计。进度监督不仅是做好各项管理工作，完成企业交给的任务，还要及时排除在生产过程中随时可能出现的各项异常，为生产任务的按期完成铺平道路，这也是现场管理的重要内容。

2. 现场协调

现场协调是针对作业进度情况，积极预防和改善各个工序和订单生产问题以及可能出现的生产滞后、品质及材料等问题。现场协调的主要内容如下：

（1）交期协调，是指因特殊原因协调交期。

（2）进度协调，是指更换不同产品或订单的先后进度，协调同一产品或订单的紧密度或同一产品不同工序间的进度。

（3）任务协调，是指协调部门之间的工作任务不平衡。

（4）产品协调，是指更换产品品种或增减产品数量。

（5）设备协调，是指协调设备使用时发生的冲突。

（6）物料协调，是指协调物料供货期和物料品质，更换不合格物料。

（7）工艺协调，是指协调某些不适合批量生产或不完善的工艺，或者按客户要求更改工艺。

（8）品质协调，是指讨论品质标准和达到品质标准的方法和手段。

（9）时间协调，是指因生产需要进行非常规的时间安排，例如加班和串休。

（10）人员协调，是指协调某些部门人员过剩或某些部门人员不足的情况。

现场协调的常用手段包括现场异动报表、现场协调会和协调通知单。

交期变更处理

现场计划执行过程中，如果出现必要的紧急生产插单或不可抗因素，导致作业计划难以达成时，现场管理者需要进行交期变更处理。生产计划变更管理的基本程序有四步：

（1）提出交期变更申请。分析交期变更的必要性和合理性，确定是否实施变更；如果确定实施变更，应及时提出变更申请。

（2）出具变更控制单。记录变更信息，填写变更控制单。

（3）交付上级审批。对原定交期做出更改，并交付上级审批。

（4）发布交期变更通知单。安排相应的准备工作，做好更改生产计划的准备，新的生产计划经审批通过后，下发至各部门。

《交期变更通知单》格式，如表 2—33 所示。

表 2—33　　交期变更通知单

<table>
<tr><td>通知部门</td><td colspan="2"></td><td colspan="2">生产单号</td><td></td></tr>
<tr><td>产品名称、规格</td><td colspan="2"></td><td colspan="2">生产数量</td><td></td></tr>
<tr><td colspan="2">接单日期</td><td colspan="2">原预定交货期</td><td colspan="2">变更交货期</td></tr>
<tr><td colspan="2"></td><td colspan="2"></td><td colspan="2"></td></tr>
<tr><td>原定项目</td><td colspan="2"></td><td colspan="2">修正项目</td><td></td></tr>
<tr><td>变更原因</td><td colspan="5"></td></tr>
</table>

对交期实施变更管理，主要是为了在交期即将发生延误时，准确地对交期延误的原因、对策等进行科学定位，以采取合理的措施，对交期延误进行处理。

行动练习

接下来，我们以某出版社的稿件审核交期管理为例来练习现场交期管理的相关工作。

【练习说明】

假设一个出版社下属编辑室，内设责任编辑 3 人、编辑室主任 1 人、总编（副总编）1 人。根据出版规则，他们需要做好三审工作——原稿由责任编辑初审，编辑室主任复审，总编（副总编）终审，然后将书稿交出版科发排。现在，他们每个月需要完成 10 本稿件的出版任务，请你说明一下他们应该如何控制交期。

步骤 1：如果你是总编，你第一步会做什么？

____

____

在这个环节，学生应考虑如何协调审稿任务，才能保障交期实现。在这里，每个人的审稿能力——审稿合格率和审稿速度是需要预先了解的信息，该信息是确认交期安排、保障交期达成率的参照依据。

步骤 2：你会如何安排工作？

____

____

书稿交期控制的第二步是界定每本书稿的交稿时间，即：对各项书稿任务的交期进行系统性安排。也就是说，在这个环节应将各书稿的审核工作任务指定给具体个人，由工作执行人和总编共同确认各项任务完成时间——稿件交稿时间，并生成《交稿时间计划表》。

步骤 3：你会如何进行过程监督？为保障过程监督的质量，你在过程监督时会将重点放在哪些方面？

____

____

这一环节的重点是请学生确认过程监督的重点。根据知识学习和技能要领的内容可知，此时的重点是设定过程监督点——在什么时间点或达成某个稿件审阅量时，确认审稿质量和审稿进度，保障每个人的审稿工作按照审稿交期计划开展开来。

步骤 4：受限于市场环境变化，一些稿件的出版期可能会被提前。此时，你会如何安排工作？

____

____

有的稿件需要提前处理，就意味着其他稿件需要延后处理，即单个任务的交期需要做出调整。作为主编，需要确认其他稿件交稿的紧迫度，重新调整稿件交期计划。此外，如果工作时间需要变化（如：需要紧急加班）时，应与编辑人员、其他部门人员就工作方法进行特别协调。

步骤 5：作为总编，你的工作事务非常多。有时部分稿件来不及审核，你会怎么做？

____

____

在这个环节，考验的是学生的交期变更管理能力。就本情境来说，当个体工作无法按期完成时，总编有两个方法可选：一是延迟交期，但这并非理想的交期管理方式；二是考虑授权。如需授权他人审核时，总编需要考虑授权成本、授权对象的能力等因素。

学习拓展

本单元阐述的重点内容是现场交期管理的相关概念、交期管理的程序（产前计划、产中监控和产后总结）、交期变更管理。而无论是从交期的结构性设计，还是从交期管理的过程性保障来看，它的核心是强化协调。

强化协调是指从多因素角度来考虑交期管理，通过多方资源调配来促进交期目标实现，特别是在交期目标实现遇到障碍时，协调行为就显得更为重要。比如，在出现物料告缺前，现场应以警示灯、电话或书面形式，向采购、物料和生管部门反馈信息。如短时断料，现场管理者可以安排闲置人员去做一些加工准备、整理或其他行政工作。前者是针对物力资源的部门间协调；后者是针对人力资源的现场内部协调。

在任何现场中，按部就班地去运作，诚然是保障交期目标实现的基础。但是，变化是无处不在的。此时，如果现场管理者能够强化协调手段，有一套应对变化的协调程序和手段，那么变化便不会成为交期管理的掣肘点。

单元四　现场安全管理

概念理解

现场安全管理是为实现现场安全运作而组织和使用人力、物力和财力等资源的过程。保障安全是现场一切人、事、物存在的基本保障，而现场安全管理的重点则有五个要点：有标准、有落实、有点检、有整改、有预案。

观念探析

请理解下面这两句话的含义。

观念 1：安全是最大的效益，违章是犯罪，事故是最大的浪费。

观念 2：安全无小事，但安全管理却皆是小事。

情境讨论

安全与管控角度

厦门航空公司的一架飞机升空后却因忘了拔插销，使得起落架无法收回，给飞行安全带来了极大的危险。当时，厦门航空公司的总经理针对此事亲自撰写了该公司的第一张 SOP（标准工作指导书），详尽说明了拔插销的细则。在插销拔了之后，要后退 15 步把手举起来，当机师看到后要出示信号，这时拔插销的人才能把手放下来。这种看似简单的控制方法，使得飞行安全过程得到了一定程度的保障，并因此被其他航空公司所借鉴。

现场安全管理并不是艰深的科学，但却是细节性要求很强的工作——它渗透在每个细微环节之中，且任何一个角度都可以成为它的切入点和控制点。

知识学习

现场安全管理是为了控制现场人员的不安全行为和现场现物的不安全状态，让人们在现场中无失误或少失误地工作，帮助现场实现预期的成果产出。在此过程中，现场管理者必须把握现场安全的关联要素，并做好系统的现场安全控制。

安全管理

安全是现场管理的一个恒久话题。做不好安全管理的现场，是不合格的现场。现场管理者应配合安全管理部门积极完善安全管理工作。下面来了解一下现场安全的概念、价值和基本要求。

1. 现场安全的概念

安全是指不受威胁，没有危险、危害、损失。它是人员与生存环境资源的和谐相处，互相不伤害，不存在危险、危害的隐患，是一种免除了不可接受的损害风险的状态。

在现场生产过程中，安全是将系统的运行状态对人员的生命、财产、环境可能产生的损害控制在可接受水平以下的状态。具体而言，现场安全是指清除安全隐患，预防安全事故发生，保障员工的人身安全，保证生产的连续性，减少安全事故造成的经济损失。

2. 现场安全的价值

安全管理的目的是保障现场元素正常，使得现场运作顺利进行。现场安全的价值体现有三：

（1）保障现场人员安全，塑造良好企业文化形象。人是现场的动能系统。减少或避免安全事故，保障现场人员的生命安全，也是在确保现场运作的正常运行，而且也在无形中塑造了企业的良好形象。

（2）保障现场资产安全，减少企业损失。现场资产（如设备、物料）皆由采购而来，耗用了大量资金，是现场中的宝贵财富。一个企业若发生安全事故，势必造成或多或少的经济损失。此外，安全事故往往会造成员工工作不稳定、出勤率较低等现象，导致正常工作无法进行。可见，安全是提高企业经济效益的基础，没有安全也就不存在效益。

（3）为企业有序经营提供条件。在现场管理中，若出现安全事故，对企业在经济、形象等方面都造成严重的损害。现场安全不仅表现在对其当下成本方面影响，更重要的是体现在对企业长远发展的影响，如客户订单、企业竞争等。

辅助阅读 2—17 **安全事故与影响**

2008 年，某工厂一名女工被楼顶施工的钢筋坠物砸中，导致 3 根钢筋插入体内，致胸腔重度伤残；2009 年，某烧结厂煤气泄漏，流入员工休息室中，使 7 名员工出现不同程度的中毒现象；2012 年，某煤矿开采企业，在煤矿开采过程中，由于瓦斯报警系统仪器失灵，导致安全部门没有及时检测出瓦斯浓度超标，最后酿成瓦斯爆炸的重大安全事故……

长期以来，安全问题都是企业管理的一个重点。层出不穷的安全事故，给企业现场造成了不容小觑的灾难——轻则导致员工健康受损，重则直接危害人员生命安全。而企业一方面需要安抚员工，重整现场，另一方面需要重新修复因事故而造成的形象、信誉损伤。

3. 现场安全管理的基本要求

现场安全管理有三大原则要求：同步原则、预防原则和四全原则。

（1）同步原则。是指管生产必须与管安全同步。安全寓于生产之中，并对生产发挥促进与保证作用。因此，安全与生产虽有时会出现矛盾，但安全、生产管理的目标、目的，表现出高度的一致和完全的统一。而要落实“管生产必须管安全”的原则，现场管理者就需要在管理生产的同时认真贯彻执行安全生产规章制度（包括各种安全生产责任制、安全生产管理规定、安全卫生技术规范、岗位安全操作规程等），健全安全生产组织管理机构。

（2）预防原则。安全管理的方针是安全第一、预防为主。安全管理的核心不是不断地处理事故，而是在现场管理中针对现场特点，对生产要素采取管理措施，有效控制不安全因素的发展与扩大，把可能发生的事故消灭在萌芽状态，以保证生产活动中人的安全与健康。

（3）四全原则。是指安全管理时奉行全员、全过程、全方位、全天候的要求。其中，全员是指从公司领导到每个干部、职工（包括合同工、临时工和实习人员）都要管安全；全方位是指从生产、经营、基建、科研到后勤服务的各单位、各部门都要抓安全；全过程是指每项工作的各个环节都要自始至终地做安全工作；全天候是指一年365天，一天24小时，每时每刻都要注意安全。总之，“四全”的宗旨就是人人、处处、事事、时时把安全放在首位。

辅助阅读2—18

安全管理中的五种关系

安全管理中有五种关系，现场管理者必须予以足够的重视。这五种关系分别是：安全与危险并存、安全与生产统一、安全与质量包涵、安全与速度互保、安全与效益兼顾。

（1）安全与危险并存。安全与危险在同一事物的运动中是相互对立的，相互依赖而存在的。因为有危险，才要进行安全管理，以防止危险。

（2）安全与生产统一。安全是生产的客观要求，当生产完全停止，安全也就失去意义。生产有了安全保障，现场和企业才能持续、稳定发展。

（3）安全与质量包涵。从广义上看，质量包涵安全工作质量，安全概念也内含质量，交互作用，互为因果。无论忽视什么，现场都将陷于失控状态。

（4）安全与速度互保。安全与速度成正比例关系。当速度与安全发生矛盾时，暂时减缓速度，保证安全才是正确的做法。

（5）安全与效益兼顾。安全措施的实施，会改善劳动条件，调动职工的积极性，带来经济效益。从这个意义上说，安全与效益完全是一致的。

现场安全

现场安全包括人、物和环境这三大管理对象。人是指现场作业人员和现场管理者，人的安全是指保证现场作业人员和现场管理者的安全和健康，打造全员安全意识；物是指物料、设备、工具等，物的安全是指保证现场各类设施设备和物料的安全；环境是指产品生成环境，环境的安全是指保证工作环境的整体整洁安全。

1. 人

人是现场作业中最重要的资源。保障人的安全，现场运作才能顺利进行。通常，人的安全是从意识和行为两个角度来保障的。

(1) 意识。在意识方面，人们通常有“知、能、愿、慎”4 种表现，如表 2—34 所示。

表 2—34　人的安全的意识表现

表现	示例说明
知	知道安全常识，尤其是新员工一定要接受训练，知道安全防范、安全规则，知道使用防卫器具
能	懂得安全操作规程，如担任需要特殊技巧或智力的危险工作的员工必须受过专业训练
愿	愿意遵守安全规定，如员工愿意按照安全规则使用防护器具，不会为图侥幸在不准吸烟的位置吸烟等
慎	工作时谨慎认真、不乱开玩笑或漫不经心，工作时精神集中

(2) 行为。人的安全行为表现有两种：一是行为表现精神。工作强度适量，不会出现连续加班、带病上岗、熬夜等行为，员工行为上看着比较精神、没有疲劳感。二是技能娴熟。比如，员工反应灵敏，能及时控制或逃避即将发生的危险。

2. 物

物主要是指物料、设备、工具等。物的安全主要表现为以下三大方面：

(1) 防护、保险、信号等装置充足、无缺陷。比如，物品外装有防护罩、安全保险装置、设有护栏等。

(2) 设备、设施、工具、附件等适用、无缺陷。比如，安全间距适宜，工件光滑、没有毛边毛刺之类，机械强度适当，设备保养得当。

(3) 防护用品、用具充足、无缺陷。比如，防护服、手套、护目镜及面罩、呼吸器官护具、听力护具、安全带、安全帽、安全鞋等防护用品人人皆有，且防护用品是符合安全要求的。

3. 环境

环境的安全是指工作环境中不存在危险隐患。环境安全的表现有以下几种：

(1) 通风。现场通风良好，通风系统效率高，空气符合国家安全浓度要求。

(2) 光线。照明光线适宜，不存在照度过高或过低的问题。

(3) 整洁度。现场环境整洁，现场现物按照定置原则实施定置管理，且无垃圾杂物等堆积。

(4) 空间。空间大小根据工艺、设备使用情况进行科学布局，最大程度地利用空间，又不至于空间过于狭窄。

(5) 无危险源。危险源表现为可能造成火灾、人身安全事故的问题点。安全的现场工作环境中应该没有这类隐患，并备有紧急营救的设施。

现场安全管理工作

现场安全管理工作主要包括以下四个方面：安全教育、安全规划与落实、安全检查、事故与应急管理。

1. 安全教育

安全教育是面向现场人员和各层级管理人员而展开的安全培训，意在培养人们的安全意识、有效的防护及应急管理能力。下面来看安全教育的主要内容和主要形式。

（1）安全教育的内容。现场开展安全教育工作的主要内容，如表 2—35 所示。

表 2—35　安全教育培训的内容

内容	说明
现场概况	● 介绍现场的概况、工作性质及工作范围、安全生产动态等 ● 介绍现场发生过的一些安全事故及防控措施等
岗位概况	● 介绍本岗位使用的机器设备、工器具等的性能和操作方法 ● 介绍本岗位的作业环境、危险场所、设备状况及消防设备等 ● 讲解本岗位、本工种的安全操作规程、岗位责任及安全注意事项等
规章制度	● 讲解员工安全生产责任制、习惯性违章处理制度及相关的安全生产规章制度 ● 介绍班组的安全活动内容及作业场所的安全检查和交接班制度 ● 介绍本岗位的作业标准、操作规程、危险预知及关于劳动防护用品的规定等
事故预防	● 讲解预防安全事故的措施及解决对策 ● 介绍安全事故的报告制度、急救知识及案例教训等 ● 开展反事故演练，以提高员工的安全意识和事故应急能力
安全示范	● 说明危险操作、违规操作的内容 ● 重点讲解、示范安全操作要领，说明注意事项

（2）安全教育的形式。选择合理、有效的教育形式，有助于激发被教育者的学习兴趣，进而保证安全教育的质量水平。安全教育的常用形式，如表 2—36 所示。

表 2—36　安全教育的形式

形式	说明
宣传工具	宣传画，包括正面型、负面型两种，进行正反结合宣传；制作多种安全教育培训幻灯片，让安全知识与趣味性相结合；电影、电视弥补了文字宣传的缺点，能生动形象地进行展示
安全会议	通过安全讲座、报告会、座谈会等会议形式进行安全教育培训
安全活动	组织开展“安全活动日”、“安全活动月”、“百日零事故竞赛”等活动，可有效提高员工安全生产的积极性
安全读物	通过展览、发行安全读物进行安全知识宣传。例如制作企业安全简报、安全传单、安全手册等读物进行安全教育培训

辅助阅读 2—19 **安全教育的方法**

在安全管理之初，现场管理者要选择合适的教育流程，开展安全教育工作，全力做好企业安全教育。开展安全教育的方法如下。

（1）上岗资格培训法。它是指对员工进行岗前安全培训，经考试合格获得上岗资格证后方可上岗。

（2）日常安全教育法。它是指规定班组每月开展 3 次日常安全活动，有针对性地进行安全教育。

（3）练兵活动教育法。它是指定期开展安全技术比武、安全事故演习活动，提升员工的安全技术。

（4）三级安全教育法。它是指以制度化的形式对员工进行企业级、车间级和班组级的三级安全教育。

2. 安全规划与落实

安全规划主要是从现场布局安全、现场人员安全两个方面进行安全性设计。安全落实是指将安全规划严谨地贯彻下去。

（1）现场布局安全。现场布局安全主要从作业场所的用电用水安全、安全通道与管线设置、安全标志和警示标识等方面来设计。整体环境的安全性得以保障，这是现场安全管理的基础。

（2）现场人员安全。现场人员安全管理主要从人身安全防护（如佩戴防护面罩、手套）、作业安全（如设计安全作业标准）两个方面来规划。人身安全防护是从外物保护的层面来保障人员安全，而作业安全是从个体行为实施的层面保障人员安全。

辅助阅读 2—20 **职业健康安全管理体系**

职业健康安全管理体系（Occupation Health Safety Management System，简称 OHSMS），是 20 世纪 80 年代后期兴起的安全生产管理模式，它与 ISO9000 和 ISO14000 等标准体系一并被称为“后工业化时代的管理方法”。

职业健康安全管理体系包括：职业病危害的预防及现场管理、职业健康检查的管理、职业健康教育与培训三个板块，其内容涉及：危险源辨识、风险评价和风险控制、安全监测等。该体系方法能够帮助现场管理者实施严谨的现场安全管理，因而被很多企业现场广为引进。

3. 安全检查

安全检查是根据企业、班组有关安全生产的方针、指示、决议以及规章制度等，识别生产活动中存在的人、物、环境的不安全状态。安全检查的主要内容与形式设计如下。

（1）安全检查的内容。安全检查一般包括以下内容：一是辨识可能发生的事故后果，即对人的伤害、财产的损失和对环境的破坏；二是在可能发生的事故后果确定的基础上，识别可能引发事故的材料、系统、生产过程或生产现场的特征。

（2）安全检查的形式。安全检查的具体形式，如表2—37所示。

表2—37　安全检查的形式

形式	说明
定期检查	根据作业计划，在预定时间进行规律性的检查。例如可定为每天、每周或每月等进行一次检查
突击检查	无固定时间间隔，检查对象一般为某个小区域或某种机器设备，以及某一事件中的个别或全部情节
交叉检查	现场班组之间或现场人员之间进行的一种互检方式，便于班组之间或现场人员之间进行经验交流，共同提高
安全技术专业检查	对机器设备（例如锅炉、空压机、起重机、受压容器等）或要害场所（例如液化气区域、乙炔站、柴油库、化学危险品库等）进行的专业检查
特种检查	为防止新设备、新工艺、新技术或某项新建或改造后的工程项目，在投产、使用后带来新的危险因素而进行的检查

安全检查的目的是在事故发生前发现隐患，以较小的代价去消除隐患。一旦某些问题在安全检查中被遗漏、未被发现，那么安全事故便会在某个时间点发生。

4. 事故与应急管理

事故发生后，事故发现者或责任者应立即上报，然后由现场管理者组织进行事故处理，或自动启动应急管理。

（1）事故处理。在安全事故处理过程中，现场管理者要严肃、认真地调查事故发生的原因，采取针对性处理措施，并总结已发生事故给现场带来的经验与教训，以防止同类事故重复发生。

辅助阅读2—21　事故处理的“四不放过”原则

事故处理的“四不放过”原则是指事故原因未查清不放过、责任人未受到处理不放过、有关人员未受到教育不放过以及整改措施未落实不放过。

一是事故原因未查清不放过。处理安全事故的时候，要分析、调查清楚事故发生的真正原因，并以明确各因素之间的因果关系为止。

二是责任人未受到处理不放过。此原则是指对事故责任者应当严格按照安全事故责任追究制度和有关法律、法规的规定进行严肃处理，这也是安全事故责任追究制度的具体体现。

三是有关人员未受到教育不放过。在处理安全事故时，不能认为原因已经分析清楚、有关人员已经处罚完毕就算任务完成，还必须让事故责任者和其他所有员工了解事故发生的真正原因以及造成的危害或影响，吸取教训，提高安全意识，并付诸于实际行动。

四是整改措施未落实不放过。在对安全事故进行责任调查与防控处理时，必须针对事故发生的原因，制定切实可行的预防相同或类似事故发生的措施，并督促事故单位彻底落实。

（2）应急程序管理。应急程序是给事故指挥者、应急管理者等提供有效的现场应急指导，以保证应急行动的及时性、连续性与合理性，确保安全事故发生后能够迅速、有效地开展应急救援工作。事故应急程序的基本内容，如表 2—38 所示。

表 2—38　　事故应急程序的内容

内容	说明
报警程序	在发生事故的过程中，任何人员都有可能发现事故或险情，此时的首要任务就是向有关部门报警，提供事故的所有信息。该程序旨在指导人员如何使用报警与通讯设备（例如电话、报警器、信号灯等），并明确安全人员、作业人员或其他人员的报警职责
通讯程序	明确在应急中可能使用的通讯系统，以保证应急救援系统联系正常。该程序一般包括的通讯联系有：应急成员之间、事故指挥者与应急队员之间、应急救援系统各机构之间，以及应急指挥机构与外部应急组织之间、伤员家庭之间等。此外，还可补充重要人员的家庭电话号码等
疏散程序	说明疏散的路线、范围、操作步骤、注意事项，以及针对受伤人员制定的保护措施等。此程序是从事故影响区域内疏散的必要行动
交管程序	防止因交通堵塞或人员过于密集而造成危险。交通管制程序主要包括警戒、约定交通管制和快速交通管制。此程序具有保护事故现场、防止外来干扰、保护现场人员安全、拯救伤员、减轻事故影响等作用
恢复程序	应急行动结束后，应尽快恢复到正常的运作状态。恢复速度受人员、资源、计划、受损情况等诸多因素的影响。此外，在执行恢复程序时，有可能会与新闻媒体接触（例如接受采访、召开新闻发布会等），须由相关部门全面负责此类工作，保证无差错，以免影响事故恢复进程

在发生安全事故之后，应当立即启动事故应急程序，采取相应的紧急措施进行处理，最大程度地降低事故造成的伤害和影响。

技能要领

从上文中，我们了解了现场安全管理的主要工作内容，下面我们来看现场安全管理的基本逻辑程序。它包括五个方面：安全标准界定、责任落实、点检排查、整改实施、危机预案，其关系如图 2—8 所示。

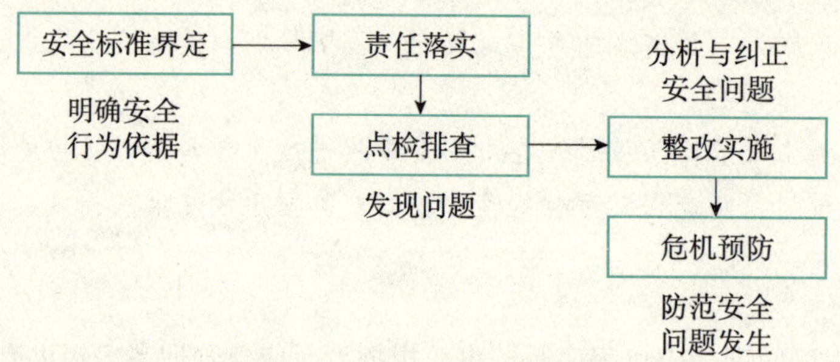

图 2—8　现场安全管理程序

安全标准界定

有标准才会有参照，有了安全标准，安全管理才能有的放矢地运作下去。现场安全类标准主要体现为：安全管理制度、安全作业标准等。前者是从管理的角度来保障现场安全，后者是从做事的角度来保障安全。

在这一环节中的操作重点有二：一是编制标准；二是让人们明确标准。

1. 安全标准编制

安全标准编制时，应力求安全标准内容的规范、系统、清晰。规范是指标准内容设计是规范的、通用的；系统是指安全标准内容涵盖了安全管理的方方面面；清晰是指标准内容清晰，便于人们理解掌握。

以安全作业标准为例，它应包括安全作业的行为标准，如果以文字或流程图形式展示，应在其中明确展现以下内容：由谁负责；作业时需要做的动作行为数量、类型、要求；不能采取的动作行为；哪些动作应先做，哪些动作应后做。下面是剑杆织布作业的安全作业标准书，如表 2—39 所示。

表 2—39　　安全作业标准书

一、操作步骤
1. 进入生产区
1.1　确认着装整齐，禁止穿裙子、高跟鞋、拖鞋，盘好头发，戴上口罩和帽子，拿好剪刀。
1.2　进入操作台位后，逐台检查机器运转情况，检查上一班作业时是否有坏机。
1.3　确认各机台是否要下布。下布时，要打好平纹，并清零。
1.4　携带剪刀工具，避免在操作时手忙脚乱。
2. 启动机器
2.1　开机前，须在慢车状态下认真检查，箭头是否正常进入梭道，与钢筘有无摩擦和碰撞。
2.2　启动机器前，逐台检查质量问题。如：布面有无错综、错筘、缩纬等现象。
3. 操作过程中
3.1　严禁随意调整电脑、龙头控制器中的任何数据，以免造成操作失误。
3.2　机器运转时，严禁触摸危险部位，如钢筘、织口、卷取棍、箭轮、皮带轮、卷取电箱等。
3.3　开机后，应检查经停线头是否松动或脱落。
3.4　在处理断纬时，织机的反找纬动作完成后，方可抽纱。

3.5 避免一人以上人员同时在同一台机进行操作，以免夹伤手指。

3.6 发现设备运行中存在异响、异味等异常现象时，须及时停机，并向机修人员或班长报告。

4. 下布时

4.1 确认设备正前方 1 米内无人，站在卷布辊齿轮后，约 5～10 公分距离。

4.2 打开压在卷布辊两头的压撑，用手迅速把布扳下，手不要在布上停留过久，以免被卷入布下压伤。

二、注意事项
1. 上班过程中，应保持良好的精神状态，禁止在机台上或机台附近打瞌睡，做到安全第一。 2. 任何部件、私人物品不得放置于机台、电控箱上。 3. 禁止非作业人员攀爬龙头钢架平台。 4. 在机修人员修机时或修龙头时，都必须将织机的主电源锁定。 5. 打扫机台卫生时，必须停掉织机。

三、变更记录			
变更项目及内容		变更人及日期	
制定		批准	

2. 明确安全标准

当安全标准编制完毕后，现场管理者即可组织三级安全教育（即企业级安全教育、车间级安全教育和班组级安全教育），帮助人们明确安全管理标准的相关细节。

（1）各级安全教育的重点。其中，企业级安全教育着重进行思想和纪律教育，部门级安全教育着重进行安全技术基础知识教育，班组级安全教育着重进行现场安全操作教育，具体如表 2—40 所示。

表 2—40　　安全标准教育的分级说明

等级	内容说明
企业级安全教育	安全生产责任制；有关安全生产的法制教育；安全生产规章制度和劳动纪律；安全工作规程制度和典型事故案例剖析；治安、防火知识教育
部门级安全教育	部门概况和生产特点，设备情况介绍；安全技术基础知识（包括安全技术、安全用具、防火和灭火技术、急救知识等）；部门安全生产和组织制度（部门安全组织形式、部门安全生产主要制度）
班组级安全教育	介绍班组生产特点、工作条件、设备情况、人员分工等；讲解本工种应遵守的安全工作规程和岗位责任；各岗位实际安全操作示范和要求；各岗位危险性说明

（2）三级安全教育的时间要求。通常企业级安全教育不少于 10 天，部门级安全教育时间不少于 8 天，班组级安全教育时间不少于 6 天。

现场人员经过三级安全教育，并掌握安全管理内容后，由有关部门和人员填写《三级安全教育卡》（见表 2—41）。

表 2—41　　三级安全教育卡

姓名		性别		年龄		文化程度	
部门		体检情况		工种		进厂日期	
三级教育	企业级教育内容		车间级教育内容		班组级教育内容		
	教育起止日期		教育起止日期		教育起止日期		
	考试成绩		考试成绩		考试成绩		
	主考人（签字）		主考人（签字）		主考人（签字）		
师徒合同号		师傅签名		部门主管			
考试合格证号		发放日期		主办人			
个人态度		公司安全部部门意见					
准上岗人意见		领导意见（签字）					
备注							

责任落实

责任落实是指将安全管理工作任务分配至个人。每个人（无论是各级领导、职能部门、工程技术人员还是岗位操作人员），都对安全管理承担自己所需承担的责任，此即安全责任制。

界定安全责任，通常通过以下两种方法：

（1）根据职能来界定。根据各层次、各部门相应的职能，建立安全责任制，使各层次、各部门的安全生产责任明确、全面，且条理化，体现“分级管理，分线负责”的原则。

（2）以体系要素或活动界定。根据各层次、各部门相关人员所涉及到的安全体系要素或活动，界定其安全管理职责，明确相关人员应该做什么、什么时间做、怎样做、做到什么程度的问题。

辅助阅读 2—22　　员工安全管理责任说明

（1）认真学习和严格遵守各项安全规章制度，不违反劳动纪律，不违章作业，对本岗位的安全教育负责，有责任纠正他人的违章作业、冒险蛮干行为。

（2）接受安全生产教育，掌握本岗位工作所需的安全生产知识，提高安全生产技能，增强事故预防和应急处理能力。

（3）精心操作，严格执行工艺纪律，自觉地遵守本岗位安全技术规程，交接班必须交接安全情况，并做好记录。

（4）正确分析、判断和处理各种事故隐患，把事故消灭在萌芽中；对不能处理的事故隐患或其他不安全因素，立即向现场安全管理人员及领导报告。

（5）对本岗位使用的设备、设施按时检查，发现异常及时处理和报告。

(6) 正确操作和精心维护设备，保持良好的作业环境，搞好文明生产。

(7) 按规定着装，正确佩戴和使用劳保用品，正确使用灭火器材。

在界定安全管理责任时，可以将责任说明纳入《岗位职责说明书》中，在岗位责任培训时一并说明。

现场人员无论作为管理人员还是作业人员，在了解了自身的安全管理职责后，即应严格遵照该责任要求来参加安全管理，切忌因出现忽视行为而导致现场安全隐患频发、不可控制。

点检排查

点检排查是责任落实的同时发生的管理行为。点检和排查都属于安全检查行为，但二者在实践中存在一些差异。

1. 点检

所谓点检，即预防性检查，它是利用人的五感（眼、耳、嘴、鼻、手）和简单的工具仪器，按照预先设定的方法标准，对指定部位进行检查。点检通常是短期检查，由现场作业人员或维修人员负责，点检工作的核心是确认是否存在影响安全的小问题。

以设备点检为例，设备操作人员需要每班对使用的设备进行前期检查，通常设备点检时需要使用设备点检表，用于记录设备状态。设备点检表如表 2—42 所示。

表 2—42　　设备点检表

设备名称		规格型号		操作者 A		操作者 B		使用部门	
点检内容	日期								
	1	2	3	4	5	6	7	……	30	31
检查压缩机油位										
检查显示屏读数										
检查加载中是否有冷凝液排出										
检查空气过滤保养指示器										
……										

说明：点检结果良好画“√”，异常画“△”，待修画“×”，难以判断画“?”

2. 排查

排查是面向现场的系统性检查，通常由专门的安全检查人员负责。它不是经常发生的，但是一种周期性管理行为。排查重点不仅要确认点检项目是否正常，还要发掘表面之下是否隐藏着安全隐患，以免造成安全事故。

现场安全排查时要做好系统记录，以便检查后系统处理问题。安全检查记录表，如表 2—43 所示。

表 2—43　　安全检查记录表

部门：　　填表：　　日期：

部门负责人		检查时间	
安全检查人		检查人意见	
检查内容			
安全问题			
备注			

整改实施

对于安全管理而言，排查只是手段，整改才是目的。因此，安全管理应当做到深究问题根源、彻底整改，以实现控制和消除各种危险因素，防止发生伤亡事故的目的。

1. 事因调查

问题发生原因的调查是安全整改的重要组成部分。通过事因调查，确定安全问题发生的原因，明确安全问题的责任，为制定问题预防措施提供重要的资料。安全问题事因调查步骤的说明如表 2—44 所示。

表 2—44　　安全问题事因调查步骤的说明

步骤		说明
收集准确信息	人	● 收集受伤者的特性、工种、工作职责等信息 ● 确认单独或共同作业。若为共同作业，则要调查包括受伤者在内共有多少人作业，以及各自的特性、任务、职责等
	物	● 服装、护具：服装和鞋是否合格，护具性能是否良好，护具使用是否正确，是否违规戴手套等 ● 气象、环境：查清天气、温度、湿度、风速、照明、通风等条件，并确认有无噪音、粉尘、缺氧、气压异常、有害气体等；查清作业场所、通路、道路、水池等有无缺陷，以及整理、整顿及清洁状况是否良好，物品放置是否合理等 ● 物资、设备：查清使用或加工的材料、货物等是否安全，规格、质量等是否符合标准；查清机器设备、用具等的结构、强度，查清有无功能缺陷，查清安全装置有无物理和化学危险性
	管理	● 查清有无安全管理规程、作业标准等，及执行情况 ● 查清过去有无发生过相同或类似事故及当时的处理措施 ● 查清监督者对计划、指示、交谈、安排、指导、巡查等的管理状况
	事前经过	查清事发前的不安全状态与不安全行为，及其原因和背景（包括异常时、事故时与发生伤害时的具体措施等）
查找安全影响因素		在不安全状态、不安全行为及管理等方面的缺陷中，查找决定安全问题爆发的因素。对于上一步骤中所收集的与安全问题有关的信息，要根据预先明确规定的判断标准确定哪里存在缺陷，并将其作为安全问题出现的诱因
确定安全问题发生原因		认真研究、分析已掌握的安全影响因素之间的相互关系和重要程度，并确定直接原因（由不安全状态和不安全行为构成）和间接原因（一般由管理上的缺陷构成）

2. 安全整改实施

当安全事因确认清楚后，即可讨论设计整改措施。安全整改意见和方案可以由安全管理负责人、安全管理小组、现场管理者联合分析得出。

需要整改的事项或位置，应在排查后的最短时间内下达整改通知单，督促安全管理责任人限期整改到位。表 2—45 是安全检查整改通知单。

表 2—45　　安全检查整改通知单

编号：

__________：

在______年______月______日对________________的安全检查中，存在以下问题，请按期整改：

1.

2.

……

签发人		整改期限	
接收人		接收时间	

整改通知单下达后，排查人员要在规定时间点对整改效果进行确认。如果整改不到位，则需采取行政手段强化安全管理力度。

危机预防

安全问题并非处理完毕即告终止，现场管理者还应考虑如何防止问题再发生，甚至设计危机预案，以便在问题发生时能够快速启动应急措施。

1. 安全预案

安全预案，也称安全应急预案，是当突发安全事故尚未发生的时候所制定的应对措施。通常安全预案内容涉及三大方面：人员救治、事故上报程序、应急处理事项。以应急处理事项为例，安全预案中需要列明以下内容：

（1）应急人员组织。应急总指挥、副总指挥迅速组织应急行动组人员赶到事故地点，并落实分工。

（2）维护现场秩序。若发生特大伤亡事故，则立即通知公安部门，保护现场。

（3）伤员安排。立即安排受伤人员入院治疗，并进行跟踪服务。

（4）疏散。紧急疏散事故现场及附近危险区域的无关人员，并布置警戒。

（5）切断危险源。切断事故点的电源、气源等危险源，以抑制事故扩大。

（6）救援策划。策划组尽快研究出安全、具体、有效的救援方案，配备救援所需的照明、救援器材等，并实施救援。

（7）现场取证。行政组采用拍照、摄像、书面记录等方式现场取证，并妥善保管有关物证。

典型的安全预案模板如表 2—46 所示。

表 2—46 **安全预案模板**

标的物的特性		事故种类	
先决处理	直接性反应动作		
应急处理	采取最直接有效的动作控制险情		
救援处理	如：相关部门及负责人的联系电话；救援用具的位置、操作方法等		
事故现场优先处理	如：人员救急		
事后处理	如：事后立即处理，事后预防处理等		

2. 危险预知训练

为控制作业过程中的危险，以及预测和预防可能发生的安全问题，现场管理者应着手进行危险预知训练。危险预知训练又称为 KYT（Kiken Yochi Trainning），即针对生产的特点和作业工艺的全过程，以其危险性为对象，以作业班组为基本组织形式开展的一项全员性的安全教育和训练活动。

危险预知训练通常通过设定安全问题，然后由参加训练者就危险因素考虑解决方法，并制定出切实可行的对策。最后安排人员将讨论结果进行归纳总结，并编写 KYT 报告（如表 2—47 所示），形成危机预案。

表 2—47 **KYT 报告**

<table>
<tr><td>小组名</td><td></td><td>小组号</td><td></td><td>时间</td><td></td><td>地点</td><td></td></tr>
<tr><td>出席者</td><td colspan="7"></td></tr>
<tr><td colspan="8">推行过程说明</td></tr>
<tr><td>把握现状</td><td colspan="4">潜在危险描述：</td><td rowspan="7">上级批示</td><td colspan="2" rowspan="7"></td></tr>
<tr><td rowspan="2">追究本质</td><td>危险因素</td><td colspan="3"></td></tr>
<tr><td>重点危险</td><td colspan="3"></td></tr>
<tr><td>制定对策</td><td colspan="4">有效对策描述：</td></tr>
<tr><td rowspan="3">设定目标</td><td>行动目标</td><td colspan="3"></td></tr>
<tr><td>实施过程</td><td colspan="3"></td></tr>
<tr><td>结果确认</td><td colspan="3"></td></tr>
</table>

危机预案形成后，即可在现场公布开来，并在遇到安全问题发生后自然启动。

行动练习

接下来，我们以校园安全管理为例来进行练习。

【练习说明】

某中学有三四百名老师学生，学校有教学楼 4 座，但由于楼龄较长，不少设施常出问题，曾经因用电短路导致小型火灾。假设你是该校的安全科科长，你会如何组织校园安全管理工作的开展。

步骤 1：请思考，校园安全问题表现在哪些方面？

在第一步中，要求学生列明校园安全问题。校园安全问题表现为：劳动安全问题、消防安全问题、自然灾害、卫生安全问题、设施安全问题等等，但不仅限于此。这一步的重点在于鼓励学生尽可能全面地思考安全问题的表现，界定安全的概念和范畴。

步骤 2：说明校园安全管理工作的基本内容。

这个步骤的重点是归纳校园安全管理工作的主要内容。通常安全管理工作是从四大方面入手：一是安全意识教育和危机训练；二是日常性安全检查工作；三是周期性安全检查工作；四是突发性安全事故处理工作。在本步骤中，学生应将四大方面总结出来，以此确认其对安全管理工作的系统性认识。

步骤 3：对于上述工作内容，你会如何组织安排它们？请设计一个大体模式，并在小组内交流。

这个步骤的重点是让学生了解各类安全管理工作在现场安全管理工作中所占据的地位，在实践中安排工作的大致时间顺序等，以及现场安全管理工作的基本操作程序模式，即确认并加强学生对技能要领的掌握程度。

步骤 4：现针对某一类安全管理工作（如日常安全检查），你会如何组织安排下去呢？

此步骤的重点是让学生思考现场安全管理的具体运作模式，发挥学生的逻辑能力。在这一步骤，学生应将此类安全管理工作的开展细节一一阐述清楚，细节规划到位。

步骤 5：你是否满意该校的安全现状？如果认为还有改善空间，请问你会如何处理完善现状？

此步骤的重点是让学生结合现状去思考现场安全管理工作，核心在于启发学生的创新思考力，避免学生人云亦云，停留在课堂技能传授的限制框内。在学生回答或交流过程中，要让学生将自己的思路讲明，并鼓励其他学生共同参与，讨论一套具有实践性、系统性、优化性的安全管理工作方案。

步骤 6：请将上述讨论进行归纳，设计一份《现场安全管理工作标准》文本文件。

安全管理工作的重点是确保将安全管理工作标准设计成一份正规的方案。该方案应有图、有文，逻辑清晰，具有一定的可操作性、可控性。

学习拓展

安全管理工作涉及安全标准界定、责任落实、点检排查、整改实施、危机预案五大环节。在整个过程中，全员对安全的正确认知和积极参与是非常重要的。一些现场管理者在管理实践中常常因人情而罔顾安全，对提出安全管理建议的人员不予关注，对违反安全的人员又不予惩罚。前者导致人们开始忽视安全，而后者又因行为纵容而致使违反安全的行为层出不穷。因此，现场管理者应采取有效的措施来鼓励全员的参与意识。一个被验证有效的方法就是安全奖惩。

安全奖惩是指将奖惩与安全管理工作行为相结合。它通常表现为对促进安全管理标准的人员的奖励和对于违反安全管理标准的人员的惩罚。比如，对于发现事故征兆并立即采取措施或及时上报者，在安全技术上有所突破者，应给予奖励——奖金、晋级、授予模范称号等。而对于冒险作业、忽视安全、发生事故不积极抢救者，应处以罚款、开除或追究刑事责任等处罚。

也就是说，现场管理者在奖励上，应坚持精神与物质奖励结合，以精神鼓励为主的原则。在处罚上，则要坚持有章必循、违章必究，并辅之以思想教育和经济性处罚。总之，现场管理者要把握好安全奖惩之于安全管理的影响，以有效措施促进现场安全管理的实现。

第3章

现场设计管理

上海通用汽车有限公司成立于1997年，由上海汽车集团、通用汽车公司（GM）共同出资组建而成。上海通用汽车公司创设之初，就决心以最快的速度为汽车消费者带来最具吸引力的产品，因此在现场设计时决定采用柔性化布局，并配置快速反应的供应系统。

由于当前的消费市场趋向于多品种、少批量，上海通用汽车公司必须严格保障一个总成级物料超过5 000件的拉动式物料供应系统能够顺利运转。其中，80%以上的内部物料供应采用看板拉动方式——由生产线旁的工人提前发出物料需求指令。该指令通过设置于零件箱内的、带有条形码的看板来向前传递。

为保障拉动式生产线和供应系统的正常、有效运作，上海通用汽车公司建立了IT柔性制造控制系统，是由柔性制造、自动车体识别、质量报交等系统组成的。其中，柔性制造系统是组织企业生产的中心——根据营销部汇总的各类客户需求，来自动安排相关车辆的生产计划。

车间现场设计的优劣对车间建成后生产能力、效益的高低起着决定性作用。上海通用汽车公司现场设计无疑是非常成功的。如今，其生产线已成为GM全球范围内柔性最强的生产线之一，在世界汽车制造业中位于前列。

聚焦问题

什么是现场设计？为什么要进行现场设计？主要从哪些角度考虑设计？对现场的哪些方面进行设计？

主题理解

广义上讲，现场设计是指对与现场管理的作业环境、作业氛围、作业过程等相关的所有可见物与非可见物进行系统规划。全面的现场设计可以决定现场作业的难易度和可行性，甚至成为决定一个企业是否能够长期适应市场发展的决定因素。而狭义上讲，现场设计则是指对现场环境和管理要素进行先期规划和系统布置。本章主要从狭义角度来介绍现场设计管理的相关内容。

有效而规范的现场设计，必然离不开对四个重要方面的规划，包括：现场布局管理、现场定置管理、现场供应管理、人员组织管理。

（1）现场布局管理。现场布局管理是指对现场环境进行大体规划，侧重于功能区域划分、现场系统设计等方面。布局的核心在于在现场规划阶段即避免现场布局迂回、可用空间不足、厂区空置严重等诸多浪费的出现。

（2）现场定置管理。定置主要是对现场现物的规范化管理，主要从定置位置、颜色、形状等方面实施管理。随意定置至多成为一种定位，而良好的定置设计却可以大大提升现场运作效率。

（3）现场供应管理。现场供应管理是指对现场资源提供的过程和细节控制。理想的现场供应状态是实现准时化（JIT）供应，避免生产停滞或停工待料的浪费。为此，在对现场供应管理进行设计时，会特别对供应的数量、时间、地点、负责人等因素进行精准的设定。

（4）人员组织管理。人员组织管理是指对现场所需人员进行组织和安排，需考虑人员数量、能力适应性是否能够满足现场作业需求，同时考虑其所耗费成本是否处于现场管理可承受范围内，即：从职能实现与成本控制的两个角度来考虑如何进行人员组织。

学习目标

本章的学习目标如表 3—1 所示。

表 3—1

知识点	位置	学习目标
现场布局的概念与内容	单元一	● 理解 ○ 须知 ○ 熟知 ○ 活用

续前表

知识点	位置	学习目标
现场布局的原则	单元一	○ 理解 ● 须知 ○ 熟知 ○ 活用
生产线布局模式	单元一	○ 理解 ● 须知 ○ 熟知 ○ 活用
现场布局与柔性规划	单元一	● 理解 ○ 须知 ○ 熟知 ○ 活用
现场布局管理的步骤	单元一	○ 理解 ○ 须知 ○ 熟知 ● 活用
定置管理的概念、内容、功能	单元二	○ 理解 ● 须知 ○ 熟知 ○ 活用
定置管理程序	单元二	○ 理解 ○ 须知 ○ 熟知 ● 活用
供应管理的概念、对象	单元三	● 理解 ○ 须知 ○ 熟知 ○ 活用
供应管理的要求	单元三	○ 理解 ● 须知 ○ 熟知 ○ 活用
供应管理与信息管理的关联	单元三	● 理解 ○ 须知 ○ 熟知 ○ 活用
现场供应管理的程序	单元三	○ 理解 ○ 须知 ○ 熟知 ● 活用
人员组织的概念、管理重点	单元四	● 理解 ○ 须知 ○ 熟知 ○ 活用
人员组织之于职能实现与成本控制的关联	单元四	○ 理解 ○ 须知 ● 熟知 ○ 活用
人员组织管理程序	单元四	○ 理解 ○ 须知 ○ 熟知 ● 活用

单元一　现场布局管理

概念理解

现场布局是在精益思想的指导下，对现场进行整体性空间分配，而后对现场中的物资资源进行合理的布置，以期最大限度地降低现场运作成本。现场布局最终将生成《现场布局图》，在一些面积较大或构成复杂的现场中，该图会被悬挂在现场醒目位置，以便人们确认现场各区分布情况。

观念探析

请理解下面这两句话的含义。

观念 1：现场布局是一个力求实现现场多方因素平衡的环境建设过程。

观念 2：现场布局规划欠佳的必然结果，就是打造出一个混乱不堪、浪费频生的现场。

情境讨论

生产车间布局

关于“布局”这个问题，不少现场管理者是这样理解的：“布局就是把现场里的东西放好。”因此，我们常见到一种现象：A区的工作人员需要频繁地跑到B区取用物品；虽然厂区道路两侧贴着安全提示标记，但道路两侧的防护栏却被运输车撞得面目全非……很多时候，并非现场人员工作态度不端正或不严谨，而是因为在布局之初就欠缺考虑。为什么不将A区所需的物品在A区也设置一个存放位置，以方便快速取用？为什么不将道路宽度设计得再宽一点，以便倒车或转弯？如果这些问题在现场布局之初即被纳入了考量范围，那么很多问题可以避免发生，浪费也会从一定层面上消除。

知识学习

现场布局是现场环境建设的起始。从本质上来说，现场布局是一种对现场空间利用的综合考量，它所追求的是规范化、精益化的现场状态——力求让现场有序，空间得到合理利用，且工作时较为方便。

现场布局的内容

现场布局是对整个现场从大划区规划到小定位进行系统规划。具体而言，它包括：现场区域规划、车间系统设计、生产线布局、物料及产品流向设计、工位空间设计、工位平面布置等6大方面，如图3—1所示。

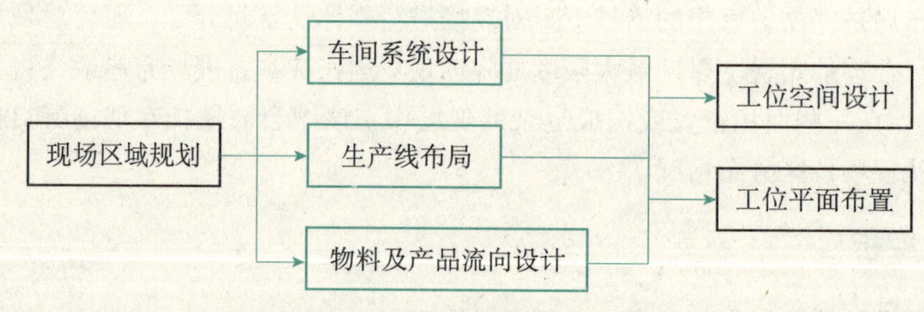

图3—1　现场布局管理内容图

（1）现场区域规划。作业现场区域规划是根据工艺流程对生产现场进行区域划分，确定作业区、物品放置区、通道等的具体位置的过程。现场区域规划过程中，应当遵循两个原则，即距离最短原则和物流畅通原则。

（2）生产线布局。生产线布局是现场布局中的重中之重。常规的生产线布局有以下几类：一字型布局、S型布局、T型布局、U型布局、O型布局，对此将在后文专门阐述。总体上，现场管理者要遵循统一布局、最短距离、物流顺畅、空间优化的原则来选择布局方式。

（3）车间系统设计。车间系统包括生产设备系统、照明系统、噪声控制系统、采暖系统、道路以及能源动力系统等部分。以现场道路设计为例，不同用途的道路应设计不同的宽度，并有系统的道路标识，以免导致通道混乱或存在安全隐患。

（4）物料及产品流向设计。人因学建议尽量运用重力原则进行物料及产品的输入和输出，因为这种输入输出方式最节省人力。对一般作业，可在上一工序和下一工序之间用滑轮传送带进行连接；在加工完毕后，从工作台上卸下，直接依靠重力就滑落到下一个工位。

（5）工位空间设计。工位是指为了完成一定的工序，而占用的位置和空间。它包括作业台、通道、车架移动距离以及小区域的在制品存放区等。工位空间设计应以人体作业方便且空间利用率高为原则。

（6）工位平面布置。工作台面的布置主要有两种类型可供选择，一是平面布置，二是立体布置。平面布置通常采用将台面分区的方式，依据物料、工具的使用频率与顺序，划定物料、工具、零件等的摆放区域，使物品整齐摆放。立体布置主要通过选用带有工具抽屉和工具架的作业台来实现。

这样一来，现场管理者如果能从上述六大方面入手，按照从大到小的顺序，依次布置安排，那么看似复杂的现场布局也会变得容易起来。

现场布局的原则

现场布局不是随性而为的，科学的现场布局必然符合三大原则要求：经济化、系统化和有序性。

（1）经济化。现场布局应以消除浪费、提高效率、降低成本等为目标来设计。比如，在现场布局时应考虑移动距离、移动时间最小化。因为移动距离越短，物料搬运所花费的费用和时间就越小。再如，随着地价的不断攀升，现场用地成本也水涨船高，因而要考虑如何确保空间利用率最大化。

（2）系统化。系统化是指在现场布局设计时，将人、机、料、法四要素有机结合、综合考量，尽量使这四者在现场中达到和谐。因为，四要素一旦没有统一协调好，现场作业容易断层，会延长现场作业时间，造成现场的诸多浪费。

（3）有序性。通常，现场布局应按照“从大到小，从宏观到微观”的顺序，按照把握整体布局和细化布局模式，细致规划每个操作台面的步骤，循序渐进地进行。同时，对每个细节都关注到位、毫不遗漏，确保现场布局工作的系统精益。

现场布局的模式

在现场中，常规的布局模式有以下五种：一字型布局、S 型布局、T 型布局、U 型布局、O型布局。

1. 一字型布局

一字型布局是指现场布局表现为“一”字形状。在这种布局模式下，设备配置实施直线化配置。如需要增加配置，只须增加列数即可，并由此演绎成矩阵式布局。比如教室、会议室、演讲厅、流水生产线常采用这种布局。一字形布局如图 3—2 所示。

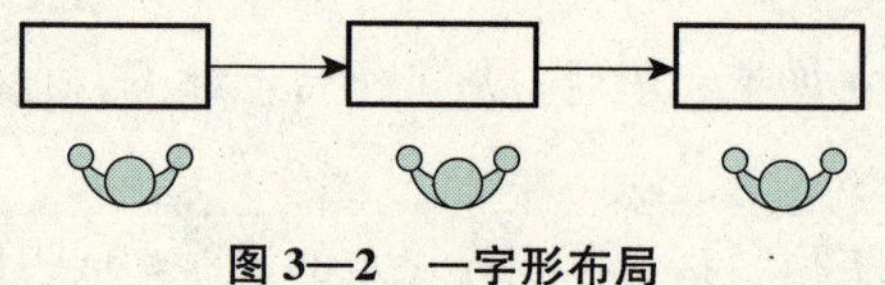

图 3—2　一字形布局

2. S型布局

S型布局是指布局形状表现为“S”字形状。这种布局通常用于生产线。特别是那些需要从侧面装卸工具与物料的组装与焊接生产线，使用S形布局是比较有效的。S形布局如图 3—3 所示。

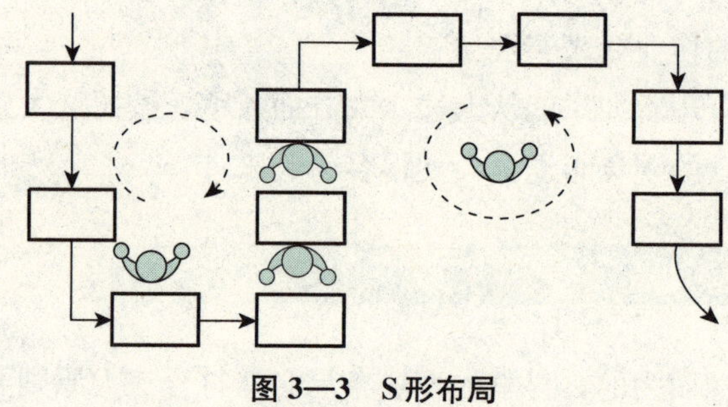

图 3—3　S形布局

3. T型布局

T型布局是指整个布局表现为“T”字形状。在T型布局中，中央以物料主线为主，两端引入物料。像多零件的产品组装生产线，常使用这种布局模式于。T形布局如图 3—4 所示。

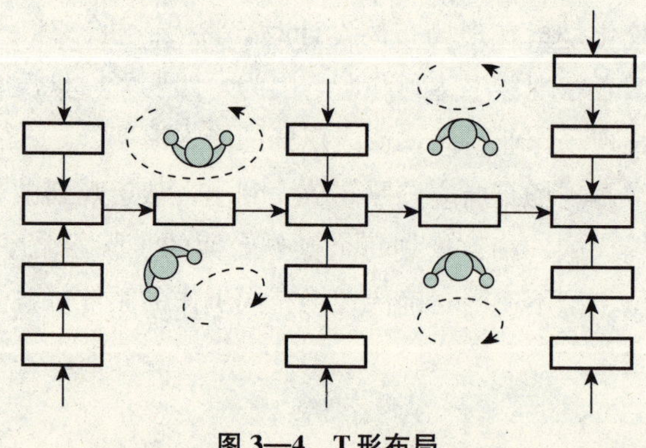

图 3—4　T形布局

4. U形布局

U 形布局是指整个布局表现为“U”字形状。这种布局方式能减少既有生产线的占用面积，非常便于拿取材料，并提高作业效率。U 形布局最常用于精益化生产现场，此外，这种布局模式也被应用于行政办公室、演讲厅等环境中。U 形布局如图 3—5 所示。

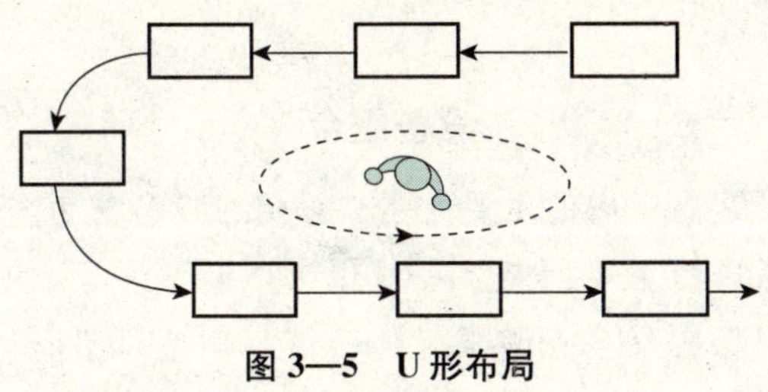

图 3—5　U 形布局

5. O形布局

O 形布局是指整个布局表现为“O”字形状。诸如会议室、精益化生产线，是比较适合采用 O 形布局模式的。O 形布局如图 3—6 所示。

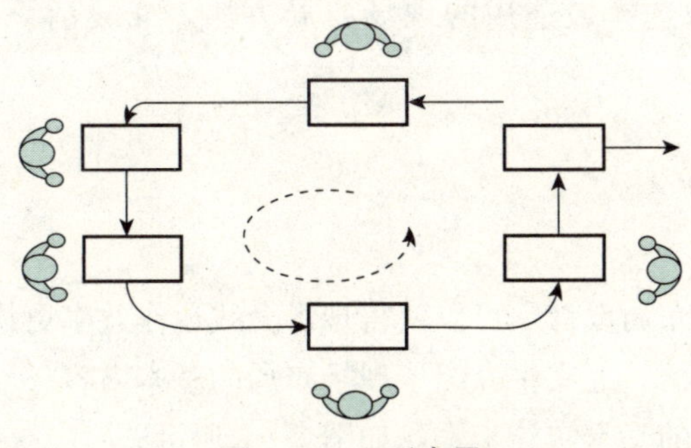

图 3—6　O 形布局

每一种布局模式都有其特色及适用性。现场管理者在选择现场布局模式时，要遵循最短距离、物流顺畅、空间优化的原则，结合现场的实际情况，设计一种最适宜的布局方案。

 现场布局与柔性

在现场布局时，虽然现场管理者都希望能够将布局一次性设计到位。但是，一旦后期因生产规模扩张或业务转型，现场布局却往往会面临大型改善，这必然会带来极大的人力物力资源的浪费。因此，在现场布局过程中，必须考虑布局柔性问题。

所谓柔性，从本质上说是一种与“稳定”相对的管理元素。在现场布局时，柔性元素的纳入是为了强化布局设计在面对多变的现场运作的适应力。具体来说，要实现整体布局的柔性，可以从布置设计、建筑方法、机械制造等多方面，来考虑采取多种规划方法。

（1）空间预留。考虑到将来可能发生的变化，在布置设计时要适当地留下可变空间，对于暂时未加利用的区域可以进行绿化处理。

（2）跨度设置。尽可能多地利用大跨度车间厂房（跨度大于 12 米以上的厂房），一则可以提高空间利用率，二则便于作业区在此厂房内作出局部调整。

（3）组合设计。利用组合式厂房、设备，可拆卸墙体。必要时，可重新组装搭建，更利于快速变动和调整布局。

辅助阅读 3—1

设备组合

设备是现场布局时需要考虑的主要元素。如何在设备能力与柔性之间寻求一个平衡点是现场布局需要考虑的主要问题。一般说来，大型设备在一定阶段内是固定的。但是设备组合却可以根据实际生产需求，随时进行调整，不断适应新的需求。因而，现场布局时，可以将设备功能进行分割，然后使用单一或较少功能的设备组合来替代“组合设备”。

实践中，现场管理者可结合现场的实际特征、当前实际需求以及未来变化趋势等因素进行综合考虑，来选择最适用的现场布局方法，或灵活设计更多的应变性布局方案。

技能要领

科学而精益的现场布局设计，可以使得现场全线运作效率更快捷，且应对临时性布局变化也更加快速、灵活。上文中介绍了现场布局的基本内容、原则和管理思路，下面据之详细介绍现场布局的基本实施步骤，如图 3—7 所示。

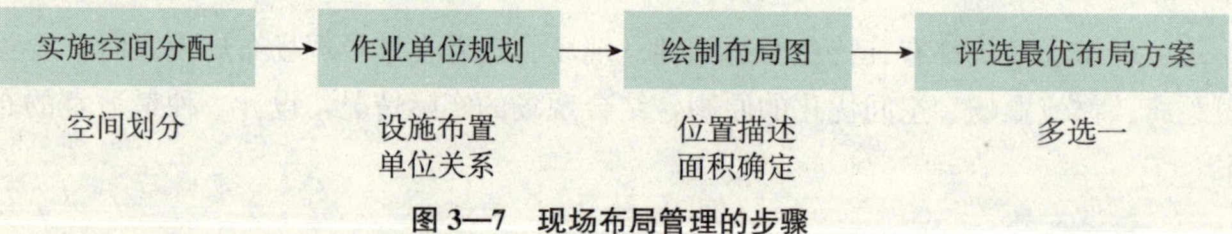

图 3—7　现场布局管理的步骤

实施空间分配

这是现场布局设计的第一步。为了便于对整个现场空间实施系统管控，往往要先对各空间进行细化管理。通常，应根据业务类型、业务推行与支持功能等，将现场划分为多个空间。以生产型现场为例，其空间可分为机加工车间、原材料半成品库、成品库、动力设施部门、办公楼、道路等相关设施、绿化带等部分。

在实际的系统化布局设计过程中，要达到对空间最大限度的利用，一般可以采用以下方法来确定各个部门占地空间的大小，如表 3—2 所示。

表 3—2 空间分配方法

方法	说明
计算法	将设备运作、人员操作、材料存储、物流通行、辅助设施布置等所需的面积相加，得到该单位所需的总面积
概略布置法	应用模板或设备模型进行布置，并确定大致的面积
比率趋向预测法	根据以往的生产经验，对当前生产过程所需的面积大小进行预测
标准面积法	从工业标准中查找所需的面积

对于不同类型企业的空间分配有不同的标准，但采用的方法无外乎上述几种。在完成企业空间分配后，现场管理者即可着手进行作业单位规划了。

作业单位规划

作业单位（如车间、办公室等）的规划一般要经历两大步骤：一是确定设施布置类型，二是分析作业单位关系。下面依照上述步骤逐步进行分析与规划。

1. 确定设施布置类型

现场生产的产品种类以及每种产品产量的高低，直接影响着现场总体布局及设施布置类型。设施布置通常表现为四种类型：产品导向布置、工艺导向布置、定位布置、混合布置，如表 3—3 所示。

表 3—3 设施布置类型说明

类型	说明	示例
产品导向布置	是指根据产品制造的步骤来安排设备或工作过程的布置方式	鞋类生产车间即需按产品导向原则设计
工艺导向布置	是指将相似或相近的设备或功能放在一处的布置方式	医院即是采用工艺导向布置
定位布置	是指产品由于体积或重量庞大停留在一个地方，从而需要将生产设备放置在加工位置的布置方式	造船厂往往采用定位布置方式
混合布置	是指将两种布局方式结合起来的布置方式	在加工阶段采用工艺导向布局，而在部装和总装阶段则采用产品导向布置

在确定布置类型时，必须先全面掌握产品品种、设施布局的类型及特点。比如，某企业计划推行采取拉动式生产模式，但生产规模较庞大，另有一些体积较大的设备，即可选择混合布置类型。

2. 分析作业单位关系

确定适宜的设施布置类型后，即可对作业单位之间的关系进行分析，进而确定作业单位关系的呈现模式。

作业单位之间的关系分析主要是确定作业单位之间是否存在关联，以及关联状态。需特别注意的是当前的或未来的物流强度（即：物料移动的顺序和移动量），而后再划分出作业区域和作业单位。通常，物流强度被划分为 5 个等级，分别用符号 A、E、I、O、U 表示。物流强度等级划分，如表 3—4 所示。

表 3—4　　物流强度等级划分

符号	物流强度等级	物流路线比例（%）	承担物流量比例（%）
A	超大物流强度等级	10	40
E	特大物流强度等级	20	30
I	较大物流强度等级	30	20
O	一般物流强度等级	40	10
U	可忽略物流强度等级	—	—

在现场布局时，物流强度大的作业单位之间，布局时要尽量接近；作业关系为负相关的作业单位之间，要尽量安排得略远。

绘制布局图

布局图的绘制，是根据前面的规划信息，来确定位置和面积，而后才能绘制得到布局图。

（1）描述位置。即：粗略地描述各作业单位之间的位置关系。比如，某个车间在布置图中是应该处于边缘位置还是应该处于中心位置。

（2）确定面积。即：将各个作业单位的面积大致确定下来。例如，用 $1cm^2$ 的方框表示 $100m^2$。

（3）绘制布局图。确定大致位置和对应面积后，即可绘制布局图。布局图是现场布置方案的一种简明图解形式，主要用来表示建筑物、设施等的平面位置。布局图一般设计三个以上（如图 3—8），以供决策。

评选最佳布局方案

设施布置方案的评价常常从经济和非经济两个方面展开。对非经济因素的评价，可以采用优缺点比较法和加权因素法等；对经济性因素的评价，可以采用工程经济评价法等。

（1）非经济因素评价法。每个布置方案都有一些不能用费用精确衡量的非经济因素，如表 3—5 所示。评价布置方案时，可通过赋予这些因素不同的权重，对备选方案进行打分，从而找到最优方案。

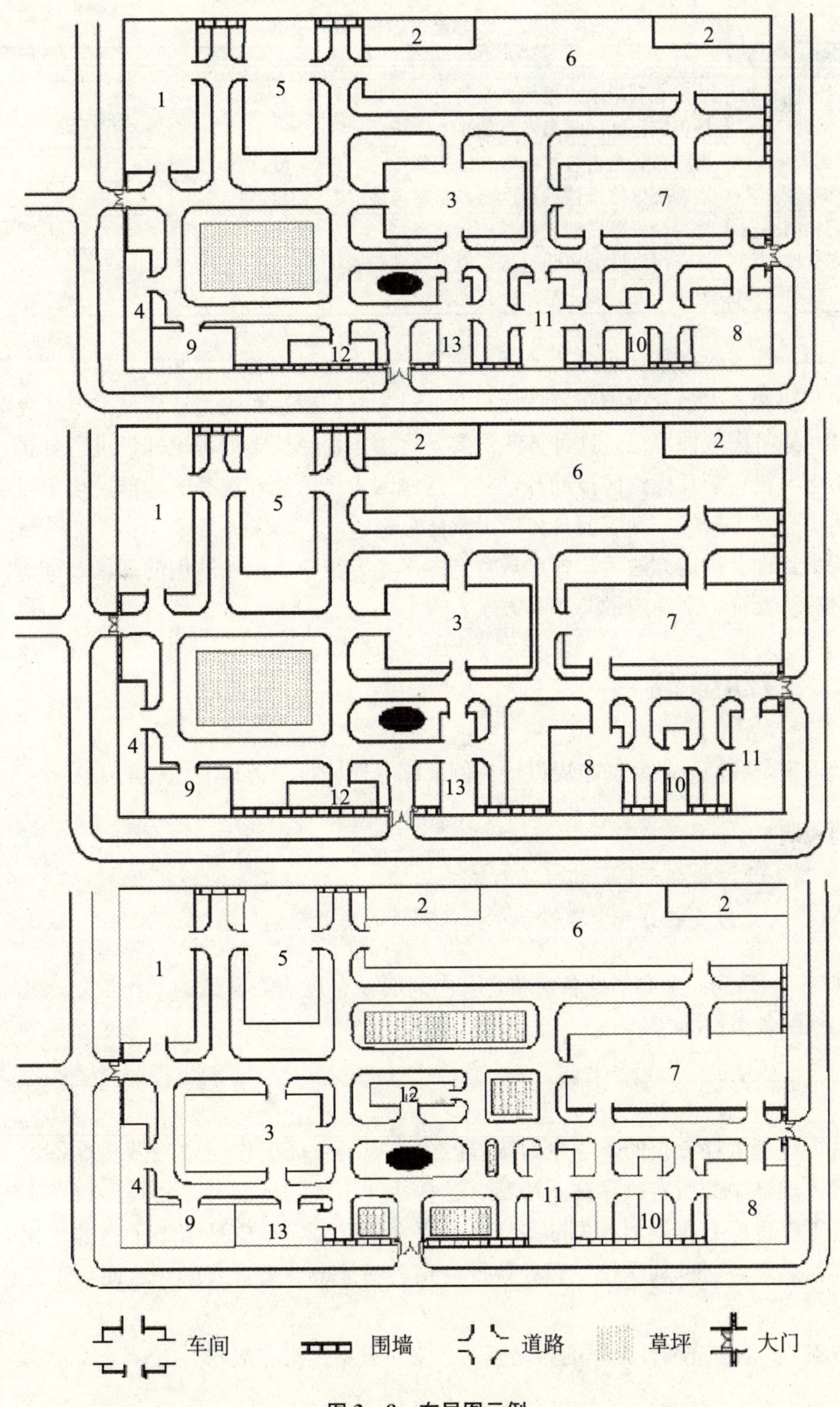

图 3—8 布局图示例

注：数字是现场区域的代号。

表 3—5 非经济因素

因素	因素分析
发展性	是否有利于未来发展，是否具有可拓展性
柔性	是否满足不同类型产品的生产需求
物流效率	当前布置是否容易出现交通不畅
存储效率	是否可以以最快的速度将原材料或成品存入仓库
空间利用率	是否最大限度地利用了土地资源
安全性	具有污染性的车间是否远离办公楼、餐厅等
环境保护	企业内部的绿化措施是否做到位

其中，物流效率是评价分析的一大重点。在分析时，要将空间的布置设计和物料搬运系统相协调。因为，设施布置设计只有通过完善的搬运系统，才能显示出其合理性。

（2）经济因素评价法。这种方法主要是运用工程经济学的理论知识进行分析，评价费用节省、投资额及投资回报期等，并将这些因素作为比较选择的标准。至于以哪些指标作为比较对象最好，则需要具体情况具体分析。

现场管理者选定方法后，即可从备选的多个方案中选出较适用的现场布局方案，然后通过分析验证，来确定最终布局方案。

行动练习

接下来，我们以教室的布局设计为例来练习现场布局管理的相关工作。

【练习说明】

现场布局并非在现场中将物品摆放上就大功告成，它需要考虑的因素有很多。现在以我们所处的教室为例，请谈一下如何开展布局活动。

步骤 1：请列一个布局准备清单，其中列明在布局前需要做的工作规划，并准备好所需用到的各类物品。

____

____

这个环节重点考查的是学生的统筹能力。现场布局工作切忌现做现准备，而应将即将置入现场中的所有物品列示清楚，这样才便于规划。同时，对具体布局实施时应做好的工作也应有所规划：先准备什么，再规划什么，都应是清晰了然的。比如，获取空间信息，是通过从学校工程处获得信息，还是亲自丈量获得？这便属于工作规划的范畴。

步骤 2：你会选择什么样的布局模式，来对教室进行布局？

____

____

布局目的决定了你如何去布局。关于布局模式及适用性，我们在前文中已有介绍，这里不再赘述。该步骤的重点是引导学生根据需求去布局，而非简单地将物品放置到教室中。比如，如果我们只是想设计一个普通的教室，那么选择一字型、矩阵型布局模式即可；但如果我们想设计便于课堂讨论或便于演讲的教室，我们则可以采用 T 型布局模式或 U 字型布局。

步骤 3：当空间分配初步完成后，你会从哪些方面来对布局细节进行规划？

____

____

当教室的主物品放置空间大致规划完毕后，接下来再来考虑现场物品之间的关联性。在这里，不仅要让学生把握细化布局的大致思路，更要特别注意引导学生关注现场布局结果的可控性。先期规划的细致到位直接关系到布局行动最终是否能够真正实现。像一些布局方案，实施到最后，才发现“一些东西没有放置空间”，这都是因为一些学生布局规划时考虑笼统导致的，在这个步骤中要注意纠正。

步骤 4：如何确定你的最终布局方案是最理想的？你会从哪些方面来评估？

____

____

在形成布局构想之后，可以先行绘制比例恰当的布局规划图，然后综合比较布局方案。在比较布局时，应从精益性、方便度、美观度等角度切入，一一罗列各项布局图的优劣势，通过平衡判断，选择优势比例更为突出的布局方案。在这个步骤中，重点练习学生的综合比较能力。

学习拓展

现场布局必须考虑其精益性，形成一个“精益布局”。精益布局是指布局本身能够对各方面因素加以平衡，能够实现现场管理效率最大化和效果最佳化，并从长远角度去考虑布局的应变性。当然，这并不是容易的事情。

事实上，不精益是人们很容易陷入的误区。比如，一些现场管理者只考虑快速结束布局、尽快投入生产，而缺少对区域规划方案的仔细斟酌，导致正式投产后才发现这种布局带来诸如搬运、等待、管理等方面的浪费；又如，人们为了最大程度上地使用空间，而不顾各区域、工位的空间需求，导致可用空间逼仄，遇特殊情况时可调整幅度较小；再如，由于缺少对人因工程的考量，现场管理者虽然在硬件方面节省了成本，但是由于非必要的缺省反而导致员工身体疲劳，工作效率不高，甚至引发安全事故……

其实，之所以出现这些误区，恰恰是因为现场管理者未能做好布局的精益性所致。从本质上来说，现场布局时的主要参考因素就是现场规范布局与成本控制、当下布局与未来变化。过于关注成本，那么现场布局的规范性方面可能存在欠缺；如果只关注当下角度考虑空间的可控度，那么未来可能面临无法应对变化的问题。因此，精益布局的关键不是追求极致，特别是在某个单一方面追求极致，而是找到各方面因素的平衡点。

单元二　现场定置管理

概念理解

定置管理是建立在工艺研究、现场状态分析、信息流分析的基础上，开展科学、系统的定置设计，生成定置图，而后根据定置图实施定置的一种管理模式。定置管理的实施最终必然实现“定置必有图，有图必有物”的目标，因而被视为实现现场规范化设计的有效技能手段。

观念探析

请理解下面这两句话的含义。

观念 1：定置管理是一套面向人、物、场所的综合协调模式。

观念 2：定置管理既有助于现场规范化管理，还在现场效率提升、安全管控等诸多方面发挥着积极的作用。

情境讨论

定置带来了什么

当你看到这样一个现场：设备、工具、垃圾桶随意放置，办公桌七扭八歪，工位上物品摆放乱七八糟……现在你会怎么做？你可能很快速地回答：把它们摆放整齐就好了。

下面，我们再来设想一个场景：现场中物品都被放得很整齐，但是人们需要使用某个物品时却不知道物品摆放在什么位置，总是需要花很多时间去寻找；或者总要跑到很远的地方去取。对此，你会怎么做？是的，很简单，你只要把它们归好类，做好标记，或者将物品固定放在某个便于取用的位置上。

这个原理说起来很简单，但是在一个要素成千上万、管理复杂的现场，这却不是一件容易的事情。在本单元，我们来学习这项现场设计技能：定置管理。

知识学习

“定置管理”这一概念起源于日本，由日本青木能率（工业工程）研究所的艾明生产创导者青木龟男先生，于 20 世纪 50 年代率先提出。后来，日本企业管理专家清水千里在应用实践的基础上，发展了定置管理，把定置管理总结和提炼为一种科学管理技术。

定置管理的概念

从狭义上讲，定置管理是将空间位置按规定的设计方案设置和有效实施（将物品按规定的划分区域摆放）。从广义上讲，定置管理是研究企业活动中人、物、场所三者关系的管理科学，是现场管理者需要熟练掌握的一种现场管理技能。

1. 定置与放置

定置管理中的“定置”不是一般意义上的“把物品固定地放置”，其区别如图 3—9 所示。

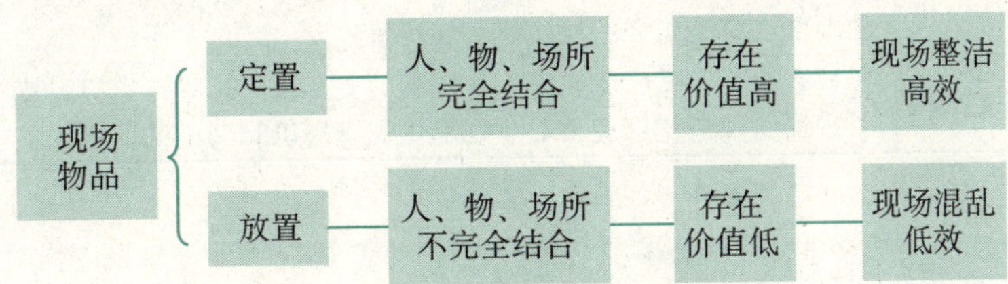

图 3—9　定置与放置比较

定置是根据现场工作的目的，考虑工作的效率、质量等制约性因素和物品被内审的特殊要求（如数量、流程等）划分出适当的放置场所，确定物品在场所中的放置状态，从而有利于人、物、场所的结合，有效开展现场工作。

2. 人、物、场所的关系

在现场中，所有物都是为了满足人的需求而存在的，因而必须使物以一定的形式，在场所中与人结合。其结合的方式主要有两种：

（1）直接结合。直接结合是人所需的物品能立即拿到手的结合。通常指随身携带或放在身边唾手可得之物。这种结合不需要寻找，不需要因寻找物品而造成工时消耗，是人所追求的理想结合。

（2）间接结合。间接结合即人和物处于分离状态，需要借助信息的作用方可实现结合。通常，处于间接结合状态的物品是人们在现场中难以目视或手触到的。比如存在于现场的工具，它们被放置于何处，数量是多少，如果没有精准的信息用以参照，人们是难以找到的，自然难以实现结合。

如是看来，无论是直接结合或间接结合，想要物品处于良好的可控状态，就必须通过高质量的定置管理来实现。

定置管理的内容

定置的内容构成较为复杂，如果粗略地划分，可以分为工作现场定置和支持部门定置。其中，工作现场定置又可以细分为四个方面：全系统定置管理、区域定置管理、要素定置管理和特殊定置管理。下面进行简略说明，见表3—6。

表3—6　　定置管理的内容

主要内容	说明
全系统定置管理	在整个现场各系统各部门实行定置管理，全系统定置管理包括：生产子系统、管理子系统和行政子系统等的定置管理
区域定置管理	区域定置是系统定置的最小单元，包括工作区和休息区。工作区包括车间、办公室、库房等；休息区包括茶水间、园林区、健身区等
要素定置管理	现场定置要素主要有：定置管理的基本方案和管理标准，总体定置管理平面图，分项定置管理设计图，区域线、通道线、产品线等标识及颜色，定置区域各类物品、工具等的标识
特殊定置管理	对于可能影响质量安全的薄弱环节或物品进行定置。比如，易燃易爆品、易变质、易污染物品要实施定置，明确其放置状态、放置数量、负责人等方面的要求，对不安全的场所要实施定置
支持部门定置管理	行政、物流、仓库等属于工作现场的支持部门。对其实施定置管理不仅有利于现场的规范化管理，对于现场供应管理也起到了调节作用

定置管理的功能

在上文中对定置管理的功能稍有提及，下面将定置管理的功能进行系统归纳，主要表现为以下四点。

（1）提高生产率。定置管理通过系统分析和合理安排，可以大大减轻员工操作中的工作量，缩减物品流动时间，从而提高生产效率。

（2）提高产品质量和工作质量。通过定置管理，人们处于得心应手的工作环境中，现场物品的流转、存放井然有序，有利于改进和提高其工作质量和产品质量。

（3）优化现场环境。生产现场物料、工具、半成品、成品等种类多、数量大，实施定置管理能够有效避免混乱，有利于建立良好的作业秩序，改善现场环境。

（4）提高员工素质。定置管理将员工的操作和物品放置标准化、制度化，有助于培养员工良好的作业习惯和素养。

定置管理技术的有效运用，可以使现场中的人、物紧密结合，人尽其力，物归其位，从而直接提高生产效率，大大消除空间浪费、操作浪费与安全隐患，因而很多现场管理者将其视为一项必不可少的管理技能。

技能要领

定置管理要求人们能够根据生产活动的根本目的，综合考虑生产活动的效率、质量等约束条件和对产品在时间、质量、数量、流程等方面的特殊要求，划定适当的放置场所，确定物品在场所中的放置状态，促使人、物有机结合，以更有效地进行生产活动。

为实现定置管理的目标，在实施过程中应遵循一定的程序，具体说明如图 3—10 所示。

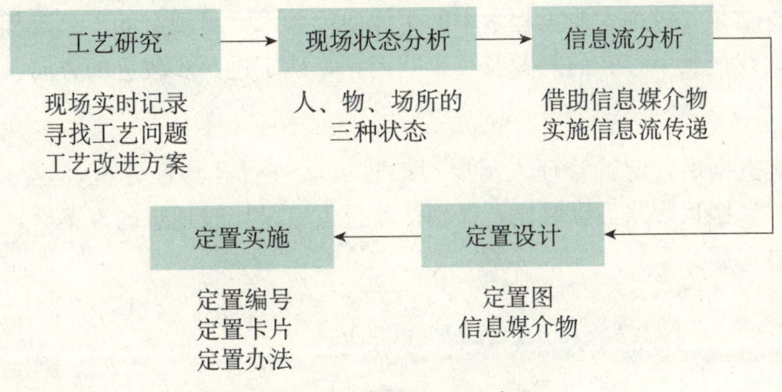

图 3—10　定置管理的步骤

工艺研究

工艺研究是定置管理开展的起始点。它的主要任务是对生产现场当前使用的加工方法、作业设备、工艺流程进行详细研究，确定工艺在方法水平上的先进性和经济上的合理性，分析是否需要使用更为先进的工艺手段及加工方法，从而确定生产现场产品制造的工艺路线和搬运路线。

工艺研究是一个提出问题、分析问题和解决问题的过程，主要需要经过以下 3 个步骤。

1. 实施现场调查，对现行方法详加记录

由有经验的定置管理人员对生产现场情况进行调查。调查内容应包括现有工序运行状况、操作人员操作情况、设备运转情况、原材料存储状况以及产品流动状况等。定置管理人员要将存在的问题如实、详尽、准确地记录下来，并逐条加以归纳。

辅助阅读 3—2　　现场调查记录要求

由于现代工业中的生产工序较为繁多，具体操作也比较复杂，如单纯使用文字来记录现行方法和工艺流程，势必显得冗长繁琐，既不易记录，又难以阅读理解。因此，可预先设定一些具有既定意义的符号和图标（确保内部人了解其意义）来记录，既便于调查人员快速记录，又便于查阅者快速查阅。

比如，在调查时，为记录界定区域，可以设定区域标准符号：

产品、半成品待检区：□；返修区：→；待处理区：○；废品区：×；成品、半成品合格区：√。

2. 分析记录的事实，寻找存在的问题

结合调查结果，运用工业工程学中的工作研究技术，对现有的工艺流程及搬运路线等进行分析，找出其中存在的问题及其影响因素，确定进一步改进的方向。

3. 拟订改进方案

确定改进方向后，定置管理人员要对改进方案进行经济性分析，并与旧的工作方法、工艺流程和搬运线路加以对比。在确认改进方案是比较理想的方案后，方可作为标准化方法付诸实施。

现场状态分析

生产过程必不可少的是人与物，工作效果通常由人与物的结合状态来决定。实现人与物的科学结合是定置管理的本质要求。因此，人、物结合状态分析也成为定置管理中最关键的一个环节。

人、物、场所三种状态如表 3—7 所示。

表 3—7　　人、物、场所三种状态

要素 状态	人	物	场所	人、物、场所的结合
A 状态	指人员心理、生理、情绪均处于高昂状态，技术水平娴熟，能高质量完成连续作业	指设备、工具、加工工件等妥善规范放置，随时、随手可获取可用状态的材料或工具等	指良好的工作环境，如工作环境适宜，工作方法恰当、环保到位等	三者能马上结合并发挥效能，处于良好状态
B 状态	指需要改进的状态，如人员心理、生理、情绪或技术中的某一方面出现波动或低潮状态	指物品处于寻找状态，如现场混乱，仓库不整齐，寻找物品浪费时间	指需要改进的工作环境，如工作场所不能同时满足工作需要和人的生理需要	三者不能马上结合，在配置、结合程度上还有改进空间
C 状态	指不允许出现的状态，如人员心理、生理、情绪或技术这四方面都处于低潮，或某些方面处于极低潮状态	指物品与工作失去联系，但处于工作现场的物品状态	指应彻底消除或改进的工作环境，如工作场所既不能满足工作需要，也不能满足人的生理需要	三者失去联系的状态，严重影响工作，不利于现场管理

开展定置管理，就是对现场作业仔细分析，消灭 B、C 状态，保持 A 状态，保证生产现场中的人与物处于良好的结合状态，将结合成本降到最低极限。

信息流分析

为了便于在品种多、规格杂的物品中寻找所需物品、避免混放物，或掌握物品在流

动中的流向和数量，就需要有一定的信息来指引、控制和确认。通常有四种信息媒介物，具体如表 3—8 所示。

表 3—8　　四种信息媒介物

类别	说明	作用	属性
位置台账	说明物品应摆放的位置	找到目的场所	引导媒介物
平面布置图	标明了该物应放置于现场中的哪个位置		
场所标志	用编号、名称等表明该物应置于何处	确认需要结合的物品	确认媒介物
物品标识	用标志牌等标明物品类别、名称、注意事项等		

这四个信息媒介组合在一起，便形成了人与物之间的连接信息流。通过对信息流的分析，便可准确评估当前放置状态的优劣，了解当前人、物、场所之间的结合程度，为定置设计打下基础。

定置设计

定置设计主要从两大方面入手，一是定置图设计，二是信息媒介物设计。

1. 定置图设计

定置图设计指对现场的场地（车间、仓库等）及物品（设备、货架等）的合理定置。一般可包括车间定置图、作业区域定置图、设备定置图等。定置图设计应遵循以下原则。

（1）做到最大的灵活性与协调性，即在进行定置设计时，要做到当前与长远相结合，各个场所的设备要与物流系统的整体布局相协调。

（2）最大程度地利用空间和可见性，即定置管理的设计是立体设计，各类物品停放、贮存和保管的地面以及地面以上的空间都要加以充分利用；同时，各种物品应尽量定置在可见的位置上，增加可见度。

（3）做到最大的操作方便，即各种与生产结合紧密的物品所停放的位置应与操作人员保持适当的距离和高度，工作环境的温度、湿度、噪声、照明都要满足操作人员的生理需要，使操作人员保持旺盛的精力，愉快地工作。

（4）定置图绘制要求：以简明、扼要、完整为原则，物形为大概轮廓、尺寸按比例设计，相对位置要准确，区域划分要清晰鲜明。

2. 信息媒介物设计

信息媒介物设计主要包括信息符号设计和示板图、标牌设计，具体说明如下。

（1）信息符号设计。设计信息符号时，如已有国家规定的（如安全、环保、搬运、消防、交通等方面）信息符号则直接予以采用；如没有国家规定的信息符号，则根据行业特点、产品特点、生产特点自行设计。

（2）示板图、标牌设计。示板图是现场定置情况的综合信息标志，而标牌则是指示定置物所处状态、标志区域、指示定置类型的标志，包括建筑物标牌，货架、货柜标牌，原材料、在制品、成品标牌等。各生产现场、库房、办公室及其他场所都应悬挂示板图和标牌，示板图和标牌的底色宜选用淡色调，图面应清洁、醒目且不易脱落。

辅助阅读 3—3　　**定置颜色设计**

（1）加工类物品，如：在机或机旁需作业用的原材料、毛坯件、在制品、零部件等，使用红色定置。

（2）待使用类物品，如：在用或待用工装、辅具、设备附件、工艺齿轮、量具、卡具、运输器械及可移动器具等，使用蓝色定置。

（3）待处理类物品，如：返修品、次品、超合同产品（或半成品、零部件）、生产现场放置的有质量问题的原材料等，使用蓝色定置。

（4）暂存类物品，如：与生产无关的，但暂不清除的可利用物品、封存设备或设施，使用黄色定置。

（5）垃圾类物品，如：各类有回收价值的工业垃圾、生活垃圾，使用黑色定置。

（6）待检查类物品，如：待检验的原材料、外协件（毛坯件）、半成品等，使用蓝色定置。

（7）产成品类物品，如：正在检验的半成品、原材料、零部件、外协件、产成品等，使用红色定置。

定置实施

根据上一步做好的设计要求，将生产现场的各类物品整理、定位，按区存放、按图定置。具体而言，这一环节可细化为以下 4 个步骤。

（1）清理现场。将与生产无关的物品清理出现场，将定置物放到指定位置上。

（2）设计定置编号。按照定置设计的要求，定置场所内的设施（料架、货架、箱柜、容器）结构和编号，流动器具的位置信息符号。

（3）设计定置管理卡片，准确表示定置物的名称、规格、代号、数量、位置，并将其悬挂在现场。

（4）制定管理方法。制订定置物收发、进出的定置管理办法。

图 3—11 为定置图例。

开展定置活动后，现场将变得整齐有序，大大节约物品寻找时间，实现物品的有序管理和高效作业，提高生产效率。

(a) 工具定置

(b) 物品定置

图 3—11 生产现场定置图例

行动练习

接下来，我们以定置样品仓库为例来练习现场定置管理的相关工作。

【练习说明】

假设现在有一个样品（此情景中的样品为网板架，图 3—12）仓库，样品仓库里放置了 10 年的样品，样品上标注着样品信息。不过，我们对样品的数量并不清楚，样品摆放杂乱。如果现在需要一个样品，便无法快速精准地找到。更有甚者，部分样品已有损坏，但是样品仓库管理人员并不知晓。现在，请你思考一下如何对样品进行管理。

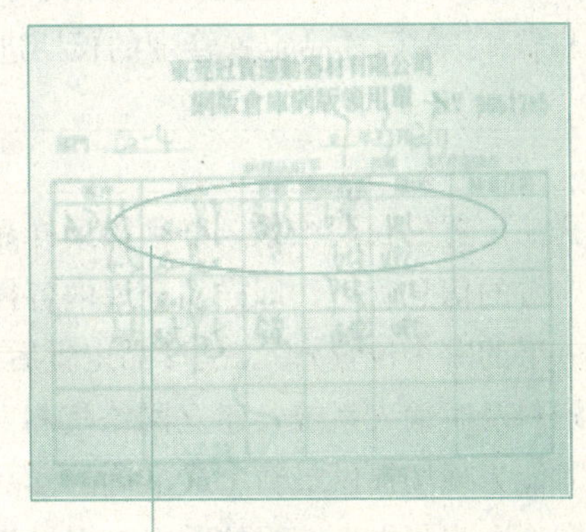

图 3—12 样品仓库状态展示

步骤 1：设定一个样品整理规范。

____

____

设定整理规则，是为了步骤 2。没有规则的整理，至多是对样品码放整齐，但是寻找样品时仍然会难以寻找，即：无法从根本上解决问题。这一步骤的重点在于让学生思考一套便于后期使用的有效整理规则。比如，是按照时间周期进行整理，还是按照样品类型进行整理，抑或其他管理规则。

步骤 2：将有效样品进行整理。

____

____

理论上，整理行动的落实就是一种行为操作。但是这种行为操作过程中应注意什么？如果一味粗鲁地操作只会做各类无用功，甚至造成损失。在这个步骤中，练习的重点在于：引导学生思考整理行为的要求，比如：按整理规则进行样品分区，哪些样品留下，哪些样品废弃处理；哪些样品放置在哪里，大致区分规则如何界定；样品是否需要清理，清理规则如何设计等等。

步骤 3：按照定置要求进行样品定置。

____

____

本步骤是对步骤 2 的进一步细化管理。将样品的大致位置界定好之后就需要进行样品定置了。样品定置管理的要求有二：一是对样品位置进行固定；二是设计定置标识。这个步骤练习的重点是启发学生思考定置方法——如何固定放置位置，采取什么方法才适合样品仓库，标识中应设计哪些内容。

步骤 4：保障样品定置管理的长期进行。

____

____

样品定置的长期维系，必须借助样品管理系统。这个系统应涵盖两方面内容：一是样品定置的信息管理，即样品仓库内各样品本身的信息和放置位置信息（如放在哪个架子哪一层的哪个位置）；二是样品定置后的变动信息管理，这需要样品管理人员将样品结存资料及时输入系统，建立网络资料共享；同时，对样品状态进行准确的现场标识。这样才能为现场提供最新、最准确的样品资讯，并保证样品定置管理得以长期进行。

在这个步骤中，练习的重点是引导学生思考如何维护定置管理效果，并能够自主设计一套样品使用规则、样品输入模拟系统界面。

学习拓展

本单元主要介绍了定置管理的概念、内容，以及定置管理的实施程序和技巧。需要注意的是，现场定置管理，绝不是一次性工作——设计、实施即告终止；它是一项持续而漫长的工作，需要现场管理者和现场人员对定置成果不断加以巩固和改善。为此，现场管理者非常有必要建立起一套科学的定置检查、考核制度，来保证定置管理的制度化和长期化。

说到定置管理的检查与考核，现场管理者必须关注两种情况：一是定置后的验收检查，检查不合格者不予通过，并且必须重新定置，直到合格为止；二是定期对定置管理进行检查与考核。后者是一项需要长期进行的工作，比定置后的验收检查工作更复杂、更重要。

定置管理的考核指标是定置率，它表明生产现场中必须定置的物品已经实现的定置程度。一般情况下，定置率达到90%的区域可以视为已完成定置。定置率的计算公式为：定置率=实际定置的物品数量/规定定置的物品数量×100%。

单元三　现场供应管理

概念理解

现场供应管理是通过物流渠道规划来向现场输送资源的一种管理活动。现场供应管理的主要关注点是现场供应的范围和水平。这既涉及到对现场供应管理过程的规划，也涉及到对现场供应细节的控制。

观念探析

请理解下面这两句话的含义。

观念 1：现场供应管理是一种基于现场资源需求进行的预先设计与决策落实。

观念 2：现场供应过多或过少都必然给现场带来不可估量的浪费。

情境讨论

车间供应的适度性设计

在很多车间里，供应往往呈现出两极化状态：大量囤积物料或停工待料。对于前者，如果发生在一个大量闲置的空间里，那么它所带来的浪费感被大大削弱。而对于后者，如果发生在一个人员数量相对较少的现场中，它的影响似乎也不大。

但是，一旦这两种供应状态被放到一个作业复杂、人员较多而空间较小的现场中，那么问题就会呈几何级数爆发出来——大量囤积物料意味着运营资金被不必要地占用；停工待料意味着人工、机会成本等方面都存在损耗。

在每一个车间里，现场供应的过与不及都会给供应效果带来极大的弊端。因此，现场管理者必须重视现场供应管理，把握好供应的基本要求，并对供应过程和细节控制要点予以周密严谨的规划。

知识学习

现场供应是现场输入到输出的过程。现场供应管理主要是通过现场现物资源输入到产成品输出的过程控制，来实现现场的顺畅运作。现场供应的理想状态是准时化管理（JIT，Just In Time），即：在准确的时间将准确的物品送到准确的位置上。如何实现这种状态，便是现场供应管理的挑战。

现场供应的对象

每个现场都有其独特性，因而其供应对象都会千差万别。但若从呈现形态上来区分，可以分为两大类：实体形态与非实体形态。

在生产型现场中，供应物通常表现为实体形态，如：原材料、半成品、工具、成品等。

而在服务支持型现场中，供应物通常表现为非实体状态。假设一个出版社，其现场供应流程可能是：初审——复审——终审，其过程中也涉及到供应的问题。此时，现场供应的对象是知识（信息），而这个供应对象的对应载体或是实体纸张，或是电脑网络。

本单元将以实体形态的现场供应物为核心，来介绍如何实施现场供应。

现场供应的要求

如果准时化是现场供应管理的核心目标，那么现场供应必须遵循两大要求：适量和适时。适量是指供应数量的适宜性，适时是指供应时间的适宜性。

1. 现场供应的适量与适时

适量是对供应者把握供应数量的能力的考验，适时是对供应者观察与预测现场运作状态的核查。适量和适时的核心是实现一种无库存积压的作业系统，或使库存积压降到最小程度的作业系统，即：消除一切只增加作业成本、不增加产出价值的活动。

2. 适量与适时的基础：均衡化

均衡化是对整个工作流程中各环节的负荷进行均衡，使得各环节的作业时间基本相同。其目的就是要通过平衡工作流程节拍，使得各环节更容易实现“一个流”。

在流程化作业方式下，各环节的运作速度需保持一致。这就要求分配到各个节点的工作人员技能、作业时间、工序排列等要素之间保持协调。

不恰当的作业环节和节拍，会导致节点负荷不均匀，引起工时的浪费和在制品的堆积，甚至是工作的停滞。但是，如果能够通过方法或组织措施来调整产品在各道工序的加工时间，确保控制工作过程的各环节具有大体相等的工作产出率，使得闲置时间最少，这是实现均衡化运作的重要保证。

为实现均衡化，现场管理者可采用增加作业者、拆分作业、改变瓶颈工序的使用工具等方式，来消除瓶颈工序，从而实现工作流的均衡运作。

辅助阅读 3—4　**丰田公司的均衡化生产**

最早实行均衡化生产的是丰田汽车公司。丰田的均衡化生产要求的是生产数量的均衡和产品种类的均衡，即总装配线向各前工序领取零部件时，要均匀地领取各种零部件，实行产品组合生产。要防止在某一段时间内集中领取同一种零部件，以免造成前方工序的闲忙不均，以及由此引发的生产混乱。为此，丰田公司的总装线均以最小批量装配和输送制成品，以期实现“单件”生产和输送的最高理想。其结果是，总装线也会以最小批量从前工序领取必要的零部件。简言之，生产的均衡化使得零部件被领取时的数量变化达到最小程度，即各后续工序每天如一地以相近似的时间间隔领取数量相近的零部件。

除此之外，丰田公司把均衡化生产作为使生产适应市场需求变化的重要手段。通过均衡化生产，任何生产线都不大批量地制造单一种类的产品。相反，各生产线必须每天同时生产多种类型的产品，以期满足市场的需要。这种多品种、小批量的产品组合生产方式具有很强的柔性，能迅速适应市场需求的变化。

这种以多品种、小批量产品组合生产为特性的均衡化生产还具有另一个重要的优点，这就是各工序无须改变其生产批量，仅需用看板逐渐地调整取料的频率或生产的频率，就能顺利地适应市场需求的变化。

为确保供应的适量与适时这两大要求，现场管理者必须对现场信息进行实时监督和及时汇总，这样才便于准确把握现场需求，进而根据需求来安排现场供应活动。

现场供应与信息管理

为了确保现场供应的精准性，现场管理者和供应人员必须了解现场对象的实时信息，然后切实根据需求情况予以供应。因此，现场供应与信息必须实现同步化运作，即现场信息被及时收入信息管理系统，而现场供应人员能够通过信息管理系统，匹配适宜的供应对象和数量，从而避免出现现场等待及由此造成的浪费。从功能上来说，信息是现场供应的依据，信息管理是现场供应管理的子环节。

现场信息管理的核心在于对供应信息的收集与传递，它主要围绕人、财、物在生产线上的变化（如：某个环节截至某个时间点，共生产了多少数量的产品）而展开。

辅助阅读 3—5　　**信息收集与传递的系统和工具**

主要有：MIS 软件系统和看板等。

MIS 系统（Management Information System，管理信息系统），是一个由人、计算机及其他外围设备等组成的，能够进行信息的收集、传递、存贮、加工、维护和使用的系统。

看板（Dashboard/Kanban）是一种直接反映现场局部需求实况的信息载体。

在应用这些信息系统和工具的过程中，现场管理者应从设定多个信息提取的关键维度，使人们能够快速有效地把握现场作业的梗概，抓住有助于准确评估现场作业质量、进度的信息点。

当功能各异的信息系统和工具得到全面引进，且与现场供应部门相结合后，现场管理者和供应人员便可以在第一时间里获取作业信息和需求信息，进而快速安排适宜的供应。

技能要领

现场工作必须持续进行，而围绕现场工作开展必然需要资源供应（比如物料），因而内部供应体系必须做好严谨系统的建设。一般地，现场供应体系设计时必须重视现场供应管理流程，即：设计物料超市、打造看板系统、设定标准库存量和设定供应路径，如图 3—13 所示。

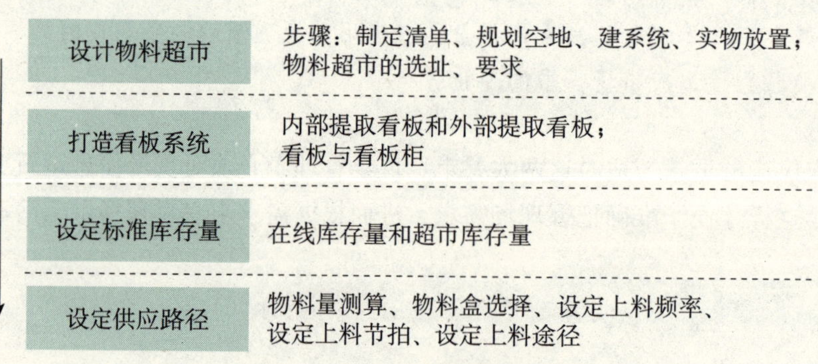

图 3—13　现场供应管理流程

设计物料超市

在现场作业开始之前，现场管理者需要安排人员将作业所需资源（如：原材料或半成品、待加工品等），集中存放在小仓库而非分散储存，这个小仓库即物料超市。物料超市是物料进入现场前的最后储存地，是现场供应的中转站和输出点。可以说，设计物料超市是建立现场供应体系的核心环节。下面来介绍一下设计物料超市的步骤和要求。

1. 设计超市的步骤

通常，建立物料超市需要四个步骤，具体操作如下：

（1）制订产品生产所需的物料清单。上面注明每个零件的相关信息，以及在车间里的运送路线，以便于确认正确的零件存放位置，并提供容器的尺寸和规格为购买超市货架做准备。

（2）规划空地。在厂房中央规划出一块场地，用来放置超市的货架。

（3）建地址系统。系统内包括物料被运送到的各个地点，每个零件在超市里只允许一个特定存放位置。

（4）实物放置。利用周末时间，现场人员把存放在工厂里不同方位的相关物料搬到中央超市。同时，现场人员进行一些演练，比如使用小牵引车，沿着制订的路线，将各种物料运送到各个单元。

下面是某生产车间内的物料超市和地址系统，如图 3—14 所示。

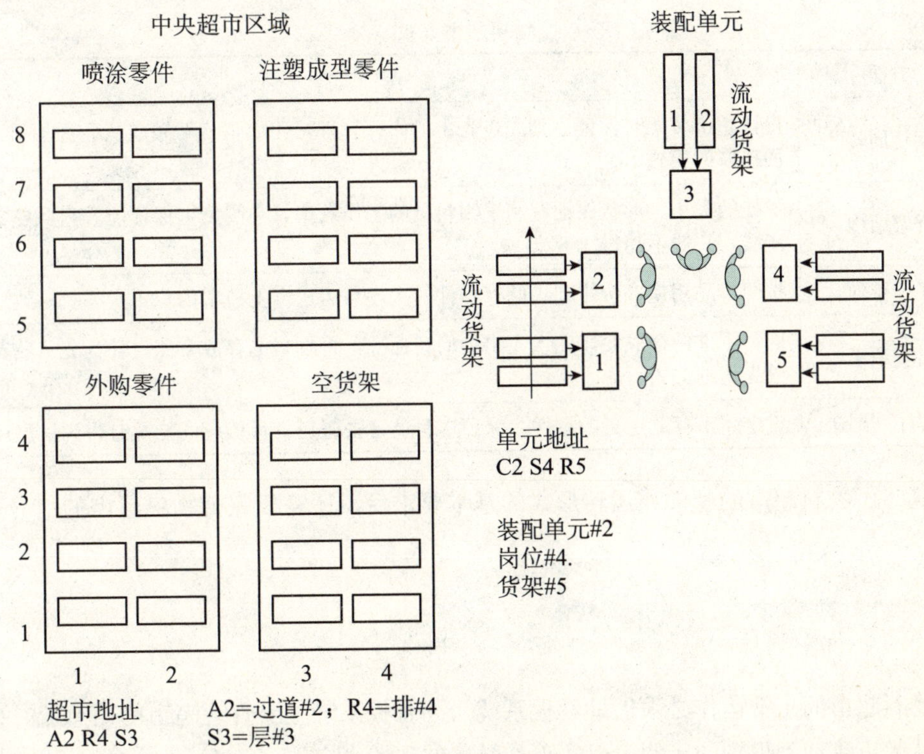

图 3—14　某现场的超市架构

如图所示，在组装单元和中央超市建立一套简单的地址系统，将地址系统应用在看板上，帮助物料人员清楚地知道在哪里提取哪一种物料，然后送往相应地址。

2. 设计超市的要求

设计超市时必须遵循两大要求：一是慎选超市位置，因为一旦选择不当，必然直接影响现场作业秩序；二是对超市内部管理进行控制。毕竟只有内部管理有序的物料超市，才能提供持续、稳定的现场供应。

设计超市时，可以根据具体情况，从三个区域选择位置，具体说明如下：

（1）工序末端超市。在生产工序的末端建立物料超市，可以帮助该工序准确地知道超市里成品的种类和存货。下游工序可以有规律从超市拉动物料，同时生产工序补充被取走的产品即可。

（2）中央超市。对于自制零件种类较多或者厂房布局无法在生产工序的末端设立超市的工厂，可以建立一个中央超市。最好的位置是既靠近生产工序又与下游工序距离不远，这样能提高物料搬运的效率，并缩短运输的距离。

（3）收货区附近。假如在一个产品组装现场中，零件大部分都是来自供应商，超市最好选择设在收货区附近。这样有利于收货和卸货，并缩短作业的走动距离。

除了位置选择之外，物料超市在存货周转、货架结构、零件排列、出货顺序、成套序列配送等五方面也应有所控制，如表 3—9 所示。

表 3—9　　物料超市要求

方面	要求
存货周转	设计超市货架时保证达到先进先出的库存管理，比如将货架做成从后面加料，前面提取的模式
货架结构	货架的大小、形状保证有利于物料员的工作效率，在高度上保证能看得到整条生产线，一般不超过 1.6 米
零件排列	按照产品用途进行排列。储存零件的次序与运送车上放置的位置次序要一致
出货顺序	同一零件的存放要以先入先出为周转标准，将物料的存放方法设计为先入物料能够先用的方式
成套序列配送	设定超市存放定量的零件，保证送料员常去搬运，且供应商能及时得到信息反馈

满足了物料超市的硬件和运转形式的基本要求后，还需要完善物料超市的信号传递系统。

打造看板系统

物料超市的正常运作必须借助看板系统——看板系统主要管理超市的信息流，控制物料从超市流动到现场的步调，以实现准时化的现场供应。

物料看板一般分为两类，即内部提取看板和外部提取看板，使用在现场物料超市中的是内部提取看板，而在供应链上的外协订货看板即为外部提取看板，在这里重点说明内部提取看板。内部提取看板的基本形式如图 3—15 所示。

供应商信息　　产品信息　　使用点位置

产品库存超市
ASD
零件号码
W5278
生产线位置
2#工序
4#流动货架
供应商
××电子
零件描述
数量：58
生产线位置
B2
S5
T3
超市位置
C2
R5
D3

图 3—15　内部提取看板

看板将物料的来源、去处、本身的特点等信息形成目视化，此外，因物料的特性，还要将产品单元、物料容器、数量、发行号码编制在看板上。

在内部提取看板中还有一种表明物料在超市中库存地址的看板，物料超市中每种零件都有一个存放地址，将地址信息标识在看板上，如图 3—16 所示，即为库存地址看板。而将看板按照不同的分类存放在超市特别放置的看板柜中，以备送料员查询，如图 3—17 是看板信息柜。

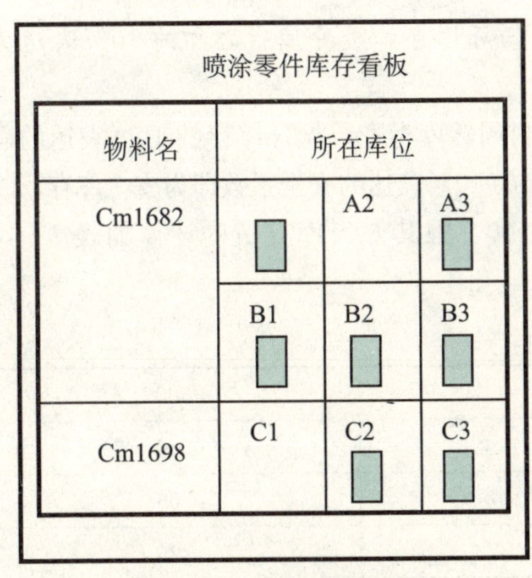

喷涂零件库存看板

物料名	所在库位		
Cm1682		A2	A3
	B1	B2	B3
Cm1698	C1	C2	C3

图 3—16　库存地址看板

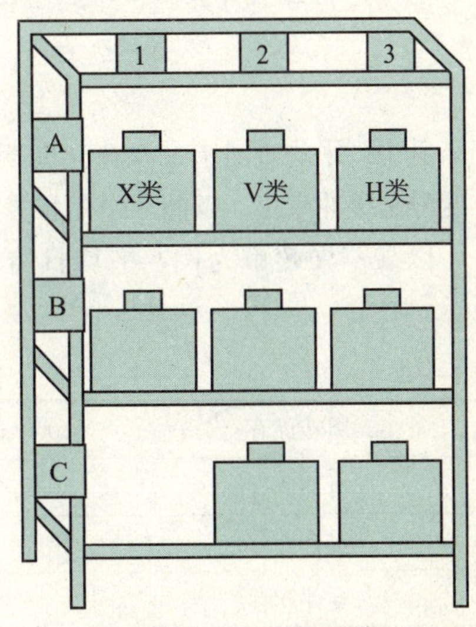

图 3—17　超市看板柜

看板和看板柜的制作主要根据现场需求来确定，它们将提取看板作为物料超市流转信息的载体，来控制现场作业进度和物料运送状态，达到物料超市的及时高效供应。

设定标准库存量

为实现现场供应的适量性，现场管理者必须明确一个概念：库存量。在现场中，库存量是指在某一时点上存在现场中暂未使用或在线生产的物料数量。它包括在线库存量和超市库存量。

1. 在线库存量

在线库存量是指放在生产线旁的备用物料和在线生产的物料数量。在线库存量的标准取决于三个方面，即：资源的补充频率、最小包装数量、物料运输作业的顺畅度。

假如以车间作业的班次作为物料补充节拍，每班补充一次物料，那么每个单元中至少要存放一班的库存量。一般情况下，生产线旁存放超过 8 个小时以上的库存量，现场中必然会存在物料堆积、现场空间浪费以及搬运路线过长等问题。

为避免这种情况发生，现场管理者可以采用体积小的容器，使生产环节通常保持一个容器的库存量，并保证有另一个容器的库存量处在运输的循环路线上，即两箱在线库存量。

2. 超市库存量

为有效管理物料超市，一个要解决的问题就是确定物料在超市里的库存水平。

企业一般设有成品库存，以达到吸收需求波动的缓冲作用，减少生产补充周期内的需求波动，超市里的库存波动比起其他的库存波动要小。超市库存计算的公式如下：

超市各零件库存＝平均日需求×补充周期时间（天）＋以循环库存的10％表达的需求变异＋以循环库存和缓冲库存之和的10％表达的安全系数

其中：平均日需求乘以补充周期时间是物料周转库存；以循环库存的10％表达的需求变异是缓冲库存；以循环库存和缓冲库存之和的10％表达的安全系数即为安全库存。

以某零件超市为例，平均日需求假设为100，则其 6 天库存量的计算如表 3—10 所示。

表 3—10　配件超市库存计算

周转库存	100×6	600
缓冲库存	10％×600	60
安全库存	10％×（600＋60）	66
零件库存		726

设定供应路径

现场供应系统要求将物料从零件超市适时地送到生产线上的操作员手里，这就需要安排专门的配料员，并为配料员设计特定的物料供应路线。图 3—18 为物料供应路径图。

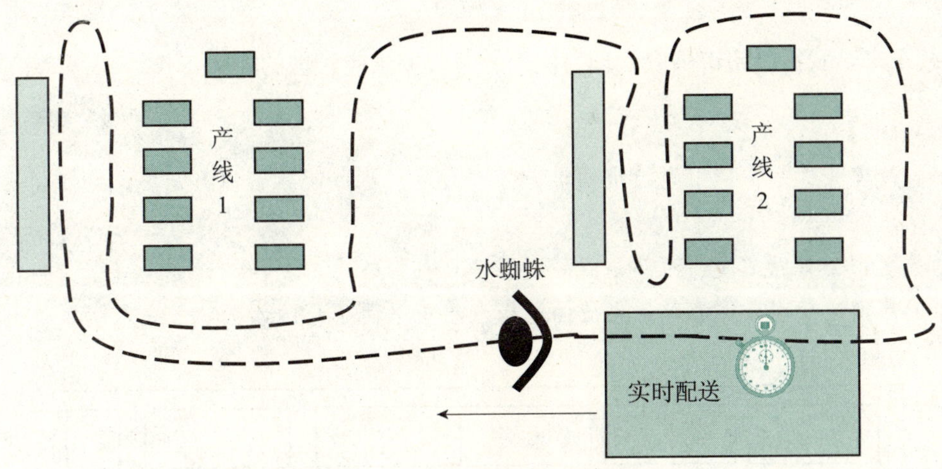

图 3—18　物料供应路径示意图

物料供应路径设计步骤如下：

(1) 物料量测算。根据每条生产线的班产量测算所需物料量。

(2) 物料盒选择。根据物料大小，选择不同规格的物料盒。

(3) 设定上料频率。根据物料盒盛放容量、物料消耗速度，设定上料频率。

(4) 确定上料节拍。根据最短上料时间，设定每条生产线的上料节拍。

(5) 设定上料途径。根据上料路线不重复原则，设定上料路径。

设计好的单元化物流系统会以一种有规律的方式停车卸货、装货，适时地完成空集装箱、需求信号和已完成产品的流动管理。

辅助阅读 3—6　　水蜘蛛形式的配料员

在现场的超市和生产线之间的物料运输中，如果让作业人员花费大量的时间取运零件的话，将会造成 30%～50%的现场时间浪费。实施精益物流的改善，必须取消作业人员直接取料的环节，设置专门的配料员。丰田公司称配料员为水蜘蛛，他们是一种为生产线巡回配料的工作人员。

水蜘蛛式的配料员通过使用搬运工具，可以在各个工序之间输送下一个工序必要的半成品，保证整个生产线工序步调的平稳。如果把水蜘蛛放置到信息系统中，可以说是一种 MIS 系统（Management Information System，管理信息系统）。水蜘蛛为生产线送货，还要传递生产和物料的信息。比如，当其从物料超市里取走一箱物料，他需要把看板放在指定位置上。当物料提取看板积聚到某个水平时，库管员就会向供应商订货。

行动练习

接下来，我们以超市供应管理为例来练习现场供应管理的相关工作。

【练习说明】

假设现在你是一家中型超市的供应管理人员，超市商品品种上万类，每种商品平均上架 4 件～8 件。该超市位于居民生活区，每种商品的周期销售量是不同的——部分商品需当日补货多次，而部分商品则需多日补货一次。现在，请你谈一下如何做好超市商品供应管理，保障现场供应的顺畅（超市平面布局图如图 3—19 所示）。

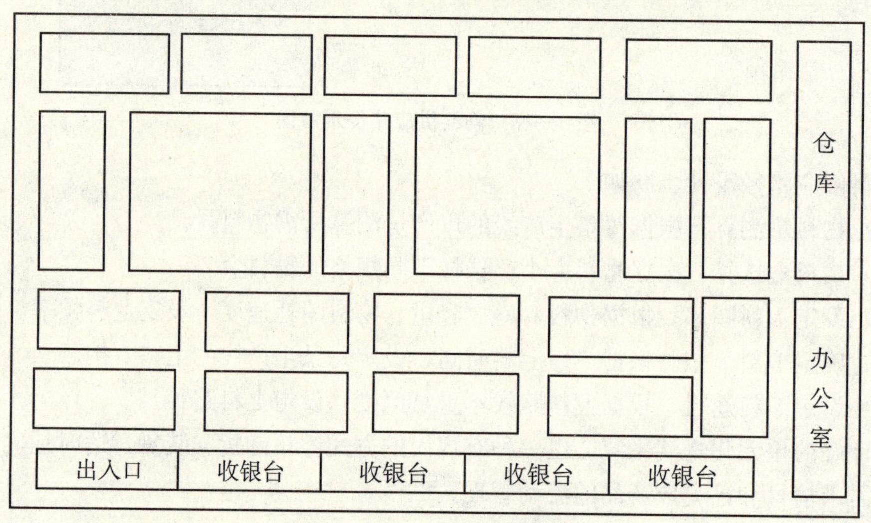

图 3—19　超市平面布局图

步骤 1：确定供应信息。设想采用什么方式可以从超市内快速获得准确的供应信息。

____

____

供应信息确认是现场供应的基础性步骤。在这个步骤中，现场管理者应重点收集准确的现场供应需求信息，比如：各类商品的上架量要求、当下销售量，通常会在多长时间内销售出去等等。最理想的信息采集方法不是供应管理人员进行现场点检查看，而是通过电脑系统即可实时观察出来。在电脑中，对那些销售量较大、需要补货的商品信息位置，可以用红色进行预警。

步骤 2：做好供应前的准备工作，自动生成《超市供应准备计划单》。

____

____

控制供应前应确认与供应有关的各类事项。比如，每隔多长时间进行供应，具体时间点如何安排，每次供应的数量是多少，由谁负责补货供应等等。这都需要在《超市供应准备计划单》（如表 3—11）上明确列示出来，以便供应管理人员有条不紊地参照实施。在这个步骤中，练习的重点是引导学生思考从哪些方面切入进行准备，使之具备完备的思考模式。

表 3—11 超市供应准备计划单

供应物	放置位置	供应量	供应周期	供应时间	负责人	备注
盐	调味品区 B4 排	6 包	1 天	5 月 4 日 8 时	刘刚	
A 等大米	粮油区 A3 排	3 袋	2 天	5 月 5 日 8 时	刘刚	
……						

步骤 3：实施超市内配送行为前的供应路径确认。

____

____

鉴于该超市的规模是中等的，在超市配送过程中应确认配送路径，从而避免路径迂回浪费时间和精力。在这个步骤中，重在练习学生在供应路径设计方面的灵活性。在设计过程中，学生们应考虑供应物的补货量、放置位置和补货行为的便宜性等因素，然后设计出一套供应路径展示图（可参考图 3—18 所示的物料供应路径示意图进行设计）。

步骤 4：开展具体的供应行为。

____

____

这个步骤的练习重点在于引导学生思考供应行为实施过程中的控制要点，保障现场供应行为目标的有效实现。通常，供应实施过程中的控制点有：(1) 供应安全有保障——避免供应物在供应过程中损坏；(2) 单次供应量要适宜——供应量少而次数过多会造成人力浪费，而单次供应量过多又会造成输送困难甚至损害供应质量等等。在这里，老师要以供应行为的有效保证为前提，尽量引导学生进行全面系统的思考。

学习拓展

本单元的内容会对现场供应管理有初步了解，其主要目的是了解现场供应管理的对象、基本要求、依据，以及现场供应体系设计的基本步骤。在这里介绍的现场供应主要针对现场内部供应的推进与维系，然而这个范围略显偏狭。现场管理者的视野可以放得更远，从纵向角度向现场上游和下游方向延展，来扩大供应管理范围和强化供应控制力，这就是“供应链管理”的范畴。

供应链分为两种类型：内部供应链（Internal Supply Chain）和外部供应链（External Supply Chain）。其中，内部供应链是指企业内部产品生产和流通过程中所涉及的采购部门、生产部门、仓储部门、销售部门等组成的供需网络。现场（如车间）是企业的一部分，是内部供应链的子单元。外部供应链是指涵盖企业的与企业相关的产品生产和流通过程中所涉及的供应商、生产商、储运商、零售商以及最终消费者组成的供需网络。企业是外部供应链中的子单元。

无论是位于哪类供应链中，现场都是供应链中的关键环节，供应链的运作情况也必然影响现场的运作。所以，现场管理者应重视对现场外围的协调，强化对现场供应管理的控制力，保障现场供应顺畅、高效，这也是现场管理设计的要点。

单元四　人员组织管理

概念理解

人员组织管理是指按照一定的目的、任务和系统，对现场人员进行配置与安排。科学系统的人员组织管理，将使得人员价值得以放大，同时使得人力成本得以控制。

观念探析

请理解下面这两句话的含义。

观念 1：人员组织管理的设计是以现场工作职能实现为目标而进行的人员个体安排。

观念 2：人员组织管理不是随机式或随时待命式的人员安排，它需要同时考虑人员安排的经济性因素。

情境讨论

车间人员组织安排

一位现场管理者经常为生产人员的数量问题而苦恼。目前，该车间有员工 15 人。据称，该车间的生产订单并不稳定，每月的生产任务时多时少。任务多的时候，即使 15 个人加班也无法完成任务；任务少的时候，又可能有一半的人处于闲置状态，没有任务可做，人工成本闲置浪费是毋庸置疑的。有人建议这位管理者：需要时就招工，不需要时就遣散。这种方法好吗？不，这种人员组织模式会给员工带来极大的不安全感，并给企业造成负面影响。而且，从人力储备的角度来说，现场管理者很难在需要时迅速找到符合能力要求的员工，而一旦企业出现上述管理模式，再次招聘员工时的难度也会加大。那么，管理者到底应该如何组织现场人员呢？这是本单元将集中探讨的一个问题。

知识学习

从本质上讲，人员组织管理相当于对现场人员位置的安排。这种位置安排包括组织结构上的位置安排，以及人员在现场空间中所占的地点和空间安排。前者体现的是人员在现场中的组织层级和角色，现场人员由此建立起一支高效团队，非常有助于对现场工作予以整体推进；后者代表的是人员的工位设置，合理的工位安排除了有助于现场空间的利用，更有助于现场工作的顺畅开展。

理解人员组织

从广义上说，组织是指由诸多要素按照一定方式相互联系起来；从狭义上说，在现场中，组织是指人们为实现一定的目标而互相协作结合。组织可以是一种管理行为和管理职能，也可以一种因组织而生成的集体或团体。

在本单元中，人员组织是个动词性概念，它是指将现场人员有目的、有系统集合起来。

1. 人员组织的管理重点

人员组织管理需要预先做好设计，通常现场管理者可以从两个重点来考虑：定点安排和网状关联。

（1）定点安排。定点安排是指将人员放到适宜的位置上，使之有机会发挥自己的功用和价值，这是人员组织的基础。定点安排的重点是了解人员的能力和岗位的需求，人岗匹配是最理想的定点安排状态。

（2）网状关联。网状关联是指针对现场需要设计人员安排方案，让人与人之间形成有效关联。通常这种关联不是单一的横向或纵向，而是呈现出多向交叉的形状，即网状关联形式。人员组织的重点是让现场人员关系呈现出有序的网状关联，能够使人们在关联中迅速找到对应的关联点——前工序人员、后工序人员、寻求帮助者、帮助对象等，而非无处查找的混乱关联。

2. 人员组织的基本特征

人员组织的形式是多样的，但并非每一种组织形式都能自动地提高生产力。适应性管理的目的是使得人员组织形式能够逐步促进生产力提升，促进现场运作的高效性。人员组织管理体现出以下特征，如表3—12所示。

表 3—12 人员组织管理特征

特征	说明
结构规范	现场的人员组织工作是非常有序的。现场管理者会建立一个组织结构图，用以明确每个岗位的人员在现场中所处的位置。同时，为便于现场工作的推动，现场管理者还会设计现场工作规程和工作职责说明书，使各层级人员的工作明确化
目标清晰	人员组织过程中要让所有人都明确即将达成的目标，唯有目标明确了，人们才会坚定地朝向既定的目标方向而努力。而且，目标的重要性还会激励现场人员将个人目标升华到现场整体目标中去。有效的人员组织活动中往往会增加激励性引子，进而促使人们朝着希望他们做的工作共同工作，最后完成任务
技能完备	高效的人员组织意味着现场人员技能符合标准要求，能够有效完成现场工作任务。被组织起来的人员，具备实现理想目标所必需的技术和能力，而且相互之间有能够良好合作的个性品质，从而出色完成任务
内外支持	人员组织管理并不等于单单集合从事某项工作的人员，对于支持性部分也要考虑在内。从内部条件来看，现场中应配置基本的支持系统，如培训系统、绩效测量系统，这些系统应能支持并强化现场人员作业行为。从外条件来看，现场管理者应给被组织起来的人员提供一切有助于完成工作的资源

事实上，无论如何进行人员组织管理，无论企业的人员组织表现出什么样的状态，我们都需要考虑两个问题：职能实现与成本控制。从本质上来说，职能实现是人员组织管理的核心，在此基础上才能够去考虑成本控制。而成本控制不是基于最大程度地降低人员工资支付，而是为了实现人员利用率。下面，介绍人员组织与职能实现、人员组织与成本控制的管理要领。

人员组织与职能实现

人员组织的职能通常表现为专项职能和综合职能。实现专项职能，可通过专职人员或建立专项工作小组来实现。实现综合职能，可通过组建职能协作小组，甚至跨部门职能联合的形式来实现。

1. 专项工作小组

专项工作小组是围绕某个业务单元开展某项单一项目的工作人员的集合。专项工作小组组建更强调小组成员的专项业务能力。契合的专业业务能力更有助于整个业务单元的职能工作实现。诸如，“生产车间一小组”、“运输部门二小组”等命名，都属于专项工作小组的范畴。

2. 职能协作小组

职能协作小组通常是由职能或能力互补的工作人员组成的小范围团体（一般 6 人左右，最多不超过 10 人）。这类小组的最大特征是互补性，合而生成有助于整体目标达成的能力；并且，他们互相补充彼此的能力短板，能够在彼此需要时提供必要的支持和帮助。

比较典型的职能协作小组有品管圈（Quality Control Circle，QCC）。品管圈里的人员按照一定的活动程序，活用品管七大手法，来解决工作现场、管理、文化等方面所发生的问题及课题，是一种比较活泼的人员组织管理形式。

辅助阅读 3—7　　**职能协作小组的患者**

在马里兰州的一家医院，由一名在重症监护医学领域接受过训练的医生、一名药剂师、一名社会工作者、一名营养学家、一名重症监护室主管护士、一名呼吸治疗师组成的重症监护小组，每天与每一位患者的临床护士讨论最佳治疗方案。这种职能协作小组中每个人都会致力于医疗现场的控制，他们的共同努力，使得医院大大减少了治疗方法错误，缩短了患者在重症监护室的治疗时间。

3. 跨职能部门联合

跨职能部门联合是指不同职能部门或岗位之间，通过灵活的联合、协调、沟通完成某项任务。从功能上来说，跨职能部门联合相当于职能协调小组的规模放大。图 3—20 展示的是某企业的职能矩阵与跨职能矩阵。

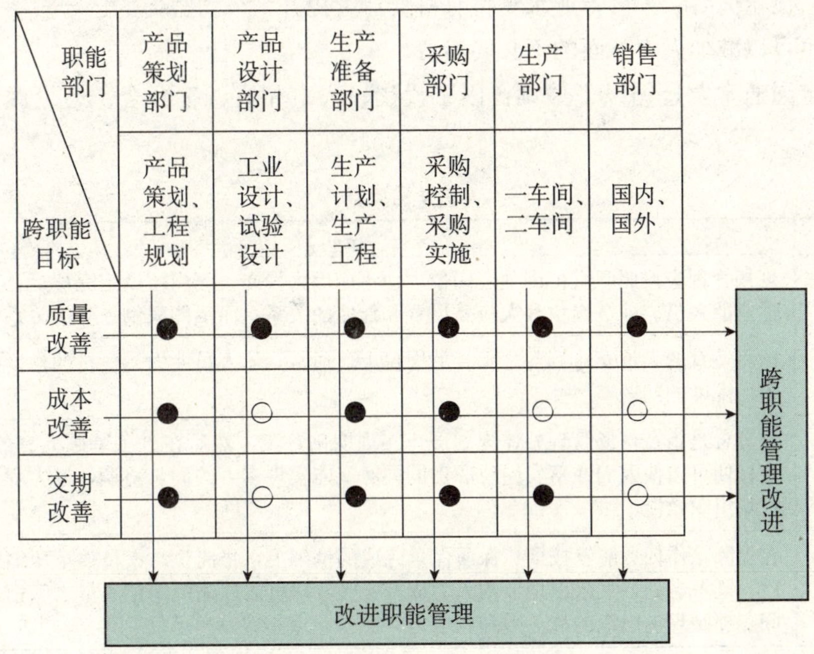

图 3—20　职能矩阵与跨职能矩阵

在图中，纵线代表不同的职能部门，以产品策划为起点，包含设计、准备、采购、生产、销售部门；横线代表主要的跨职能的目标，包括质量改善、成本改善和交期改善。

从本质上说，跨职能部门联合就是，打破部门墙、实现企业内部上下左右的有效沟通和协作。在实践中，实施跨职能部门联合时，不以部门为协调机构，而是单独成立适合项目开展的团队架构。

这个团队是建立在部门之上的，其成员来自多个部门的、与该过程有关的专业技术人员和管理人员。而项目团队的队长将以团队为单位，进行人员组织，并与相关小组人员一起讨论跨部门、跨领域职能实现的问题。

人员组织与成本控制

人员组织管理是企业运营中的重要管理部分。人员组织管理的重点不在于机械地、盲目地压缩为人员个体发放薪酬的具体金额，而在于人员利用率是否实现最大化——人员利用率最大化，成本价值才得到充分发挥。从这个角度来讲，现场人员组织时可以从三个方面来运作：人员定岗、多能工补位、临时安排。

1. 人员定岗

人员定岗是指将固定人员安排在固定的岗位上，在一定时间段内他将持续担任此项工作。当人员定岗后，人员专业水平将有机会持续提升，公司整体的运行效率会随之提高，同时也可以减少人力方面的不必要浪费。

人员定岗通常要遵循以下原则：因事设岗、人事相宜、整分合、最少数量，如表3—13所示。

表3—13　　人员定岗原则

原则	说明
因事设岗	现场管理应按照职责范围划定岗位，而不应因人设岗；当岗位设定完毕后，再去配置适宜的人员。即：岗位和人应是设置和配置的关系，而不能颠倒二者的关系
人事相宜	指将适宜的人员安排到与之契合的岗位上。通常，从人员能力、性格的角度来考虑人事匹配度的问题
整分合	整分合是指在现场管理整体规划下，实现明确分工，然后在分工基础上有效地综合，这样便可以使人们在落实岗位职责的同时又能实现多方的同步协调，最大程度地发挥现场组织效能
最少数量	在保障工作任务能够按期、保质保量完成的基础上，将岗位与人员数量压缩到最低程度，既考虑到最大限度地节约人力成本，又要尽可能地缩短岗位人员之间信息传递时间，提高现场组织的战斗力和竞争力

2. 多能工补位

多能工是指具备多种技能的员工。在工作中，大家所说的多能工是指那些会得比较多、能胜任多个工位或跨部门工作的员工。比如，有一位员工，他既懂得射蜡，还能修蜡、组树，同时还会浸浆作业等等，那么他就是多能工。

通常情况下，现场管理者会利用多能工一专多能、一岗多能的特点，对其进行合理分配。常见的分配方式就是补位。多能工补位大致发生在以下三种情况下：（1）紧急生产人员不足时；（2）新项目试运作时；（3）问题异常需要纠错或快速处理时。在这些情况下，现场不需要配备更多的人员或进行人员培训，便可以迅速将人力补充到位，快速解决现场问题。

辅助阅读 3—8　　**多能工补位与人力成本控制**

在传统的大规模批量生产模式中，员工似乎只是大型机器上被固定的螺丝钉，只需熟练掌握流水线上的一两种劳动技能即可。但企业实施精益生产，某些工序经过整改后，这时可能需要员工同时操作原来 2～5 个岗位的工作，而此时企业最需要的就是适应性强的多能工。

事实上，由于多能工具有多种能力，他们除了能够在人力稀缺时快速补位，对于企业而言人员数量还不会增加，达到了生产少人化的目的，因而被视为一种非常有效的人力成本控制模式。

3. 临时安排

临时安排主要指人员临时安排或临时组织建设。

在现场中出现临时性任务时，当下人力不足，如果为此项目聘用更多人力，那么待任务结束后便会面临人员闲置的问题。对此，现场管理者可以选择聘用临时工的方式，来处理某些任务，当任务结束后即结束用工关系，如此便可以极大地节约用工成本。

此外，在处理一些非常规事务时，现场管理者亦可以临时从其他部门或现场调配人员，建立一个临时性组织，来处理事务。待任务结束后，便宣布解散该临时组织，人员便复归原位。对于企业而言，仅仅是人员调动而已，却不会浪费更多的人员招聘、培训、离职等诸多成本。

在建立临时性组织时，应充分注意：（1）所要完成的任务确实需要一个独立的组织来承担。（2）必须严格挑选组织的成员。（3）明确任务要求及组织存在的时间。（4）搞好与常设性组织的协调等等。在现场管理中，人们可以采取多种人员组织方式，但无论采取哪一种方式，都应坚持职能实现与成本控制两大原则。无论是职能实现欠佳，还是成本控制不力，都会给人员组织管理添加败笔。唯有规范而灵活地设计人员组织模式，巧妙实现人员职能要求和人员成本控制，人员组织管理才是成功的。

技能要领

上文中，我们了解了现场人员组织管理的基本概念、人员组织的设计、组织管理的内容以及人员组织管理的特征。

具体而言，在现场中，人员组织管理主要从四个步骤来展开：确认需求、选择组织形式、人员组织实施、适应性管理，如图 3—21 所示。

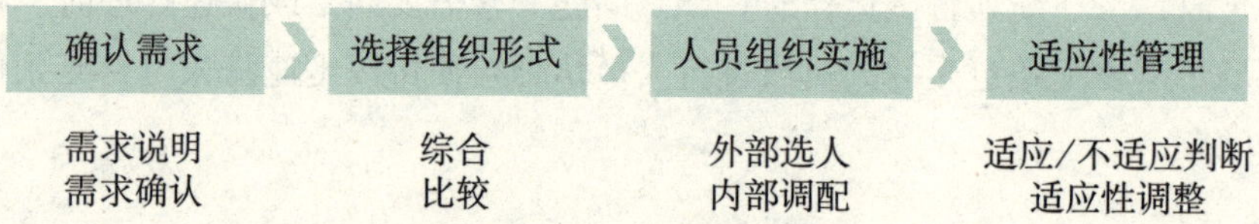

图 3—21　人员组织管理程序

需求确认

现场人员组织的第一步是确认当下的人员需求情况。真实需求的把握，是人员组织的基础。唯有切实了解需求，才有可能去满足需求；如不了解需求而盲目组织人员，必然导致人员浪费或无法满足现场工作需要的情况。

1. 需求说明

现场人员需求说明通常呈现在人员招聘说明中，其中涉及以下内容：从事业务所需要的人员的资历、专业要求、能力水平、人数等。表 3—14 是某运维部的人员需求说明表。

表 3—14　人员需求说明表

需求部门	运维部	需求岗位	运维工程师
需求日期	2015.5.10	需求人数	3 人
工作性质	全职	学历要求	本科以上
资历要求及任职条件	1. 3 年运维经验，有大型开发类平台或游戏运维经验者优先 2. 精通 LAMP、LNMP 等集群、负载均衡技术配置及部署 3. 熟悉各类硬件防火墙、路由器、交换机等硬件设备配置为佳，了解 TCP、IP 原理 4. 能够响应 7×24 工作性质，并具有应急处理能力和沟通能力 ……		

2. 需求确认

需求说明是对人员需求的基本汇总。在行政管理工作中，并非对需求进行细化说明后即可开始实施选人工作了，而要经过一系列的审批、确认程序，待通过后方可实施选人。

（1）需求内容说明。需要确认的内容包括：需求岗位、现有人员数、需求人员数、岗位需求类型（如岗位增员——定岗增员、临时增员；补缺——多能工、横向调配等）、岗位需求原因说明（如：人员离岗、能力不足、业务扩展等）。

（2）需求确认程序。需求确认时应遵循这样的顺序：现场管理者 → 人事行政部 → 总经理。各层级管理人员要客观确认需求，综合评估需求，切忌随意批准。为便于操作，《需求确认表》会在《人员需求说明表》的基础上增加确认程序来设计。

选择组织形式

人员组织形式涉及组织管理的职能实现与成本控制。为了保障人员组织形式选择的价值最优化，现场管理者需列明各类人员组织管理形式的优劣势、需求情况、成本支出等因子；而后通过综合评价，选择其中性价比最高的人员组织管理形式。组织形式综合比较表如表 3—15 所示。

表 3—15　　组织形式综合比较表

部门				需求特征	需求时间长或短；人员能力要求高或低……	
组织形式		优势	劣势	需求人数	所需成本	综合评价
专项工作小组	定岗定员					
	多能工					
	临时工					
职能协作小组	定岗定员					
	多能工					
	临时工					
跨部门联合	定岗定员					
	多能工					
	临时工					
选定人员组织形式为：						

人员组织实施

人员组织实施通常表现为二种模式，一种是在现场外部或企业外部选用新员工；另一种是在组织内部进行人员调配。

1. 人员选聘

人员选聘一般是根据岗位或现场需求，经过笔试、面试、情境模拟、个人能力核实等人力资源招聘程序，而确定人选是否契合现场需求。它要求选人时奉行严格、客观的原则；如果短期内找不到完全契合需求的人员，亦可选择能力差距不大、经培训可以满足要求的人员。

确定人员后，现场管理者即可将人员安排到指定的岗位上，下达工作任务。

2. 人员调配

人员调配是针对本企业人员或本现场人员进行职位或任务调动。现场管理者实时了解当下需求后，将人员从其他部门调配至本现场，或在本现场中进行岗位协调。人员调配意味着人员的工作岗位职务或隶属关系的人事变动，因而随着人员调配的开展，现场通常会下发《人员调配单》，如表 3—16 所示。

表 3—16　　　　人员调配单

<table>
<tr><td>姓名</td><td colspan="3"></td></tr>
<tr><td>现工作部门·职务</td><td></td><td>新工作单位·现职务</td><td></td></tr>
<tr><td colspan="4">在接到本单后，请办理交接手续，于______年______月______日（前）到________报到。
现岗位交接记录：</td></tr>
</table>

现主管签字： 年 月 日	人事部门签字： 年 月 日	领导签字： 年 月 日

人员调配结束，人员开始上岗工作，这并不意味着人员组织管理工作结束了。接下来，现场管理者即需要考虑适应性管理了。

适应性管理

人与事的最佳结合，不是一劳永逸的，而是动态的，它需要及时进行相应的调整，此即适应性管理。通常，适应性管理是针对现场需求与人员现状之间的适应程度进行整合与调整。

1. 确认适应状态

由于现场内外部元素随时可能发生变化，现场管理者必须定期重新考虑人员与现场需求的匹配度，确认现场人员的适应状态。如果适应不佳，即选择适应性管理方法，来进行调整，以维持现场的正常运作。

通常，适应状态的确认可以通过绩效考核结果、员工工作态度来评估，如图 3—22 所示。

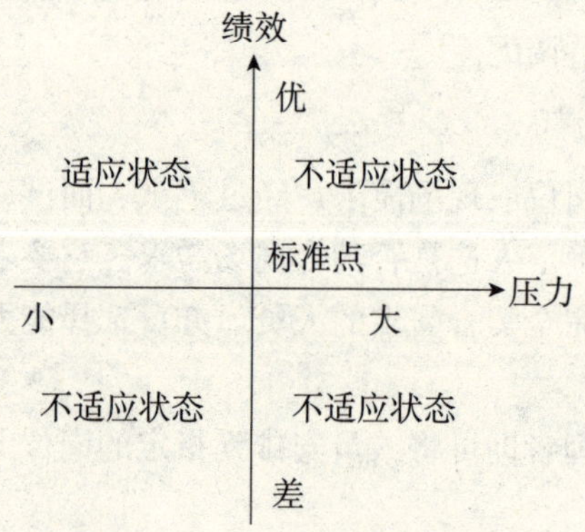

图 3—22　适应状态评价坐标

（1）适应状态。如果绩效考核结果（如速度、质量、数量）都是达标的或处于上游水平，而员工亦抱着积极的态度去面对工作，即可判断为现场人员组织管理处于适应状态。

（2）不适应状态。如果绩效考核结果未达标，而员工又感到工作压力较大，对工作较为抵触，那么即可判断为现场人员组织管理不适应。

2. 选好管理方法

为了保障人员对于现场工作的适应性，现场管理者需要采取相应的策略来帮助和引导员工，使之与现场工作需求相适应。适应性管理可以采用以下三种方法：传递有效工作信息、实施能力培训、建立内部帮扶制度。

（1）传递有效工作信息。每一个现场人员都需要了解现场信息；如果对现场现状不了解，往往导致人们无法针对现场工作作出恰当的反应。比如员工对工作充满困惑，不知道从何处着手。所以，现场管理者要向员工传递关于工作的真实有效信息，包括项目运作程序、工作职责等，具体可以通过现场会议、工作手册等方式。有效信息的获取可帮助员工减轻不确定感，明确工作任务，认知自己担负的角色。

（2）实施能力培训。人员之于岗位的适应性在很大程度上受到个体能力的影响。为此，现场管理者有必要掌握每个员工的特点、优势和不足，了解他们的需求，进而在培训时有所侧重。这样既能够系统地指导所有员工了解现场以及他们的角色和任务，又能满足不同员工的特殊需求。

（3）建立内部帮扶制度。在员工适应新工作的过程中，现场内部人员同样扮演着重要角色。现场管理者可以从两方面进行设计和引导：一是建立“导师”制度，由经验丰富的老员工全方位地、循序渐进地指导员工；二是建立同事“互助”制度，即营造现场共享的氛围，通过同事之间的沟通、交流和分享经验，让新进入现场或被调配岗位的员工能够获得更多关于现场工作的信息。

行动练习

接下来，我们以车间人员组织管理为例来练习人员组织管理的相关工作。

【练习说明】

假设你是某业务部主管，现在车间要接手一项新业务，你手下有9个员工。现在，请你谈一下如何做好人员组织管理。

步骤1：在接手这项新业务时，你最先考虑的是什么？你会在哪些方面进行人员组织之前的准备？

____

____

从情境说明来看，业务部主管并未获得完备的信息，如业务难度、完成时间要求、业务完成预算额度等。这些因素都将影响人员组织安排方案的设计，因此，业务部主管必须将这些信息确认清楚，从而确认当前人员是否能够保质保量按时完成任务，是否需

要调配新的人员加入项目运作中。在本步骤中，老师要引导学生抓住人员组织之前的确认环节，唯有将要求了解清楚，人员组织实施才能有的放矢。

步骤2：当明确了要求后，即可设计人员组织方案。请设计一个简单的人员组织方案。

____

____

本步骤是人员组织管理工作的核心。该步骤的重点在于如何做出针对性强、成本控制最佳的人员组织安排。在本步骤练习中，老师应引导学生，从人员组织方便度、成本控制等角度综合考虑，选择最优化的人员组织方案。

比如，如果依照当前人员的工作效率，无法在指定时间内完成任务，那么应申请新招聘人员加入业务部，或者从其他平行部门临时调配人员以协助任务完成。而选择方法时要考虑长远性和时下性的平衡。如果未来可能承接的任务很多，那么招聘新人则是适宜的；而如果此类项目是突发的，不常发生，则更适宜从其他部门临时借调人员。

步骤3：你是否能够确保你选择的人员组织管理方式是最适宜的？请说出你的理由。

____

____

通常，适应性管理并不是每时每刻或随时实施的——适应性管理发生在人员调配与召集之后，它更倾向于在过程中逐渐融合，使人员组织管理状态与需求逐步契合起来。

本步骤的练习重点在于引导学生学会发掘人员组织管理中的不足，从现状出发去发掘出更为优秀的组织管理方法，提升人员组织管理水平——成本控制到位、人员需求得到满足。

学习拓展

本单元的核心内容是人员组织管理，其主要目的是了解人员组织的基本内容、特征，如何通过人员组织来实现现场职能，以及人员组织过程中的成本控制问题。这些是人员组织管理过程中的重点问题，是需要把握和平衡好的关键因子。

仔细阅读前文，我们会发现，上述人员组织管理大体上倾向于管理者自上而下的管理。这种设计模式是有益于整体管控的，但也有其弊端，就是被组织管理对象——员工的主动性、积极性难以发挥出来。对此，现场管理应注意全员参与（Involvement of People），以便激发人员的积极性。

全员参与是在基础的人员组织结构建设行为结束后，通过对人员组织活动的设计来实现的。比如，设置质量改进课题，进行招贤榜、课题招标；开展各类质量活动、安全活动、成本活动；通过员工代表会议，或有普通员工参与的现场管理小组，鼓励员工探究现场问题等。

为此，现场管理者必须正确对待所有的员工。无论是管理者的思想认识，还是与人员组织管理有关的规章制度，都不能将现场人员当作“机器”或“奴隶”，而应当把员工视为现场中的宝贵财富、重要资源。如果现场经营观念未能彻底转变，即使将现场人员搭配得恰当，全员参与也是不可能实现的。

第4章

现场指导管理

有一家国内民营500强企业，其主要生产高级铝板、带、箔，高纯度铝锭（棒）产品，为航空、航天、交通、建筑、装饰、家电等各个领域提供优质产品和服务。为了确保规范、安全生产，该企业培养了一大批现场督导员，通过他们以一对一、一对多的模式，对一线生产人员进行现场指导。在此过程中，该企业不断探索有效的现场指导模式。最初，他们仅仅是在生产过程中将生产经验和要诀进行口耳相传；如今，该企业形成了一套极为规范的现场指导模式。比如，通过十分钟晨会，点明前一阶段工作任务中存在的问题，提醒大家注意。而为了辅助一线员工的技能提升，该企业督导员与业务精英们还针对各项作业设计了图文并茂、可参照性极强的《作业分解书》。值得称道的是，他们为了更好地进行现场指导，甚至在一年半时间里将这套《作业分解书》进行了五六次的完善。如今，该企业的现场指导管理已经非常规范，一线员工技能也大多达到了预期水平。

事实上，强调“现场指导管理”的企业并不仅限于此。一些企业为了培养更多人才，不仅将现场指导管理纳入到现场管理者的岗位职责中，甚至还在内部特别设立了“督导员”岗位，由此足见其对现场指导管理的重视。

聚焦问题

什么是现场指导？为什么要进行现场指导？现场指导管理要做什么？怎么做？

主题理解

任何一个管理者都需要具备工作指导技能，而现场指导是现场管理工作者必须掌握的工作技能。现场指导是指现场管理工作者通过一定形式将工作方法传授给现场工作人员，以期使之获得工作能力，并按要求完成工作任务的一种活动。通常，现场指导是由现场管理者组织发起，然后由现场管理者或督导员担任指导者，对一线员工（或基层管理者）进行工作指导。在企业日常管理活动中，现场管理者时刻面临着现场指导工作，指导对象既包括在职老员工，也包括新员工。前者通常因为职务晋升、任务变动、职务变更、作业方法变更、作业标准变更等因素，随时都需要学习新技能；当然，也有因经验不足、工作能力减弱等原因需要加强技能训练的。而新员工要么是初次就业，要么是过去的工作经验不适应企业的新任务，对他们更是有必要进行指导工作。

一项完整的现场指导管理由四个部分组成，即能力管理、任务分解、指导管理、反馈与激励。

(1) 能力管理。现场指导的目的是让指导对象获得预期的能力水平。所以，现场管理者要准确判断指导对象的能力状态，这样才能有的放矢地作出指导安排，有效提升指导对象的能力水平。

(2) 任务分解。能力通常是通过任务落实来获得。如果不把将要指导的工作任务加以分解整理的话，那么现场指导过程很容易出现缺陷，指导对象很可能因难以理解任务落实要求而发生工作失误、不良、返工和意外事故。因此，任务分解需要引起每一位现场管理者的重视。

(3) 指导管理。指导管理是指对现场指导的各个步骤与细节进行控制，它是现场指导实施的主体行为部分。在此过程中，现场管理者要关注安全、有效、正确的指导方法，以确保现场指导行为最终达成预期目标。

(4) 反馈与激励。反馈与激励是现场管理者在指导过程及指导后，与指导对象就指导效果进行沟通，了解指导对象的真实接受程度，并对指导对象进行激励，以期现场指导效果得到持续巩固和加强。

在本章内容中，将这四个部分作为四个相对独立的单元加以安排。接下来的内容中，管理者将分别地、有序地了解每一个部分的技能知识和技能要求，并通过技能练习的方式培养相关能力。

学习目标

本章的学习目标如表 4—1 所示。

表 4—1

知识点	位置	学习目标
能力管理的定义、内容、目标	单元一	● 理解 ○ 须知 ○ 熟知 ○ 活用
能力管理与指导的关联	单元一	● 理解 ○ 须知 ○ 熟知 ○ 活用
能力管理的通用模型	单元一	○ 理解 ● 须知 ○ 熟知 ○ 活用
能力管理与指导设计的程序	单元一	○ 理解 ○ 须知 ○ 熟知 ● 活用
任务分解的概念、对象	单元二	● 理解 ○ 须知 ○ 熟知 ○ 活用
任务分解的目标、功能	单元二	● 理解 ○ 须知 ○ 熟知 ○ 活用
任务分解程序	单元二	○ 理解 ○ 须知 ○ 熟知 ● 活用
指导管理的定义、两大问题	单元三	● 理解 ○ 须知 ○ 熟知 ○ 活用
技能传授的模式、方法	单元三	○ 理解 ○ 须知 ● 熟知 ○ 活用
技能习得的一个核心、两个关键点	单元三	○ 理解 ○ 须知 ● 熟知 ○ 活用
技能传授程序	单元三	○ 理解 ○ 须知 ○ 熟知 ● 活用
员工演练程序	单元三	○ 理解 ○ 须知 ○ 熟知 ● 活用
反馈的概念、性质	单元四	● 理解 ○ 须知 ○ 熟知 ○ 活用
反馈激励的效能、效能条件、时机	单元四	○ 理解 ● 须知 ○ 熟知 ○ 活用
反馈激励的要求	单元四	○ 理解 ● 须知 ○ 熟知 ○ 活用
反馈激励过程	单元四	○ 理解 ○ 须知 ○ 熟知 ● 活用

单元一 能力管理

概念理解

在讨论现场指导管理的时候，人们很容易忽视对员工的“能力管理”。然而，如果不把能力管理作为一个必要的前提，我们对现场指导工作的讨论就没有依据，其指导工作也就不可能有目的地、有针对性地服务于企业的实际管理活动了。

员工的能力现状、企业对员工（某个或整体）能力水平的要求、两者之间关系变化等因素决定了如何对员工进行指导，也决定了管理者必须重视能力管理问题。

观念探析

请理解下面这两句话：

观念 1：不恰当地施予指导与未予及时指导是应当避免的同等重要的问题。

观念 2：能力管理反映了员工能力水平与企业需求之间的动态关系。

情境讨论

是决策能力还是沟通交流障碍？

一家企业的领导层发现，在企业的日常管理活动中，各个层次的管理人、关联部门在对某一件事进行决策时几乎不可避免地处于争吵、争执状态，严重影响了管理层的共识水平。经提议，人力资源管理部门决定邀请外部顾问进行一次关于决策技能与共识形成的指导培训，以增进一线人员科学决策的能力。

公司将一线管理人员召集到报告大厅，听取关于科学决策方法的培训。然而，培训到中途的时候，一线管理人员议论纷纷，培训不得不被迫中止。在外部顾问与一线管理人员更深入地交流后发现，这些一线管理人员关心的问题并非如何做决策，他们关心的是各个关联部门权责不清、决策程序混乱这些问题如何获得解决。

换言之，这次中途夭折的关于"决策技能"的培训与人员实际需求几乎背道而驰。

知识学习

能力管理的确切定义，是指企业管理活动中，为更好地执行所有的工作进度安排，建立工作能力的限额或水平，并对其进行度量、监控及调整的职能。所谓能力限额，是指企业对员工所从事工作最低限度的能力要求，或者预期时间内员工能力应当发展到某种水平以适应企业工作的需要。当员工能力达不到限额或能力成长滞后时，就需要采用各种方法对员工能力进行调控，这其中就包括现场工作指导。

能力及其管理

经常性地，管理者常常凭直观印象对员工的能力进行辨识。当然，经验主义的直观辨识行为大量存在于企业中，它造成的影响是显而易见的，包括能力调整不恰当不及时、人员分工和任务分配失当、指导工作失去可靠的内容针对性等等。

1. 能力管理的内容

能力管理必须关注三个层次的问题，即能力结构、能力需求的满足和能力调整。

（1）能力结构。你能够清楚地说明一个手机零部件生产班组的班组长需要什么样的能力吗？或者，库房登记人员需要什么能力呢？企业中充斥着大量的岗位，而对这些岗位人员的能力结构的描述常常是混乱不清的。

同样，一个企业的现场工作岗位需要哪些方面的关键能力呢？这个问题是因不同的岗位而有所不同的。但是，从一般现场工作的共性来看，我们可以认为一个现场工作者必须具备的能力至少是三个方面：任务理解能力、技术运用能力、执行操作能力。表4—2是企业中经常使用的能力结构管理的一个示例，可作为理解参考。

表 4—2 **销售人员能力结构示例**

岗位能力说明书					
岗位	销售员	部门	市场部	入职要求	高中及以上同等学力

说明：入职试用期间经过一个月培训，能够具备以下能力者可胜任。

能力项 1：销售业务理解

细分项	说明	有无标准指导文件	掌握要求
市场认识	了解产品适应的市场群体	客户定位说明书	熟悉
产品认识	对产品的特性有深入理解	产品说明书	熟悉
产品使用	能够进行产品安装、演示与解答	产品说明书	熟悉
客户分析识别	能够识别出有需求的客户	一般经验和介绍	深入运用
客户问题解答	对客户疑虑能够有效解答	客户异议处理标准	深入运用
客户风险排除	掌握客户的支付信用	一般经验和程序处理	深入理解

能力项 2：工具运用能力

细分项	说明	有无标准指导文件	掌握要求
演示	能够规范演示产品使用过程	产品演示程序	熟悉
PPT 制作	掌握 PPT 制作方法	一般经验和程序处理	熟悉
电话销售	有针对性、有效地电话销售	电话销售规程	深入运用
邮件	有目的地发送邮件	一般经验和程序处理	熟悉
微信营销	能够有创意地进行微信营销	微信营销方案	深入运用

能力项 3：执行操作能力

细分项	说明	有无标准指导文件	掌握要求
销售计划	能够制定并实施销售计划	销售计划书	深入运用
客户拜访	客户拜访礼仪较为规范	客户拜访规程	深入运用
议价谈判	能够按照预期价位进行谈判	谈判程序	深入运用
应收账款回收	按时回收账款，无欠款呆账	账款回收单	熟悉

总的来看，一个完整的能力结构说明是将岗位所需要的人员能力清晰地呈现出来，以便管理者更容易判断人才的任用、指导培训安排。

（2）能力需求的满足。即使按照现场生产的作业流程和作业节点设计了相对独立的一个个工作岗位，且这些工作岗位对人的任务理解能力、技能运用能力、行为操作能力的要求都是明确的，企业也可能找不到合适的人来执行这件工作，或者找到的人也存在着能力差距，在这种情况下，管理者要考虑如何策略性地满足企业岗位的人才能力需求。单纯从能力管理的角度看，能力需求的满足可以有以下多种途径，如表 4—3 所示。

表 4—3　　岗位能力需求的满足途径

途径	说明	适用情况
岗位拆分	岗位拆分是指将某个负责工作岗位拆分为多个工作岗位，然后再进行人岗匹配	人员能力参差不齐，无法胜任较多或较复杂的工作时
岗位自动化	借助自动化设备来完成岗位工作，减少员工的岗位学习内容	部分工作能够以自动化设备代替，且经济条件允许时
关键技术外包	将一些重要岗位的工作任务外包给其他外部人员来处理	自身能力在短期内无法提升至要求的水平时
标准化处理	将岗位工作细化、标准化，所有人只要按标准操作即可达成要求	岗前培训或在岗培训时

多样化的能力需求满足途径，同时也意味着员工能力不足并非只能通过指导培训来提升。从管理的角度来看，你可能需要考虑岗位拆分（如果岗位拆分既能够让不同的人胜任细分后的岗位，还能提升生产或服务的专业化程度，就更该如此），还可能要考虑自动化措施。这事实上表明，管理者首要的任务是确保业务程序和组织方式与人才现状相匹配。当然，即使进行岗位拆分、即使进行自动化处理，后期的指导培训工作也是需要的，只不过指导内容和指导强度发生了变化。

（3）能力调整。有多种情况可能发生岗位能力的变化，例如新知识、新产品、新工艺、新设备、新制造技术等的引入。对这些调整内容的动态管理也是能力管理的一项基本要求。例如新知识的引入需要更新任务理解能力的内容，新工艺、新设备需要更新技术运用能力的内容等等，这些内容的更新通常会引发进一步的指导培训活动，或者是人员的重新组织与安排。

2. 能力管理的目标

能力管理的目标可以概括为三项：为人力资源控制提供依据，为科学的任务分工提供依据，为针对性的培训指导提供依据。

（1）人力资源控制。一个企业的经营，一个团队的生产都必须考虑人力资源成本和效益，这就包括在既定的业务规模下需要多少人，每个人应当完成多少工作量，产生多大的价值。而能力是这些问题的主要变量。我们会发现，也许一个能力卓越的员工是其他员工的多倍产出，又或者让一个能力强的人带领其他人可以把团队规模大大压缩而产出反而增加。这些情况在企业中是十分普遍的，而且也是企业致力达成的状态。

辅助阅读 4—1　　企业管理中的二八律

二八定律又名 80/20 定律、帕累托法则（定律），也叫巴莱特定律、最省力的法则、不平衡原则等，被广泛应用于社会学及企业管理学等。1897 年，意大利经济学者帕累托偶然注意到 19 世纪英国人的财富和收益模式。在调查取样中，发现大部分的财富流向了少数人手里。同时，他还从早期的资料中发现，在其他的国家，都发现有这种微妙关系一再出现，而且在数学上呈现出一种稳定的关系。于是，帕累托从大量具体的事实中发现：社会上20%的人占有80%的社会财富，即：财富在人口中的分配是不平衡的。这个80/20定律被一再推而广之，例如20%的人成功，80%的人不成功；20%的人用脖子以上赚钱，80%的人用脖子以下赚钱；20%的人正面思考，80%的人负面思考；20%的人支配别人，80%的人受人支配。而在企业领域，通常一个企业80%的利润来自它20%的项目；也可以说团队中20%的人创造了80%的经济效益。企业需要关注那些最能创造效益的岗位、人员，并持续进行人才优化。

（2）科学的任务分工。由于能力管理将标识出企业岗位、岗位的能力需求，这事实上为管理者提供了判断一个员工是否能够胜任以及用什么方法促进胜任某一岗位的前提条件，因而能力管理事实上能够提供科学任务分工的依据，也应当实现这样的目标。

（3）针对性的培训指导。员工什么时候需要指导？什么情况下需要指导？或者，员工需要在哪些方面进行指导？这些问题同样需要通过能力管理来实现。这意味着，管理者首先需要知道每一个岗位需要什么样的能力才能够胜任，也意味着员工的实际水平与岗位胜任要求存在差距，后者通常是通过观察、试用、评估等人力资源工作来实现的。

能力管理与指导

总的来看，能力管理为人力资源规划、任务分工、科学的指导安排提供依据。而单纯从指导安排上来看，能力管理应当实现如下目标。

1. 能力管理实现的指导效能

恰当的能力管理首先要满足指导的动态性、及时性和针对性的要求。

（1）动态识别。员工能力状态并非一成不变的。在不同的时间点，为员工提供的指导内容应是有所不同的。而关键在于：现场管理者是否能够持续识别员工的能力状态。

（2）及时指导。现场指导时应考虑时机问题。如果指导时间延迟，人员能力迟迟不能得到提升，那么现场工作极可能因此延误，现场工作效率也会大打折扣。因此，在了解能力状态后要及时安排指导事宜。

（3）针对性指导。指导管理应针对人员的实际能力而实施。这种考量的重点应该是员工的能力短板，以弥补不足或进行能力提升为主。而且，对于不同的员工，其能力状态也存在差异，在安排指导时亦要注意因人而异，不可对所有人都采用同样的指导方法。

2. 能力管理与能力观察、跟踪

能力管理还存在着备忘录的性质和功能。一个科学的能力管理体系（特别是表格化呈现之后），可以随身在现场使用，随时记录操作人员的工作能力缺陷和不足，从而提供及时调整指导、培训工作的数据依据。当然，前提是，管理者在能力管理时必须将随时观察、记录、跟踪的习惯建立起来。

能力管理的通用模型

在企业广泛的实践中，人们发展了两种基本方法对员工的能力进行科学管理。其一是岗位胜任力素质模型，其二是技能矩阵。这两个管理方法（工具）广泛应用于人力资源管理的各个领域，例如晋升考核、岗位调整，它们对指导工作的意义也是显而易见的。

1. 岗位胜任力模型

岗位胜任力模型，就是个体为完成某项工作、达成某一绩效目标所应具备的系列不同能力、素质要素的组合。一个完整的岗位胜任力模型如图 4—1 所示。

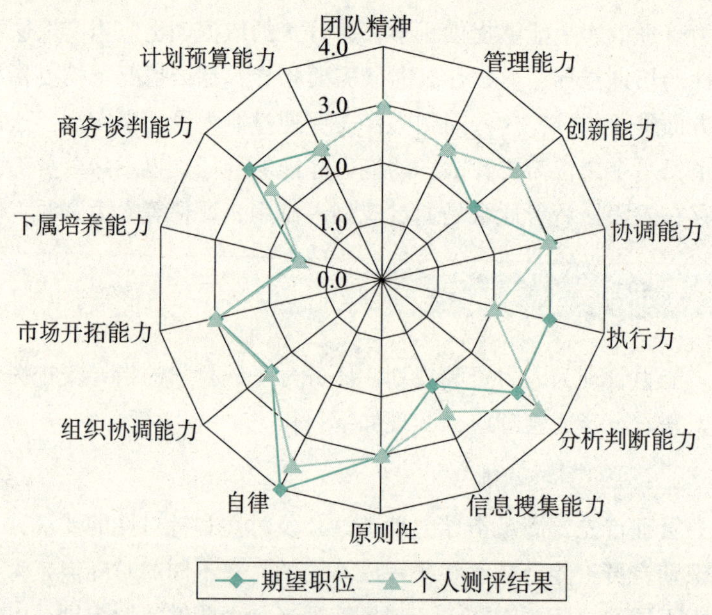

图 4—1　岗位胜任力模型示例

（1）能力水平参数。图 4—1 是一个中层管理干部岗位胜任力模型的示例。在这一示例中，标出了这一中层干部所需要的 14 项关键能力和素质。每一项能力（素质）分为 0.0/1.0/2.0/3.0/4.0 这五个不同的能力衡量参数。在实际运用中，这些数值参数是可以依据管理者的偏好来拟定的。但是原则上，会依据岗位的实际需求标示出最符合要求的能力程度，例如，4.0 级为“最佳状态”，0.0 级为“不掌握状态/不符合状态”。

（2）实际能力与能力需求。胜任力模型的关键是通过观察、测量发现企业对个人的能力期望与个人实际能力之间的匹配（或不匹配）状态。在示例图中，一般用红线代表企业对个人的能力期望，而用绿线代表实际的能力水平。

（3）岗位胜任力模型的特性。要特别注意的是，岗位胜任力模型是从最终能够完美地胜任某一岗位进行评估和测量的。我们从常识也知道，一个人最终是否能够完美胜任某一岗位可能是多种因素的综合结果，例如个人兴趣偏好、性格特质、道德品质等等，正是因为这样，所以岗位胜任力模型包含了“综合素质”的概念。

通常情况下，岗位胜任力模型从三个方面来测评一个人是否具备某一项能力/素质，即品质、技能、知识，并最终形成行为表现上的判断，如图 4—2 所示。

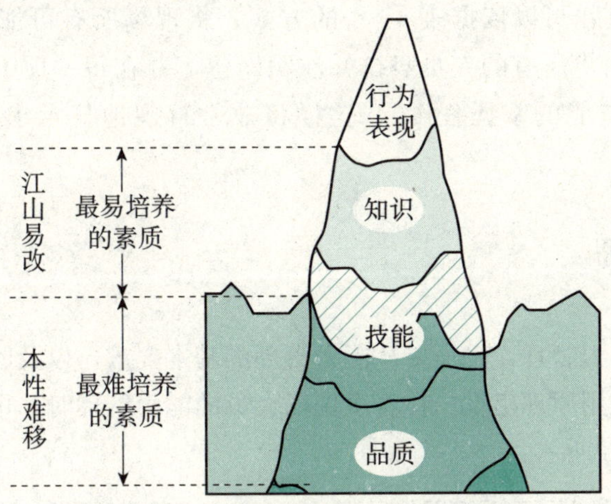

图 4—2 岗位胜任力模型关注的要素

品质是指个人的特质，如天分、才智或价值理念。品质作为深层的能力素质要求，渗透到个人的日常行为中，影响着个体对事物的判断和行动方式。但是，品质也是最难培养的部分，只能通过潜移默化的影响或企业文化教育的影响来完成。在管理上，对人的品质进行考察始终是一个重要的但也相对困难的问题。

技能和知识是可以较好地通过培养、指导来完成的。如前所述，技能是实际操作的能力，而知识是对事实本身的理解。

2. 技能矩阵

与岗位胜任力模型不同，技能矩阵关注的是员工实际操作能力，是在实际操作能力上针对性很强的管理工具，并不考察员工价值观之类的问题。确切地说，技能矩阵是一种团队建设工具，它以确保业务需求得到满足为前提，明确团队成员完成团队工作所需的知识技能和能力要求，通过盘点团队成员的实际水平与需求之间的差距，提出未来团队的培养发展建议，以及为未来人员配置提供依据，最终实现团队组合最优化的作用。技能矩阵模型如表 4—4 所示。

表 4—4　技能矩阵模型（缝纫车间）

人	岗 \ 技能项	裁切作业	缝纫作业	看板管理	设备维护	质量检测	问题改善
李想	质量	◔	◔	⊕	◕	⊕	⊕
王涛	剪裁	◕	◕	◑	◑	◕	●
刘芳	缝纫	◕	◕	◑	●	◑	⊕
赵阳	缝纫	◑	⊕	◕	●	◕	⊕
张强	配送	◔	◔	◑	●	◑	⊕

注：◔ 需培训　◑ 会操作　◕ 会点检　● 会调整　⊕ 会发现及处理问题

由于技能矩阵直观、易懂，而且主要是从技能要求的角度出发的，因而它常常被运用于企业现场指导培训以及人力资源管理培训工作中。现今大部分管理规范的企业，都试图建立企业全员的技能矩阵体系，其目的就是为培训指导提供切实的依据。

技能矩阵表的制作可以依据表 4—4 的方式，将现场所有可能涉及的技能项横排在表的第一栏中，而将所有的人员竖排并注明岗位，并在每一项中列明技能需求（是否需要这项技能、技能的掌握程度），这样将非常直观地显示出能力现状与需求的差距。

技能要领

现场操作人员能力管理，也需要从能力管理的基本要求，以及胜任力模型和技能矩阵这些管理工具的运用原理出发。在着手现场人员的能力管理时，可以依据下面的操作方式进行，如图 4—3 所示。

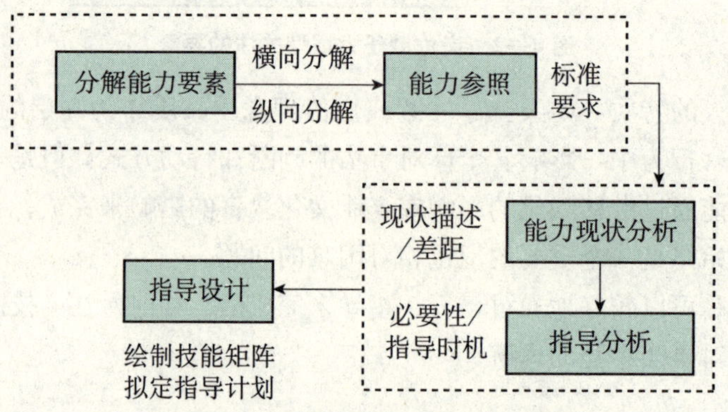

图 4—3　员工能力管理与指导安排

分解能力要素

要充分了解管理现场人员的工作能力，首先就必须把一个现场所有的岗位工作进行能力分解，并落实到每一个人员和岗位上，形成前面所说的能力结构、技能项。能力分解就是对现场人员能力需求进行细化说明的过程。

1. 横向与纵向分解

分解能力要素可以从横向和纵向两个维度上进行。

（1）横向分解。横向是对综合能力类别、能力覆盖的业务领域等进行细分。按综合能力类别细分，可以分为业务操作能力、组织与协调能力、培训指导能力、学习能力等等；按能力覆盖的业务领域细分，可以将同一业务，按照作业环节进行细分，比如某炼钢生产线有精炼、成型、精制、检查等环节，那么便可以对应精炼能力、成型能力、精制能力、检查能力等进行分解。

（2）纵向分解。纵向分解是对能力等级进行细分。通常，将其分为 3～5 个等级，也有规模较大的企业或业务较复杂的现场，会将其分为更多等级。仍以炼钢生产线“精炼”环节为例，便可细分为精炼特级、精炼一级、精炼二级……

2. 形成系统的岗位能力结构

这一步是要形成类似于前面“表 4—2 销售人员能力结构示例”的岗位能力结构说明。实际操作中要考虑整个现场业务活动的能力岗位以及单一岗位的能力结构。换言之，要科学地区分出现场的岗位，同时对每一个岗位的技能结构进行结构化处理。在结构化处理时，可以采用岗位胜任力模型的工具化处理方式。

在进行能力分解时，要奉行“规范性、系统性”原则，避免能力要求缺省、遗漏，进而导致员工能力管理覆盖不足，现场指导效果不佳。

能力参照

在不同的能力要素和技能项中，每一项技能达到什么样的状态算是合格的，更明确地说，“精炼二级”、“精练一级”分别代表着什么样的水平，具有哪些标准性的衡量方式，所谓能力参照就是指某一项能力对应的标准衡量方式。

标准是评估能力状态的参照物。当标准设定后，现场管理者可以更容易、更客观地判断员工的当下能力状态。这也要求能力标准描述必须具备客观、具体化、可参照的特征，任何具有主观色彩、笼统、宽泛的标准描述都是难以发挥参照作用的。至于标准的设计，很明显，它从能力分解而来（通常与任务分解也有很强的联系，见本章单元二），是对能力分解结果的进一步细化说明。参见表 4—5 的内容示例。

表 4—5　示例：汽车业员工操作能力标准说明——填灰及研磨工序

名称	填灰及研磨工序	编号	××××××××××	技能级别	普通技工
应用范围	在车身喷漆车间，按照工作指示或汽车制造商维修手册的指引，进行填灰与研磨工序。				
能力细分要求与标准					
能力项 1：填灰用料及研磨器材的认识 ● 了解填灰用料的成分及特性 ● 了解研磨器材的功用及操作守则 ● 了解干磨与湿磨的特性及优缺点 ● 了解清洁剂及化学品安全数据表（MSDS）内容，包括防护措施 能力项 2：执行填灰与研磨工序 ● 正确使用适当的个人防护装备 ● 按照环保法规及要求进行各项工序 ● 执行已确定的有关危险品、污染物及化学废物的工作指引，并根据化学废物产生者作业守则处理及弃置 ● 审察工作场地情况，进行填灰、干磨及湿磨工序，并能使物料消耗减至最低 ● 产生污水的工序须遵照水污染管制条例牌照的排放污水标准，同时控制清洁剂及化学品的使用量					

- 按照工作指示、产品制造商指引及职安健环条例，完成工序
- 在完成填灰及研磨工序后，进行检查，确保达到可进行喷漆工序的要求

综合能力表现要求
此能力项的综合成效要求为： （1）能够按照工作指示、汽车制造商手册指引及职安健环条例，有效地进行填灰及研磨； （2）能够在完成填灰及研磨工序后，进行检查，确保达到可进行喷漆工序的要求。
备注：此能力项已经假设该人士拥有处理化学品及操作一般研磨的工具及仪器的知识。如缺失，则需要另行安排培训学习。

能力现状分析

能力现状分析是指对现有员工与相关能力要求进行比较后，得出的现状描述及与能力需求之间的匹配程度说明。

1. 现状描述

在描述现状时，经常会从单一技能的掌握情况进行分类处理。表 4—6 展现了这个分类处理的基本内容。

表 4—6　能力现状分析与描述

分级	描述	处理方法
一级	不知理论，也不会操作	全面培训教育
二级	理论合格，不能独立操作	操作练习
三级	能够独立操作，但需要提供指导	针对性指导
四级	完全独立操作	提升创新、改善指导
五级	全面掌握，可以指导别人	提出创新要求

2. 差距标示

对那些技能不足、能力无法满足业务需求的人进行能力差距的标示是关键的要求。差距标示的目的是为了保障现场指导的针对性和实效性。它是通过观察、测试等手段，来判断员工能力现状与标准要求之间的差距。为便于管理，现场管理者可以结合前面设计的标准，来确认实际能力和标准之间的差距。理论上说，这并不是难事。所以，本步骤的难点便落到了真实能力信息的收集上。

为了保障能力信息的真实、全面，现场管理者可以采取现时观察、业绩跟踪、能力专项测试等手段来获取信息。对于每一种手段，其实施时的重点也是有所不同的。

（1）现时观察模式。其实施是为了获得员工自然工作状态，现场管理者要隐藏自己的目标性，以免员工因有人观察而精神紧张，进而影响了水平发挥。现时观察仅能作为

参照依据，不能作为单一的判断依据。

(2) 业绩跟踪模式。这主要是通过业绩报表、工艺跟踪卡、质量审查表等介质，来确认员工的工作效率与效能。正常情况下，各现场单位都有预定的工作计划表，可与之对照，得出差距判断结果。

(3) 能力专项测试模式。通常会安排专门场所，参加测试的员工按照要求进行业务操作，然后由数位测评人员进行能力评价、分值权重计算，最终得出总分，以对应其能力等级。

指导分析

指导分析别聚焦于一个问题：是否需要安排现场指导？这个问题通常是从两个角度考虑，一是是否需要指导这项能力，一是是否需要立即进行指导。其目的是对指导进行一个初步的判断。

1. 指导的必要性

“是否需要指导这项能力？”从经济角度来讲，现场指导需要耗费一定的资源、成本。作为现场管理者，要考虑在实施现场指导时企业和个人所需要耗费多少成本，这些成本不仅限于资源使用上的成本、可能出现的浪费成本，也包括机会成本。同时，也要考虑：如果换一种方法，是否能够解决这些问题？是否能够节约成本支出？例如，是否可以通过不同人的分工协作来应对能力不足的问题？综合考虑这些问题是必不可少的。对那些确有必要、必须指导的人员和工作技能要标示出来。

2. 指导时机

“是否需要马上进行指导？”是一个时间概念，是对当下能力状态与未来能力发展趋势进行比照，考察的是员工们的某些能力方面是否迫切需要实施现场指导。现场管理者要准确预测：如果将该指导延期到未来某个时期，是否会对当下工作情况和未来需求满足造成负面影响。

如果答案是否定的，那么这项指导就是不需落实的，我们的技能培训活动便可以停止了；但如果答案是肯定的，企业现在迫切需要实施现场指导，那么现场管理者即需确定现场指导的具体时间。

指导设计

当所有能力及需求状况都了解清楚后，现场管理者即可生成总结规划性表单，以便组织安排现场指导时使用。事实上，这也到了能力管理的后续阶段。

在这个阶段中，现场管理者要形成一个成果：《工作技能指导培训规划表》。从外观形式上来说，它是在能力矩阵的基础上，纳入指导规划的内容。操作上，可以将技能矩阵表作为首页，而将每项需要培养的技能和对应的人员都按照表 4—7（技能矩阵附表）

的方式统计出来，并进行管理。

表 4—7　　技能训练指导规划附表模式

附表 1：单项技能指导培训规划表			
技能项：	×××设备使用方法	岗位/部门	生产部×××岗位；质检部×××岗位；维修部××××岗位
能力标准（准备使用方法讲解书）：			
接受培训人员名单			

指导人员		指导时间	
指导地点		指导方式	
检查方式		学习进度	

行动练习

接下来，我们以高级中餐厅的配菜员来练习能力管理的相关工作。

【练习说明】

假设一家高级中餐厅的后厨主管急需一名高级配菜员，这名配菜员的工作就包括：管理切菜、给厨师配料、菜出锅后的配式样三项工作。现在他们希望从内部培养一名员工来做这项工作。我们能给这个后厨主管在培训内容上提供什么帮助？

步骤 1：设定能力要求是能力管理的基础。所以，首先应设计一份高级配菜员的岗位能力说明书。

____

____

关于岗位能力说明书的设计方法，在前文中已有说明。在这里，控制重点应放在学生是否能够搜集相关资料，而后模仿前面的模板来设计一份岗位说明书，保障该岗位说明书的可用性。高级配菜员岗位能力说明书如表 4—8 所示。

表 4—8　　高级配菜员岗位能力说明书

岗位	高级配菜员	部门	厨房	入职要求	高中及以上同等学力
说明：经过一个月培训，能够具备以下能力者可胜任。					
能力项 1：切菜（烹饪前）					

细分项	说明	有无标准指导文件	掌握要求
食材质量检查	快速检查菜品清洁度、新鲜度	切菜规程	深入运用
食材数量预估	预估当日食材准备数量	切菜规程	深入运用
原料裁切	食材裁切形状大小适宜	切菜规程	深入运用

能力项 2：配料（烹饪前）

细分项	说明	有无标准指导文件	掌握要求
搭配方式	根据菜品配备对应品类和数量的已裁切食材	配料规程	深入运用
搭配速度	在规定时间内准备好所有配料	配料规程	深入运用
配料放置	定位放置、摆放整齐安全、便于取用	配料规程	深入运用

能力项 3：配式样（出锅后）

细分项	说明	有无标准指导文件	掌握要求
餐具准备	餐具大小适宜，留有配式空间	式样参照	深入运用
配式物准备	灵活选用配式物品种类，保证美观	式样参照	深入运用
配色配型	根据菜品颜色、形状搭配对应的装饰	式样参照	深入运用

步骤 2：你会如何进行能力调查？如何进行能力资料汇总？

人员能力现状是能力培训的前提。老师应确认学生是否认识到能力调查的重要性，并能够结合人员能力现状进行信息汇总，生成能力矩阵。在这个步骤中，重点是如何设定标准来保证技能评估的可操作性，以及如何保障技能信息的真实性。表 4—9 是可参照的一份技能矩阵表。

表 4—9　　高级配菜员技能矩阵表

技能项 / 人员	菜品检查	原料裁切	食材搭配	食材放置	配式准备	配色配型
王一	◷	◷	⊕	◑	◔	◔
郭二	◑	◑	◔	◔	◑	◷
张三	◑	◑	◔	◕	◔	◑
李四	◔	⊕	◑	◕	◑	◔
周五	◷	◷	◔	◕	◑	◔

注：◷ 需培训　◔ 简单操作　◑ 会操作但不深入　◕ 操作熟练但不会创新　⊕ 会操作、有创意且能够指导他人

步骤 3：设计能力培训计划。

能力培训计划应围绕每个人的当下状态分别进行，最忌讳的是采取“一刀切”模式。在这个步骤中，老师应观察学生设计的培训计划是否是围绕配菜员的能力方面，是否对此有足够的考量。表 4—10 是以单向技能培训为例的能力培训计划，学生可以参照其进行培训计划制定的练习。

表 4—10　　切菜技能指导培训规划表

<table>
<tr><td>技能项</td><td>原料裁切</td><td>岗位/部门</td><td>配料员</td></tr>
<tr><td colspan="4">【能力标准】（准备使用方法讲解书）：</td></tr>
<tr><td colspan="4">【能力指导过程】
针对每个人当下能力状态的差异，在指导示范过程中要有重点地指出技能要点，以提示其记忆。</td></tr>
<tr><td colspan="4">接受培训人员名单：
王一、郭二、张三、周五</td></tr>
<tr><td>指导人员</td><td>赵七</td><td>指导时间</td><td>2014.12.7</td></tr>
<tr><td>指导地点</td><td>大厨房</td><td>指导方式</td><td>现场演示＋现场练习</td></tr>
<tr><td>检查方式</td><td>即时观察</td><td>学习进度</td><td>进入会操作阶段</td></tr>
</table>

学习拓展

能力需求的满足是现场指导的出发点，现场管理者应建立这一认知。很多现场指导实践之所以流于泛泛、劳民伤财但却成效不大，其在很大程度上是管理者对此认识的不足而导致的。

事实上，每个现场指导工作的开展，都应是契合员工能力状态和培养需求的，这样才能保障现场指导的有效性，且将培训成本控制到最佳水平。然而，在此前，很多的现场管理者虽然认识到这一点，但是在实践中往往无法将个体能力需求与针对性指导计划有效关联在一起，也就是说：能力状态、岗位需求以及二者之间的真实差距，并不为管理者所清晰掌握，自然也始终无法采用最为恰当的方法对其能力进行调控。

若要改变这种控制不力的局面，就要求现场管理者：考虑能力现状与岗位需求的衔接，在制定《岗位说明书》和《能力矩阵》的过程中，界定能力现状与岗位需求之间的差距。唯有明确了能力差距，并在此基础上去进行指导设计，其后期的现场指导实践才会有切实收获。

单元二　任务分解

概念理解

任务分解是对工作任务实施过程进行深入的分析和系统的研究，并形成一套标准化的任务实施和操作程序。任务分解最终会形成一套规范化文本（《任务分解书》），用以规范任务执行程序与要求。通常，任务分解被归为任务分配、标准化管理等管理工作的前置阶段，同时，它也是现场指导和任务实施的规范化控制手段。

观念探析

请理解下面这两句话的含义。

观念 1：任务分解是对整个任务操作过程的科学化、经济化、精细化设计。

观念 2：不深入研究任务的指导与不深入工作现场的指挥对企业都是危害。

情境讨论

指导写字和指导烧菜的共同点

有人说，每一种事务的操作过程都是不同的，所以工作指导的过程也是不同的。真的是这样吗？现在，假设管理者指导他人写字，管理者需要怎么做呢？先将字的笔画一一分解开来。以写“大”为例，其顺序为：先写横→再写撇→最后写捺。管理者要告诉书写者如何按顺序书写，以及让字写得漂亮的技巧。

管理者再假设指导别人做一道菜：红烧肉。在指导之前，管理者必须厘清制作红烧肉的基本步骤：五花肉切块→用烧开的热水煮至发白→锅内放油加热→放入酱油、糖等调料，烧至有小气泡出现→将五花肉放入炒制→加热水，焖烧→待五花肉软烂、汁液熬干后，出锅装盘。当然，管理者不仅要告诉烧菜者每个步骤的顺序，还要阐明每个步骤的技巧，这样才能让这道菜色香味俱全地上桌。

毫无疑问，写字和烧菜的过程是截然不同的。但是，其指导过程却存在着共通性，就是：管理者需要参照操作程序与要求来讲解，如果管理者不参照这些程序或提供的程序和要求是错误的，那么最终的指导效果必然与预期目标不符合。而这套操作程序与要求又是如何形成的呢？这就是管理者要讲的重点：任务分解。

知识学习

能力管理为我们描述了企业的员工需要掌握什么样的工作技能，也让我们知晓了技能要有标准，应该尽最大努力实现能力的标准化。但是，能力管理原则上只是描述了员工能力的不足和能力的需求。为员工进行科学的工作指导，仍有必要研究每一项工作的标准操作程序。完成这一步的工作结果与我们前面所说“技能矩阵”中的“表 4—7 技能训练指导规划附表模式”指向同一种指导要求。

在现代企业中，生产一件产品的工序是复杂、多样的。每一项工作都可能存在各种不同的工序，而每一个工序又可能存在着多个方面的标准操作方法。在这样的复杂活动中，如果过于笼统地进行现场指导，很容易导致人们在落实工作时不够明确，进而导致工作落实效果不理想。这正是任务分解存在的必要性所在。

任务分解的概念

传统意义上的任务分解是将一个大任务分解为若干个小任务后，将工作责任分配至个人，从本质上来说是对任务内容、责任和任务目标的分解与分配。而这里阐述的“任务分解”则是将工作任务的落实过程进行分解、拆分，以便于各任务执行者（员工或一线管理者）的落实，它更强调对任务操作程序的细分。二者之间有着极大的不同，前者是为了责任落实和目标实现，属于一种组织方式；后者是为了规范执行和指导工作的开展，属于一种工作方法。

辅助阅读 4—2

科学管理与任务分解

科学管理主张通过细分工作流程，寻找最优（省时省力）的工作方法，以实现劳动效率的最大化。而在科学管理理论中，隐含着一个关键点：个人的作业控制。它关注的是如何提高员工的生产效能。在这方面，科学管理理论开发了一套科学的工作测量方法和测量体系。而在此之前，企业必须打好一个基础，就是：对单个工作任务进行合理地操作分解。

为此，英国人查尔斯·巴贝奇制定了一种“观察制造业的方法”，即观察者进行观察时通过一种印好的标准提问表，来收集有关工作的各种信息，并以此对工作进行分解。而标准提问表包括的项目有：生产所用的材料、工具、技术、工作周期的长度等等问题，通过收集的材料信息来分析分解工作。

再后来，人们在其基础上进行了更为细化的作业分解研究，比如：程序分析法、人机操作分析法、动作研究法等等。

任务分解对象

任何一个科学的任务分解活动，都必须解决三个现实性问题：做什么？怎么做？谁来做？与这三个问题对应的便是任务分解的三方面内容：实施过程、细节标准、责任关系。换言之，任务分解的内容必须力求将以上的这三个问题切实解决好，否则就是一个不够严谨的任务分解过程。

1. 实施过程

实施过程是指做一件事时从开始到结束的整个过程。实施过程由若干个环节构成，把握住这些环节，厘清任务实施的过程顺序，对把握作业全局有着不可小觑的作用。

需要注意的是，并非简单将实施过程拆分开来即可，理想的任务分解还需要考虑任务实施过程设计的经济性、有效性。这就需要对实施过程中的各项实施内容进行动素界定，然后对其加以完善，使整个过程和环节设计不存在动作冗余、无效等方面的浪费。

说到这里，管理者必须弄清楚动素是什么。动素是指人体不能再分割的基本动作，是动作划分的基本单位，是组成动作的基本要素。动素一般分为18种，如表4—11所示。至于动素的性质，通常有三种类型划分：有效动素、辅助动素和无效动素。

表4—11　　18种动素的定义

动素定义					分类	A. 工作有效推进的动作 B. 造成工作延迟的动作 C. 动作本身不能推进作业
NO.	名称	英文缩写	符号	符号说明	分类	定义
1	伸手	T E		手中无物的形状	A	空手移动，伸向目标，又称空运
2	握取	Grasp		手握物品的形状	A	手或身体的某些部位充分控制物体
3	移物	T L		手中放有物品的形状	A	手或身体的某些部位移动物品的动作，又称实运
4	装配	Assemble		装配的形状	A	将零部件组合成一件物品动作
5	拆卸	Disassemble		从装配物拆离物品的形状	A	将装配物进行分离和拆解的动作
6	使用	Use		Use的U字形	A	利用器具或装置所做的动作，称使用或应用
7	放手	R L		从手中掉下物品的形状	A	握取的相反动作，放开控制物的动作
8	检查	Inspect		透镜的形状	B	将目的物与基准进行品质、数量的比较的动作
9	寻找	Search		眼睛寻求物品的形状	B	通过五官找寻物体的动作
10	发现	Find		找到物品的眼睛形状	B	发现寻找目的物的瞬间动作
11	选择	Select	→	指定选择物箭头形状	B	多个物品中选择需要物品的五官动作
12	计划	Plan		手放头部思考的形状	B	作业中决定下一步工作的思考与计划
13	预定位	P-P	8	透镜的形状	B	物体定位前先将物体定置到预定位置，又称预定
14	定位	Position	9	物品放在手前端形状	B	以将物体放置于所需正确位置为目的而进行的动作

续前表

NO.	名称	英文缩写	符号	符号说明	分类	定义
15	持住	Hold		磁石吸住物体形状	C	手握物品保持静止状态，又称拿住
16	休息	Rest		人坐于椅上形状	C	为消除疲劳而停止工作的状态
17	迟延	U D		人倒下的形态	C	不可避免的停顿
18	故延	A D		人睡觉的形状	C	可以避免的停顿

（1）有效动素。伸手、握取、移物、装配、拆卸、使用、放手，这些都是完成作业所必需的动作要素，直接使物料或物品发生物理和化学变化。这类动素只能设法使它的时间缩短，不能删除。

（2）辅助动素。检查、寻找、发现、选择、计划、预定位、定位等是为完成作业动素而必需的动素，它们将会延缓动素的实施，任务执行时间会消耗过多，降低了任务操作效率。对这类动素，管理者要尽量删除或将之减少到最低限度。

（3）无效动素。持住、休息、延迟、故延，这些是对任务进行无任何作用的动作，在任务分解的第一个环节中，要努力删除此类动素。

辅助阅读 4—3　　吉尔布雷思：任务分解的起源

任务分解研究的先驱中有一位名叫弗兰克·吉尔布雷思的人，他最初的尝试是对动作的研究，而这种动作研究最初又是始于对建筑工人砌砖动作的研究。

在建筑工人砌砖过程当中，他发现：工人们砌砖的速度快慢不一，动作也各不相同。于是，他仔细观察砌砖工人在工作中的各种动作模式，探索究竟哪种动作模式是效率最高的。在此基础上，再根据工人使用的工具和所做的工作对动作进行进一步研究，并制定了一种改进的工作方法。

例如，在砌内层砖时，把动作从 18 个减少到 2 个；砌外层砖时，把动作从 18 个减少到 4.5 个。使每个工人在一小时内的砌砖数从 120 块增加到 350 块。他还调制了一种有精确浓度的石灰浆，使工人在砌砖时不必用泥刀涂抹；还设计出一种可以调整的支架，使工人不必像往常那样弯腰取砖。

弗兰克·吉尔布雷思通过对工人的动作进行科学地分析和研究，制定出了有效而且省时间的砌砖方法。这便是任务分解的最初实施以及任务分解成果的早期应用。

2. 细节标准

细节标准的价值，体现为对任务实施效果的约束性和控制力。通常，细节标准会纳入时间、质量、数量、安全四方面内容，是现场管理的目标要求在各个细节中的体现。

（1）时间标准。它是指从事某件动作行为的时间周期或截止期限，包括期限、天数、及时性、推出新产品的周期及服务时间等。

(2) 质量标准。它是产品或服务创造、检验和评定质量的技术依据，或某一事物/某项工作应该达到的水平，包括：强度、硬度、准确性、满意度、通过率、达标率、创新性及投诉率等。

(3) 数量标准。它是指工作的多少和长短，包括：完成工作项目的数量、产量、次数、频率、销售额、利润率及客户保持率等。

(4) 安全标准。它是从安全保障角度出发而设计的标准，可分为作业安全和产品安全标准。安全标准通常借由时间标准、质量标准、数量标准表达出来。

辅助阅读 4—4 **细节标准的示例**

细节标准：在进行2人以上的小组作业时，要不断地边发信号，边确认，边进行作业，且在30秒内完成作业。

其中，“2人”属于数量标准；“不断地边发信号，边确认，边进行作业”，这是确保作业过程安全与作业质量的标准（多人作业时要彼此了解对方的生产进度或生产情况，才方便自己作业，同时也可以避免某一方误操作、伤到另一方）；而“30秒内完成”则是时间方面的标准要求。

简言之，设定细节标准时要以最终任务实施结果为目标，这在任务分解过程中是一个非常重要的环节。

3. 责任关系

责任关系是指与某项工作执行相关的责任人。界定责任关系的目的在于指定明确、具体的指导对象，以对其进行针对性指导，避免现场指导一刀切的问题出现；同时，在出现作业异常后，明确的责任关系亦有助于进行责任追溯，这是责任关系界定的两大价值表现。

责任关系中所涉及的关系对象包括：

(1) 主要操作者。是指负责任务执行的人员。在责任关系界定时，应将每个岗位或环节的负责人一一明确，切忌存在责任混淆或责任分散的问题。

(2) 任务协调者。是指在落实某个环节时，任务主操作者进行沟通、协调、确认的对象。

(3) 支持提供者。是指主操作者遇到问题时可以获得各方面资源支持和帮助的对象。

通过任务分解的人员界定，对于责任落实、协调资源的掌握度和利用率具有极大的裨益。

辅助阅读 4—5 **权责明确与权责壁垒**

任何现场中，如果没有针对某件事而指派责任人，那么现场人员的责任感往往极弱，面对困难或遇到责任时亦会退缩。因为人们往往期望别人多承担点儿责任。这是责任分散的最大弊端。为了消除这个弊端，现场管理者必须针对个体来界定权责。

然而，过度追求个体权责的明确性，又可能造成权责壁垒的出现——人们只专注于个体责任，对其他人的事务不闻不问。这种丧失了互助氛围的现场，必然因氛围冷漠而使得现场运作僵化。

故而，在现场管理时必须考虑任务与责任人员的匹配，以及如何让现场责任人之间协调的问题，实现责任平衡共赢是保障现场正常运作的核心所在。

任务分解的目标

任务分解必须达成两大目标：一是分解结果符合 SMART 原则；二是最终生成规范化成果，以作为标准化执行时的参照。

1. 分解结果符合 SMART 原则

关于任务分解行为的设计，完全可以参照 SMART 原则来进行，即：明确性（Specific）、可衡量性（Measurable）、可达性（Attainable）、相关性（Relevant）、时限性（Time-based）。

（1）明确性。明确性是指弄清楚要做的事情以及事情运作的过程。通俗地说，现场管理者需要厘清两个问题：任务是什么？步骤有哪些？而在给出这两个问题的答案时，要注意陈述语言的言之有物、全面、准确、系统，没有信息上的缺漏或失实。

（2）可衡量性。可衡量性是指对任务行为的要求设定数量化表达模式，而验证这些指标的数据或者信息则应是可以获得的。比如，前文提及的质量要求、数量要求，这些数据信息都是具体可查的。

（3）可达性。可达性是指任务分解必须达到员工们可以看明白、可以操作实现的程度，否则最终很难取得指导效果。

（4）相关性。相关性是指任务分解是与任务执行结果、现场指导工作相关的。比如，任务分解到这个程度是否必要，分解后的结果是便于学员观察和学习的等等。

（5）时限性。时限性是指整个任务操作的时间要求以及单个节点的时间要求。任务实施的时限可能会给作业质量、作业效率、作业成本等带来极大的影响。

2. 生成规范化成果

任务分解必须形成规范可见的成果，如此才便于实施规范化、稳定化、经济化指导。通常，可形成的规范化成果有以下两类形式表现：

（1）“文字＋图片”形式。通常这种形式会生成《任务分解表》或 sop 等文件。如设计这种表现形式的成果，需做到：语言文字简明易懂，文字篇幅适宜；图片清晰，能够圆满展现必要的环节特征，比较形象化。

（2）“教学视频”形式。教学视频的可视性较强，更便于人们理解。在录制教学视频时，要注意视频展示内容的清晰度、对任务动作作清晰的拆分以及在展现某个动作要点时做必要的停顿，以保障指导学习时的效果。

辅助阅读 4—6　　**大型企业生产工序的标准化操作手册**

很多中小型企业中存在着这类问题：老员工离职后，他会将所有已发生问题的处理方法、作业技巧等装在脑子里一起带走，而新员工可能重复遭遇以前的问题而慌乱应对；即便老员工在职时悉心传授，但由于工作指导时较为随性，想到哪里指导哪里，其指导结果的一致性便很难保证。从根源上来讲，这便是标准化不足所致的。

一些大型企业已然发现了这个问题，于是，他们决定对工作指导的内容形式予以规范固化，并设计了一系列的标准化操作手册（如规程、规定、规则、要领等）。由于这些标准化操作手册中将任务内容进行了细化分解，每一个作业人员只需按之学习，便可习得这些规范的操作要求，并轻松获得相同或相似的操作结果。这也恰恰是规范化成果的功用所在。

任务分解的功能

作为一种管理活动，精准、严谨、规范的作业分解对现场指导发挥着不可估量的价值功能。这种功能通常体现为三个方面：规范指导工作、便于员工理解、保障指导效果。

1. 规范指导工作

在现场指导工作开始之前，现场管理者必须确保指导内容是精准、细致的，这样他们才能确保其向员工传递的信息是精准的，其传递信息的过程是规范的。而准确的任务分解恰恰是帮助现场管理者实现规范指导的重要资料。

2. 便于员工理解

对于员工而言，笼统宽泛的任务操作只能使其大致了解操作过程，在具体细节上的把握必然存在不同程度的欠缺或不足。为了使员工能够更系统、全面地理解任务实施的过程，并快速而轻松地理解实现任务目标的细节要求和诀窍，作业分解必须是细化、分层的，且不超出员工的理解范畴。

3. 保障指导效果

任务分解不仅从管理者指导行为和员工学习行为过程进行了规范和要求，而且从现场管理效果的角度，考虑了控制指导结果的技巧方法。任务分解的核心在于研究分析人们在进行各种工作操作时之细微动作、动作实施要点，以及动作实施与目标实现之间的关联。任务分解的科学性和严谨性，是保障现场指导和工作实施的效果的最佳控制点。

技能要领

任务分解可以通过四大步骤进行，这些步骤构成了图 4—4 所示的逻辑图。

基本逻辑	初步分解 →	进一步细分 →	内容合成与描述 →	形式化呈现
四大步骤	1. 实施过程划分	2. 细节标准设定	3. 内容描述	4. 版本设计
行为性质 行为目标	分解行为 界定实体内容		结果生成 形成可见版本	

图 4—4　任务分解逻辑图

实施过程划分

划分实施过程是任务分解的第一步，其核心是将任务实施过程中的动作进行初步拆分。在此环节，操作的重点不是拆分本身，而是在拆分时需要考虑哪些因素。通常需要考虑的是：分解与作业的关联性；动作的经济性和重要性。

（1）主要步骤是在实际中边作业边决定的。如果凭想象进行作业分解，可能会遗漏，或是加入想象中的动作，这样就不能做出完整的作业分解。

（2）拆分后的动作必须是实施时的主要步骤。此时，管理者可以实际去做一段作业，然后停下来考虑：现在所做的是作业的主要程序、段落吗？是否存在多余的段落？从顺序上看，是否存在某些作业资源或成本的浪费？

辅助阅读 4—7　　范仲淹办书院教写作

范仲淹是北宋著名的教育家。他对学生教育管理非常严格，并处处以身作则。每次教学生写文章前，他总是先按照命题自己作一篇，感受一下题目的难度、论说的范围。在确认自己心中有数后，再去指导学生，因而他的学生进步极快。

实践证明，在教育前进行深入研究是一种有效的教育方法。在许多现场中，不少管理者尚未能深入研究任务过程，便盲目指导员工运作；或者未曾了解现场情况，便随意下达工作指令，这种盲目和随意常常致使现场指导过程的可控性不足。一旦出现异常或员工提出疑问，管理者往往无法给出有效的应答，现场指导也会因此失利。

细节标准设定

就任何工作来说，其中绝大部分都很容易学会，较难的地方或需要技能的地方大约仅占 5%至 10%。而这 5%至 10%就是管理者需要设定细节标准的地方。在任务分解逻辑上，细节标准设定是对主要步骤的进一步细分。细分程度如何直接关系着各个步骤的落实效果，进而影响整个任务的最终实现程度。

细节标准的设定，应以便于有效落实为核心原则。在 TWI 管理中，人们为细节标准设计了多种条件。也就是说，要考虑这些标准是否是基于这些条件而做出的考虑。这些条件包括：

（1）成败。有没有影响工作质量成败的事项？

（2）安全。有没有使员工遭受危险的安全事项？

（3）易做。有没有方便作业易行的事项？

只要符合这些条件，那么管理者设定的便是围绕主要步骤的细节标准了。

此外，即使是对同样的作业进行指导，也要考虑到员工的经验能力程度，故要在此基础上对主要步骤进行划分，并确认分解至何种程度。

内容描述

将主要步骤与细节标准厘清并加以合并后，即可选择合适的形式，进行内容描述了。内容描述是为了让人们更容易理解任务实施的系统与细节要求，进而快速掌握某项技能。故而在内容描述时也要以满足这一目标为原则。为此，需做到以下四点：

（1）内容全面。在描述之初，必须确保主要步骤与细节标准都被囊括在内。任何环节遗漏都会导致作业实施时出现失误进而影响作业效果。

（2）次序明确。当一个主要的步骤中有几个细节标准时，按在该作业中选定细节标准的顺序，记入序号。如果一个主要步骤中有 4～5 个细节标准，要尽可能把这个主要步骤再分成几个步骤。

（3）语言具体、肯定。不使用抽象的语言（例如，准确地、正确地、充分地等），而要具体表达（如，如下例所示，怎么做才可靠，怎么做才恰当）。同时，也不要用否定型的表现方式。如不宜记入“不要……”，而要使用“这样做”的清晰表现形式。

（4）符号专业。对简单的情况，可使用符号来表示，如垂直可用“⊥”，平行可用“//”等；难用语言来表现时（如手感、色调、声音等），可用简洁的语言表达后，再用括号括起来，如：（感觉）、（听）、（触摸）。

在内容描述过程中，除了语言描述外，也要注意形式感的设计。通常，灵活、多样、清晰的形式，比满纸文字的形式更容易被人们理解和接受。

版本设计

上述三个环节是设计《任务分解书》的基本逻辑。不过，在现场管理中，并非只有一个版本就可以满足一切需求。在设计时，也要因人而异、因地而异。

比如，由于员工能力不同，那么他们所需分解书的实质内容也会有所差异。这时，需要为之提供不同的版本：对能力强的员工提供简化版的版本，以及详解任务操作背后的管理逻辑；对能力弱或刚入职的员工提供实操版本，只需提供“阐明如何做”的版本，过度解析背后的逻辑有时可能反而给他们带来困扰。

此外，根据不同的应用环境，来设计不同的应用版本。课堂或现场培训时使用的版本，应符合精细化、可参照的要求；而在任务执行期间，为便于随时查阅，员工需要的版本则应符合简单化、便携式的要求。

行动练习

接下来，我们以某酒店培训洗碗工来练习任务分解的相关工作。

【练习说明】

假设你是一名酒店清洗部主管，现在你即将培训一批洗碗工。在培训工作开展之前，你会如何进行任务分解？

【洗碗作业流程】

① 把碗盘内的残留食物，用抹布刮到垃圾桶内；

② 将碗盘放入洗涤池中，逐一擦洗；

③ 将碗盘放入清水池（1）中漂洗；

④ 将碗盘放入消毒池中浸泡；

⑤ 将碗盘放入清水池（2）中漂洗；

⑥ 将碗盘放入消毒柜中。

步骤 1：请说出洗碗的基本步骤。

____

____

设定关键程序的重点是抓关键步骤。如洗碗过程即可划分为五个基本步骤：一刮、二洗、三过、四消毒、五清洁。通过这样以关键点为介质对整个洗碗过程进行划分，将非常便于人们记忆洗碗的程序。

步骤 2：请说出各个步骤的细节标准。

____

____

关于细节标准的设定要求，在技能要领部分已有介绍。这里需要重点注意的是，学生是否会从细节标准的角度——“做到什么程度算为合格？”，去关注实施步骤。比如，学生是否能够关注到以下问题：①洗涤剂分别按多大比例投放？②洗碗时只擦里面就可以了吗？要不要擦外面和底部？③清水池在什么状态下或多长时间需要换水？④应按多大比例投放消毒水？⑤洗净的碗需在消毒水中浸泡多久？⑥在消毒柜中消毒多长时间？

在这个过程中，老师们要引导学生尽可能全面细致地思考类似的问题，从而将洗碗细节标准设计到位。

步骤 3：现在请设计一份《任务分解书》。

本练习旨在让大家敢于设计、规范设计、灵活设计，具体可采用比赛和讨论形式。《任务分解书》形式是多种多样的，表 4—12 的洗碗作业任务分解书，供大家参考。

表 4—12　　洗碗作业任务分解书

作业：饭店洗碗作业
作业物：碗盘
工具及材料：清水、洗涤剂、消毒水、消毒柜、抹布

主要步骤		细节标准
一刮	将碗盘内的残留食物刮掉	用抹布刮到垃圾桶内
二洗	将碗盘放入洗涤池中，逐一擦洗	① 洗洁精与水按 1：500 倍稀释 ② 浸泡时间为 2～5 分钟 ③ 用抹布擦洗碗盘两面（注意外面和底部）
三过	将碗盘放入清水池（1）中漂洗	① 漂净洗涤剂的残留 ② 如水有黏泥感、有泡沫或颜色变化，应立即换水
四消毒	将碗盘放入消毒池中浸泡	① 消毒液与水按 1：1 500 倍稀释 ② 将洗干净的餐具浸泡 10 分钟
五清洁	将碗盘放入清水池（2）中漂洗	漂洗三次后，给清水池换水
—	将碗盘放入消毒柜	① 将碗盘沥干水分后再放入消毒柜 ② 在消毒柜内消毒 30 分钟（根据消毒柜使用说明进行调整）

步骤 4：请介绍一下你制作《任务分解书》的思路。你认为自己的优点和不足在哪里，大家一起来讨论和优化。

在练习中，学生们可能对自己制作的任务分解书非常满意，无法发现其中的不足。而本步骤练习的重点在于促使人们发现并接受自己在任务分解时存在的问题或可改善空间，具体可采用互动点评、自我评价法。

步骤 5：请一位同学来假设一个情境，然后请大家参照上面的模式再来进行一次任务分解。

这个步骤的设计是进行任务分解的循环练习，它相当于 1～4 步骤的再次操作。

学习拓展

本单元的内容是对任务分解有初步了解，其主要目的是设计保障任务实施过程规范化的操作方法，保障任务实施结果与预期相符合。实施过程划分、细节标准设定、内容描述、版本设计是任务分解推行过程中必然经过的四大步骤。如果大家按照前文操作，基本上可以确保任务分解的标准化。然而，这还不够。

任务分解并非仅仅是让任务执行过程切分为精细的小段落，还要确保每个小段落都是有效的、经济的、节约的。前文中曾介绍过“有效动素”的概念。实际上，这里蕴藏着一个确保动作效率提升的任务分解原则：动作经济分析原则。

动作经济分析是通过对各种动作分析研究，去掉不增加价值的动作，简化操作方法，发现空闲时间，然后将必要的动作组合成标准动作。通常，人们会从三大方向入手：与人体相关的原则、与场地布置相关的原则、与工具设备相关的原则。

一是与人体相关的原则。人在操作时身体的动作可以分为六个等级，从低到高依次是手指的动作、手腕的动作、手肘的移动、大臂的移动、脚的移动、弯腰的动作。操作人员在作业时应尽量使用较低等级的动作。

二是与场地布置相关的原则。生产现场的布置情况会对员工的任务操作造成很大的影响。例如工具、加工件、物料存放地较远，就会影响员工任务操作效率；要定位放置，并布置于最易取得的位置。

三是与工具设备相关的原则。现场工具设备的配置要适合员工进行任务操作，比如，在实际应用中，应尽可能使用组合型工具，并设法使工具使用后自动返回原处。

在现场指导时，现场管理者要注意将动作经济原则纳入任务分解过程中，以便于员工们掌握最精益的工作方法。此外，这也是实现现场标准化作业以及发掘更优改善方法的有效手段。

单元三　指导管理

概念理解

指导管理是以教会员工为目的，针对指导行为与指导细节而设计的一系列管理过程。指导管理是现场指导管理的核心部分，优秀的指导管理将为现场培养出一大批符合现场生产要求的专业化、高水平人才。

观念探析

请理解下面这两句话的含义。

观念 1：指导不是讲道理，最重要的是让员工理解自己该怎么做。

观念 2：指导管理不仅要关注指导行为的过程，更要关注指导行为的效果。

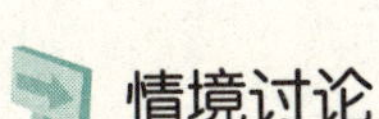

情境讨论

指导的常见问题

在现场指导过程中，人们常见以下问题：指导用具准备得十分齐全，指导内容也看起来较为丰富，指导对象也认真地参与指导，在指导过程中努力记忆指导内容……一切似乎都是万无一失的。但在实施指导后，被指导的员工们却感到难以习得那些技能——对工作不理解（缺乏知识），不会操作（缺乏实践）。

一些管理者设想，也许多次指导可以让指导更见成效吧。

但是，当每个人被迫参加一次次同类现场指导时，他们感到非常疲惫——理解难点始终存在，培训指导过程的复杂使得知识和技能习得的阻碍重重，于是滋生沮丧和抱怨情绪，现场指导管理效果也随之越来越差。

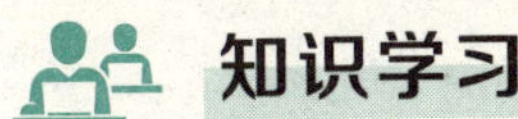

知识学习

指导管理侧重于对现场管理者指导行为的规范和对指导效果的控制。在操作上，它包含两个方面的问题：现场管理者的技能传授方式、指导对象的实践演练。

指导与技能传授

在现场指导时，现场管理者要将任务分解的结果向员工一一阐明，让他们知道自己应该做什么，进而了解任务实施的技能，这就是管理者常说的“技能传授”。通常，技能传授以某种现实状态呈现，让人们了解其过程和需要着重控制的环节，进而规范地进行操作。

1. 技能传授的模式

技能传授的模式有两种：一种是现场版；一种是介质版。

（1）现场版。它是指现场管理者在一定的场所（如车间、培训室等），借助一些指导用具（如纸笔、白板、与该技能操作相关的工具等），对员工面对面地进行技能传授。这种技能传授讲究现场示范感、真实感、互动性，现场管理者要对技能传授过程做好规划，特别是针对员工可能提出的问题预先做好准备。

（2）介质版。除了面对面的指导外，现场指导者还可以通过一些介质（如 PPT/短视频）来辅助指导，以节省指导精力。一些有条件的企业，会在现场中安设大屏幕来播放技能传授片，以便大家随时学习和巩固技能。对于已有技能涉猎的员工或希望自学的员工而言，这种技能传授模式是非常方便的。但这种模式也存在一定的弊端，就是员工难以即时发问解决自己的疑难问题，学习过程中缺少互动。

2. 技能传授的方法

大多数管理者都能认识到技能传授的重要性，并且他们不会忽视对员工技能的传授，但是其传授方法却未必可靠、有效或完整。技能传授方法通常有三种：演示、讲述、演示与讲述相结合。

（1）演示。

演示是通过直观教具或通过示范性操作等模式，让员工们现场看到一项工作要如何做，以此帮助员工获得知识或巩固技能。这种技能传授方法具有较强的现场感，是管理者经常采用的指导方法。

但是，如果技能传授过程中只有演示一种方法，也会存在一定的问题。因为，虽然有些工作看起来非常简单，但很多动作难以模仿，人们往往会错过一些非常重要的细节或未能控制好标准要求。换句话说，他们可能进行了动作的大致模仿，但并未理解那项工作到底怎么做。这必然导致技能传授效果不佳。

辅助阅读 4—8

××工厂的检查者

××工厂的 DVD 生产工序中发生的最严重错误就是标签被贴错。比如，你购买的是王一的，但包装上却标有刘二的名字。如今标签检查工序都是自动化的，贴错标签的可能性较少。但在 DVD 生产早期，人们只能通过手工检查来完成。

按照手工检查工序，检查者从未包装的 DVD 中抽出 50 张叠放在一起。然后，检查者用双手举起这叠 DVD，固定在柱子上，依次检查上面 1/4 处，然后是中间，然后是下面 1/4 处。通常，如果出现 DVD 混放，检查这三处便可以发现。

但是车间巡查员却发现：有个检查者却无法做到这一点。从远处看，他做的每个动作都是标准的，但他却没有发现错误。车间巡查员决定和他聊聊。

这位检查者说："车间主管很忙，让我照着其他人的做法去做；等他有时间会来帮我的。"车间巡查员说："那你向其他人请教过吗？"检查者说："没有，我怕打扰他们工作。"巡查员问："那你知道要检查什么吗？"检查者说："不知道。"

也就是说，这位检查者只是模仿那些动作，呈现出看似标准的行为，并不知道自己该检查什么。这种看似幽默的做法，其实是一种常见而可怕的示范方法。

（2）讲述。

讲述是指用口头语言直接向员工描绘技能操作过程和细节标准。讲述法的优点是能够让人们了解指导过程中的重点，便于人们了解该技能操作的整体要求。

但是，这种方法如果单独使用，同样会给技能传授造成一定的问题。

辅助阅读 4—9　　**TWI 培训中的一个练习实验**

TWI 培训体系中有个著名的打灯头结练习，培训师会让学员们在聆听他的讲述后自己进行尝试操作。在讲述时，培训师并不展示电线，也没有做任何手势，他只是进行了一些描述：拿一条电线，将它垂直放在左手中，用拇指和食指从线末端量出 15 厘米。解开松散的一端，弄成 V 字形。再用右手的将松开的一端拉直……用右手将右边松开的一端顺时针拉一个环，见松开端从环中正面穿过……最后，人们在大笑中发现：没有人能够操作成功。

当然，TWI 培训师这样做，只是以打灯头结为例，来让学员（未来的现场管理者）们认识到一点：仅仅通过讲述是无法让学员获得作业技能的。

事实证明，这是一个非常值得所有现场管理者注意的问题。因为，在很多生产车间，员工只得到类似的语言来指导他们如何工作。而大部分人只通过语言讲述很难掌握一门技能。而在很多情况下，人们又是羞于说自己不懂，或害怕问问题。如此一来，便导致仅仅只有讲述的现场指导最终难以获得理想的效果。

（3）演示与讲述相结合。

科学的技能传授是将演示与讲述有机结合起来，一遍演示，一遍讲解——既让员工能够形象地看到，又能让员工在管理者的提示下关注到操作时的细节标准。这样，他们才能对该项技能操作形成全面而系统的了解。

3. 技能传授的要求

技能传授不是一种形式化工程，它的开展必须符合一定的要求，才能够达成预期的指导目标。通常现场管理者要达成标准化、形象化、互动化这三大要求。

（1）标准化。现场指导示范内容应是标准化的，而不是特例型的。所有技能操作者都应参照这一模式来落实该技能，而且运用这种操作技能必然能够达成预定的技能目标。

（2）形象化。技能传授不是为了搞形式工程，而是通过显化形式使员工切实掌握这种技能。所以，技能传授过程必须形象、直观，便于员工在现场管理者进行动作示范的同时观察整个过程和细节控制情况。

（3）互动化。互动化是指在技能传授过程中，管理者与员工进行现场交流，就不理解或重点内容进行沟通和探讨。

辅助阅读 4—10　　**技能传授要不要互动**

近年，国内不少企业致力于现场技能培训，一厢情愿地希望员工由此对自己从事的职业更加专业化。通常，他们会找到一些专业讲师或由现场技术骨干人员担任技能传授者，然后召集现场人员在大会议室里进行技能传授。为了节省时间，这种技能传授大多表现为机械化的知识输出，而缺少指导过程的互动。这使得员工们对所听到的知识仅限于听，短时间内去记忆或背诵所谓“被提炼出的智慧精华”，而缺少主动思考，理解困难，甚至有异议时亦无法获得解决。因此，技能传授不是现场指导者一方的讲述或示范，而要强化互动环节，让员工主动思考，并解决技能学习的难点和技能习得的障碍。

实践与技能习得

管理学大师彼得·德鲁克曾说：管理不仅在于知，更在于行。技能学习也是如此。仅仅知道了做什么、怎么做，这还远远不够；对于员工而言，有能力实践才是最终的目标。在这一方面，现场管理者要牢记“一个核心”和“两个关键点”。

1. 技能习得的一个核心

技能习得必须抓住一个核心，即：演练。

大部分工作技能的习得，仅仅靠听、看和头脑记忆理解是难以获得的。在多数情况下，理解与会做完全是两回事。

所以，现场管理者有必要在示范和说明之后，马上让员工动手尝试练习，通过亲自动手、反复演练，去理解体会和掌握技能操作中的重点和精髓，从而使得员工真正习得该项技能。

2. 技能习得的两个关键点

技能习得需要关注两个关键原则：一是纠错，二是强化。

（1）纠错。是指对技能演练实践中出现的错误加以指明，进而保障员工操作模式的正确性。通常在员工初步涉猎该项技能时，现场管理者即需开始进行纠错——现场管理者要仔细观察员工的操作，当其操作不当时，立即要求其停止；不能让他们继续练习下去，因为此时是技能传授和指导的最佳时机，最有利于员工掌握和强化记忆。

这种纠错式检查要经常进行。如有必要，甚至每隔几分钟核对一次。当然，核对的频率取决于该技能的性质，对于任意发生失误的技能操作，应频繁检查甚至可以在现场持续观察员工作业，在必要时为员工提供额外的技能传授。

（2）强化。是指通过反复练习，强化员工对技能的掌握情况。任何技能想变得娴熟，都需要借助一次又一次的演练。在此过程中，现场管理者要持续跟进员工演练的过程，对员工的正确做法予以肯定和激励，帮助员工形成正确的操作习惯。当员工变得技能娴熟后，要逐渐减少额外的技能传授并最终终止跟进。

总体上，现场管理者要牢记：让员工反复演练，对错误的演练加以纠正，对正确的演练加以肯定，这样员工最终才能正确地习得技能。

辅助阅读 4—11　　实践演练过程中的管理者素质

杰克·韦尔奇曾经感慨：到现在为止，许多管理者以为员工对他讲的是什么感兴趣，其实员工只对领导检查什么感兴趣。在实践演练中亦是如此。管理者指出什么，强化什么，员工才会朝着这个方向行进。

如何选择关注的角度，让员工去重视，去实施，即为管理者的重要素质要求之一。而在实践演练中，这种素质能力将会体现为：能够发现员工在技能习得中存在的显性或隐性问题，明确指出并纠正，将员工技能行为导入正轨；能够采取有效的措施，对员工当下技能水平进行强化。

技能要领

从知识学习中可以发现，为了保障技能传授行为和员工技能习得行为的最终效果，在现场指导管理时必须具有两大技能：一是技能传授程序设计；二是员工演练程序设计，如表 4—13 所示。

表 4—13

技能传授程序	员工演练程序
重点：现场管理者示范	重点：员工尝试操作
	让员工试做，并纠正其错误
逐步传授实施过程	让员工操作，并说出主要步骤
明确强调细节标准	让员工操作，并说出细节标准
说明细节标准的理由	让员工操作，并说明细节标准的理由

技能传授程序设计

技能传授不是一种随意的行为，它具有一定的管理逻辑。通常，这项工作会经过三个基本程序：①逐步传授实施过程；②明确强调细节标准；③说明细节标准的理由。

1. 逐步传授实施过程

现场管理者要通过动作及语言，将主要实施过程一步一步地讲给员工听，做给员工看。如果边做给员工看，边按顺序准确地、简单明了地一步一步地讲给他听，那么员工便很容易理解和记忆。

需要注意的是，这里所说的“一步一步”包含了三重含义：①一时一事，在同一时间里只设定一件需要操作的事项；②清晰地介绍实施过程（这一点只要严格参照《任务分解书》中介绍的即可）；③按正确的顺序，即：技能传授时不随意打乱传授顺序，以免给员工造成误解。

辅助阅读 4—12 **逐步传授的理论支持**

根据完形理论，无论是事物还是做事，人们都习惯性地寻找其间的关联性。这一特征在技能传授过程中亦是如此。可以说，人们记住一项工作时，这项工作必须表现出清晰的逻辑结构，包括："先做什么后做什么"的先后顺序，以及从哪几个方面起始来并行开展工作。

通常，管理者在技能传授时会采用这样的话语：A 技能的操作可以分为 4 个步骤，步骤 1 是……步骤 2 是……步骤 3 是……步骤 4 是……如图 4—5。

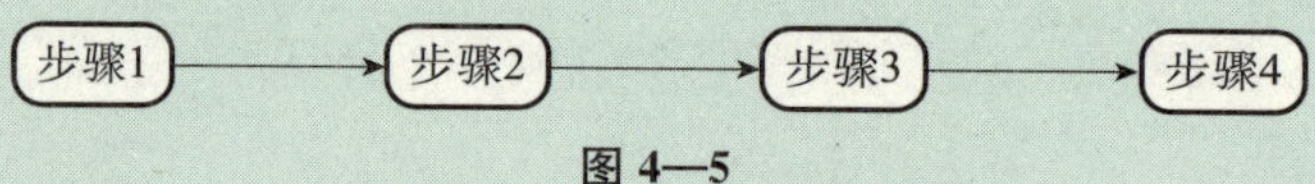

图 4—5

然后，借助明显的步骤展示，员工的头脑中便会自动生成"该技能操作必须经过四个步骤"的认知。

2. 明确强调细节标准

在员工了解了任务实施过程之后，为了使他能按照该实施程序正确地执行下去，对实施过程中有关质量、数量、时间等维度的细节标准，要反复强调，以加深其印象。

这时，现场管理者要一边清楚地示范细节标准的动作，一边用简洁的语言按顺序对细节标准进行完整的说明。在重点环节处或需要员工特别记忆的地方，现场管理者要稍作停顿，重点强调，让员工对其予以足够的重视。

辅助阅读 4—13 **明确强调与记忆深化**

人在认识事物时，首先要有正确的感觉和知觉，然后才能产生印象，才能进入想象和思维，进而接受对方的看法或观点。这种沟通与交流原理在技能传授过程中也同样适用。

部分管理者在技能传授时往往将技能操作过程和细节标准笼统介绍，一带而过。这使得员工虽然听过内容但却没有予以特别关注，对之记忆全无。但是，如果现场管理者能够反复强调，放慢语速，着重突出某些内容，就会使得这些内容在员工的头脑中留下深刻的印象。这便是明确强调带来的记忆强化功能。

3. 说明细节标准的理由

无论是说明主要步骤，还是强调主要步骤的细节标准以及说明细节标准的理由，现场管理者都要用清晰的语言、清楚的动作，准确无误地、耐心地、完整地进行说明，做给他看，这是非常必要的。

更重要的是，在此基础上，现场管理者还要向员工说明：为什么它会成为细节标准？成为细节标准的根据是什么？它为什么会存在？对于这些问题的答案，现场管理者要完整地传授给员工，让员工“知其然，更知其所以然”，这样他们才能更好地理解细节标准，并在遇到异常情况时灵活应变。

辅助阅读 4—14　**忙不是草率传授的理由**

现场管理者要保证自己的示范标准、规范，要防止遗漏，使员工能够一次学对，一次就学会。然而，也经常听到一些管理者抱怨：我很忙，没有那么多时间去进行技能传授。这使得他们在技能传授时缺少耐心，或者使用了不充分的传授方法，便让员工去落实任务了。

从表面上来看，技能传授行为发生了，而且似乎效率很高；但结果却是欲速则不达——员工未能理解便进行操作，使得他们操作失误频多，反而引发更费事的问题，最后现场管理者不得不花费更多精力去收拾残局，重新再教。因此，管理者要耐心指导，采用科学的技能传授方法保障传授效果，避免技能传授变为无用功。

员工演练程序设计

未加演练的技能传授永远停留在意识或理论层面。员工必须通过有效而规范的实践体验，让这些理论意识转化为属于自己的能力。一些管理者会在技能传授后让员工去自主操作，这虽然也是一种练习，但却不够科学规范，难以最大程度地保障演练效果。在演练过程中，现场管理者可以通过四个程序，使员工循序渐进地获得这种能力。这四个程序如下：

1. 让员工试做，并纠正其错误

这一步骤的目的是让员工能够初步模仿技能操作，保障其行为模仿的正确性。在实施过程中，现场管理者要一边鼓励员工大胆尝试，一边细心地发现其尝试性操作过程中是否存在不规范之处或各类失误。一旦发现，要立即对其加以纠正，以免使得员工在不知不觉中养成不良的操作习惯，日后再去纠正就会难度加倍了。

2. 让员工操作，并说出主要步骤

这一步骤主要是让员工通过语言表达，确认自己操作的步骤，自主核查其操作过程的准确性。同时，这种一边做一边说的模式，也非常便于员工牢记整个操作的过程，从而加深其对整个技能操作过程的整体印象。

3. 让员工操作，并说出细节标准

再次让员工边体验，边说出细节标准，这会促使员工在头脑中自主整理那些细节标准，反复确认自己已记住的技能知识。

如果不让员工说出来，即使他能够正确地做出那些作为细节标准的动作，但却很难判断员工本人是否意识到“这些就是细节标准”，很难判断其是否切实掌握了这些技能

要领。就像管理者在前面描述的DVD工厂的案例，虽然员工表面上看来似乎掌握了技能要领，但其到底是否掌握，却难以从行为上判断出来。所以，现场管理者有必要让他们一边做，一边说出细节标准，进而确认其掌握情况。

4. 让员工操作，并说明细节标准的理由

这个步骤同样是一次员工学习效果的确认，同时也是对员工学习的再一次督促。当员工能够说出每个细节标准之所以成为细节标准的理由，他们已经掌握其背后的操作逻辑和管理逻辑，他只要自主地对操作进行反复练习，就可以完全掌握这门技能了——其后他需要的仅仅是不断熟练，使自己能力水平不断提升。

而如果员工未能说明理由，那么他仍然处于学习知识的浅表阶段，需要管理者持续跟进，强化练习，直至其完全掌握这门技能为止。

事实上，现场管理者要让员工一边做，一边说，而现场管理者则需确认4个事项：①动作正确；②主要步骤清楚地说明；③完整地说出细节标准；④毫无遗漏地说明细节标准的理由。在以上内容里，只要有一项是模棱两可的，现场管理者都必须继续进行指导和确认。

行动练习

接下来，我们以某酒店培训洗碗工来练习洗碗指导管理的相关工作。

【练习说明】

假设你是一名酒店清洗部主管，现在你即将培训一批洗碗工。在实施指导过程中你会如何组织安排指导过程？（如在课堂中，可以准备模拟教具）

步骤1：请说出指导前准备工作涉及哪些方面。

____

____

通常指导之前需要对三大方面做好准备，一是《洗碗流程分解书》；二是《指导过程规划表》；三是用具：视频或图片（如能在现场指导则不必安排）。根据前文内容，学生在这一步骤中应考虑对这三方面进行设计，而老师应重点引导学生在这三方面进行细节性思考，确保准备工作更具有针对性且细化到位。

步骤2：请说出你的指导过程规划。

____

____

该步骤的任务主要是让学生进行过程的理论性规划，保障规划的系统性、逻辑性是本步骤的重点。就本情境而言，规划内容应当涉及四项：

① 准备清单齐备，指导对象、时间和地点明确。

② 指导角色者示范洗碗作业过程，并讲解主要步骤、细节标准及原因。

③ 员工角色者尝试洗碗作业，并讲解主要步骤、细节标准及原因。

④ 指导角色者在旁观察，纠正错误。

步骤 3：请说出在指导过程中，你会着重控制哪些方面。

____

____

该步骤的重点是让学生提升对指导过程的控制力。通常，指导过程控制和指导结果控制是从两个方面来进行。对于前者，主要是对各个细节标准要着重点明；对于后者，则通过对错误的及时纠正，来避免反复发生失误。老师应将练习重点放在对过程控制方法的思考引导上。

步骤 4：现在请你借助视频或图片来进行技能传授和演练指导；再选一名同学担任被指导对象，配合操作。

____

____

如没有现场环境可用，可借助模拟教具进行指导与配合操作。参加本步骤的两位同学要严格按照要求操作，其他同学观察其操作不当之处，并记录在案。

此环节的重点有三：一是确认指导角色者的指导管理能力习得状态；二是通过被指导对象的能力习得情况来反向确认指导效果；三是通过其他同学的评价来观察同学们对指导管理的掌握情况。

步骤 5：请总结被指导对象的技能习得状态如何，以及自己的指导效果如何，是否存在不足。

____

____

本步骤中，老师应引导学生进行指导过程的自我总结。同时，也可以通过班级讨论，帮助指导角色者找出改善点和改善技巧。总之，核心在于发现不足，以提升指导能力。

学习拓展

指导管理与指导性管理只相差一个字，二者之间又有什么差别呢？

“指导管理”是指以工作任务为针对对象，以任务落实能力习得为目标，而开展的一系列技能传授和指导演练管理工作与活动。最初，这种管理方式仅仅是车间管理者针对业务技能传授而设计的。

而指导性管理却是以整个现场为针对对象，以现场规范高效管理为目标，而整合的一套更加系统、更加新颖的管理思维和管理模式。这种经营模式与传统的“控制性管理”是相对的。

“控制性管理”代表的是一种秩序与指令机制。它是通过执行管理者意志，提高系统工作效能，以自上而下的督促与评价为主，关注结果或过程中的显性指标。而“指导性管理”则通过提高员工的素质，强化其自主管理，重视业务推进过程中的方法与细节。

也就是说，就范围而言，指导管理是针对某个业务技能而设计的，而指导性管理则面对的是现场并覆盖到整个企业，前者涉及的范围相对较窄。就成果应用而言，指导管理有益于员工素质的提高，更便于指导性管理的推进；而指导性管理的成果又可能转化为指导管理的素材。二者有所差别，但又彼此促进。

单元四 反馈与激励

概念理解

如果一个员工努力学习和工作，而他的管理者从不告诉他在工作过程中他表现得如何，做得对还是错，对他的努力视而不见，这会造成什么结果呢？绝大多数情况下，其结果是：这个人将失去努力学习和工作的动力。

员工是需要获得反馈的，这种反馈激励着员工看清目标、修正不足，努力展现最好的一面。而普遍的情况是，管理者常常会忽视反馈，更别提反馈过程中的激励管理了。

观念探析

你能说说下面这句话的道理所在吗？

反馈不仅仅是传递信息，反馈本身就是一种激励！

情境讨论

反馈缺失及不当现象

在绝大多数企业中，一些员工常常会就领导对自己的工作不闻不问、不恰当的指责和批评等发表自己的评论。他们会充满怨愤地说：“我的工作很辛苦，他为什么总是一味地指责？”或者更糟糕的情况：“我很努力地工作，他甚至当成没有看见。”这些抱怨和抵触情况充斥于企业之中，消耗着企业的凝聚力。

造成这种情况的原因，恰恰是因为反馈缺失或不当引起的。企业中存在着大量的反馈缺失和反馈不当现象。其后果既可能是员工不知道自己的行动是否正确，是否获得认可，也不知道自己进一步的努力方向，更大的可能是管理层与员工之间形成一道深深的隔阂以及隐形的抵触情绪。

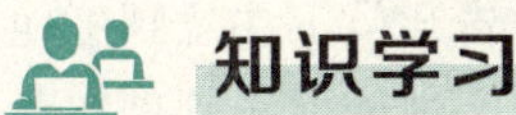

知识学习

反馈是控制论中的概念，是现代科学技术的基本概念之一。一般来讲，控制论中的反馈概念，指将系统的输出返回到输入端并以某种方式改变输入，进而影响系统功能的过程，即将输出量通过恰当的检测装置返回到输入端并与输入量进行比较的过程。

激励（Motivation）在管理领域是人力资源的概念，是指激发员工的工作动机，也就是说用各种有效的方法去调动员工的积极性和创造性，使员工努力去完成组织的任务，实现组织的目标。管理中的激励概念是很宽泛的，涉及多种多样的活动。

考虑到现场管理并不涉足复杂的组织激励体制的设计问题，我们这里仅将激励作为有效反馈的一种目标、或者效能要求来讨论。

反馈的性质

当一个管理者指导自己的下属按照某种方式工作，或者接收到下属所传达的信息时，都需要进行反馈。客观地说，反馈在工作中是无处不在的。其核心就在于，反馈构成信息交流的回路闭环。下属依据自己所获得的反馈调整自己的工作状态、工作目标以及工作方法，得不到反馈的时候他们也常常是盲目的。

在管理活动中，反馈具有以下三个方面突出的性质。

1. 反馈是指导的后续工作

在完整的工作指导流程中，反馈是承上启下的工作，它开始于员工按照指导者的意见行动之后，表明指导工作的某个阶段的结束。同时，它依据员工个人行动表现的恰当性，开始新的指导过程。

假设管理者忽视对员工行为表现的反馈环节，那么员工将无从知晓自己的行为表现是否恰当，也将无从改进、修正自己的行为。因而，可以说，反馈是必要的、必需的指导环节。

2. 反馈既是一种确认，也是一种评价

“是否做出反馈”以及“反馈什么”是管理者要同等关注的问题。意识到需要做出反馈是一个重要的素质，但是反馈什么则是一个重要且更复杂的问题。例如，一个员工很努力地工作并改进自己的绩效，但因为管理者没有注意到而被指责，或者一个投机工作者因结果较佳获得表扬。这些情况中都包含了对员工表现的确认和评价，因而会导致员工继续遵循前面的行为方式。正是在这个意见上，如果你确认的情况是错误的，错误

还将发生。所以，谨慎确认员工的工作，并做出客观的评价，是反馈工作必不可少的要求。

3. 反馈包含三种基本态度：关注、纠正、赏识

反馈既然是管理者对员工行为表现的确认和评价，它就概括地包含着关注、纠正和赏识三种态度。这三种态度可以是独立传达给员工的，例如简单地告知员工注意到了他的工作和行为，但不置评价，或者直接地提出赏识或纠正意见。但客观地说，管理实践中的大部分反馈活动都是三者的结合。

辅助阅读 4—15　**社会促进效应**

即使是简单地对员工的行为表示关注，也是有意义的，是能够激发员工朝向更好的方向努力的。社会促进效应可以佐证这一观点。最早进行社会促进效应研究的是一位社会心理学家。他有一次偶然发现，自行车运动员训练的时候，单独训练时骑车的速度要比和多个运动员共同训练时慢百分之二十。后来，他又找来一些小孩，让他们干一种活：绕鱼线。干的时候分成两组，一组是一个人单独绕，另一组是集合起来一起绕。结果发现，一起绕线比单独绕线的效率要高百分之十。他据此得出结论：个人在集体中活动的效率要比单独活动的效率高。

反馈激励

必须理解，反馈不仅仅是信息的传递。在管理实践中，反馈必须获得激励效能，才可能称得上是恰当的反馈。一句话引起员工的剧烈抵触，或者造成某些人严重的对立，这都是不恰当的反馈，都是管理者素质低下的表现。

1. 反馈的激励效能

反馈的激励效能在心理学上引起过广泛的重视和热情的探索。其中最典型的就是心理学家赫洛克的反馈实验。

辅助阅读 4—16　**心理学家赫洛克的反馈试验**

赫洛克将被试验者分成了 4 组，每组的人数相同，让他们练习相同难度的题目 5 天，每天 15 分钟。每次练习完成后，他会用不同的态度分别对待 4 组被试者，不同态度以及实验效果如表 4—14 所示。

表 4—14　不同态度以及实验效果

组别	小组名称	每次练习后的对待态度	效果
第一组	受批评组	进行严厉批评	第二
第二组	受表扬组	进行表扬和鼓励	最好

续前表

组别	小组名称	每次练习后的对待态度	效果
第三组	忽视组	不予理睬，但让他们听到前两组的批评和表扬	第三
第四组	控制组	不予理睬，并将之与前三组隔离	最差

从表格中管理者了解到，正反馈组（第一组）和负反馈组（第二组）的学习效果是较好的，而没有反馈的控制组则获得了最差的结果。

反馈实验表明，学习者对自己学习结果的了解，对学习者的学习能起到强化作用，从而提高学习效率。这一心理现象被称为“反馈效应”。反馈效应被应用到企业管理上，更多的是要求管理者对员工进行及时的反馈。

2. 反馈激励的效能条件

激励的具体表现形式多种多样，但大多可以归为正激励和负激励两大类型。事实上，这也是两种相辅相成的激励类型，为很多管理者们普遍采用，有的管理者侧重于正激励，有的习惯于采用负激励。

所谓正激励，就是对员工符合要求的行为进行激励，以使员工持续出现此类行为或进一步提高技能水平。正激励主要表现为对员工的肯定、赞美、表扬，甚至是奖励等。

所谓负激励，就是对员工不符合要求的行为进行惩罚，以使这种行为不再发生，或使员工有意识地提升技能水平，朝正确的目标方向转移。负激励具体表现为批评、勒令整改、处罚、降级、淘汰等。

小贴士

正激励还是负激励好？

在现场指导管理实践中，大多数现场管理者非常重视正激励，不愿意多使用负激励，担心负激励会使员工产生沮丧情绪，故而忽略了或者不相信负激励的正面作用。事实上，如果现场管理者能够准确使用负激励形式，反而可能取得比正激励形式更好的效果。

因为，正激励是通过奖赏和表彰使员工持续出现符合公司目标的良好行为。但是，正激励对员工的心理影响往往会逐步淡化，特别是对于高薪阶层。而负激励的心理影响却是巨大的，并且具有双重性——首先是物质上遭受一定的损失，而后是精神上受到打击，心理上的波动更是巨大而长久的。现场管理者可以结合员工的个体接受度，通过这种负激励的方式在员工心理上的影响，来达到纠正其行为的目的。

从根本上讲，不论采用正激励还是采用负激励，都要坚持一个目的：对员工的学习、行为表现做出准确的评价，并引导员工产生预期的行为。

3. 反馈激励时机

在员工行为发生后，是否及时予以反馈是会产生截然不同的激励效果的，因而激励也常常会分为及时激励和延时激励。同时，根据现场工作的行动周期，又可分为期前激励、期中激励和期末激励。

（1）及时激励和延时激励。心理学的相关研究表明，及时激励相对延时激励的效果明显要好。一个错误被及时予以纠正要比错误发生很久之后予以纠正，其对错误者的刺激显然要大，一个人努力工作被及时地予以表扬显然也要比过了很长一段时间方得到回复，其激励作用更大。这意味着管理者必须时刻关注员工的表现。

（2）期前激励、期中激励和期末激励。依据一项任务的行动周期，管理者也可以在不同的周期内予以反馈激励。期前激励通常指向表面对员工的重视、提出后续工作的期望；期中激励通常是强化前一期的行为或者纠正错误，并对他进一步的行动表达支持；期末激励涉及阶段性评价，是对其工作成果的肯定或客观评定。

辅助阅读 4—17　　期中激励：在员工受挫时及时给予鼓励

李·艾柯卡曾担任过克莱斯勒汽车公司的总裁，正是由于他的力挽狂澜，把这家濒临倒闭的公司从危境中拯救过来，并成为全美第三大汽车公司。在他任职期间曾发生过这样的一件事情：

一天，一位项目经理把辞呈交给当时的首席执行官艾柯卡，表示要对自己所领导的项目因失败而造成100万美元的损失负责。

艾柯卡拒绝了他的辞呈。原因很简单，他不想就这么简单地为失败埋单。另外，他知道这位项目经理还会在汽车行业继续工作，于是他对这位项目经理说道：“我不希望这100万美元的学费替别的汽车公司交，把教训记下来，这是管理者的财富……”事后，这位项目负责人带领团队对工作进行了认真的总结，最终取得了卓越的成效。

这只是艾柯卡带领克莱斯勒汽车公司走出困境的一个小插曲，却令人回味。

大多情况下，员工犯了错误后，他自己也是比较痛苦的。此时，作为一个优秀的管理者，面对犯了过错的员工，他是不会一味地对其进行责怪的。相反，他会以宽容面对他们的错误，变责怪为激励，让员工在接受惩罚时怀着感激之情，进而达到激励的目的。

反馈激励的要求

反馈不是“甲对乙说”这样一个动作，而是一个循环的过程：甲对乙说→乙对甲说→甲对乙说→……通过反复沟通、确认，双方对某内容或事项的意见最终达成一致，这是反馈的终极目标。

在反馈过程中不可过于随意，否则很容易因双方意见不统一，而将反馈变成一场论战。因此，在反馈时应做到以下要求：

（1）情绪回避。避免在对方情绪激动时反馈自己的意见，尤其当要作一个与对方所寻求的意见不相一致的反馈时。

（2）建设性反馈。避免全盘否定性的评价，或者向沟通对象泼冷水，即使要批评下级，也必须先赞扬下级工作中积极的一面，再针对需要改进的地方提出建设性的建议，以让下级能心悦诚服地接受。使用描述性而不是评价性的语言进行反馈，尤其强调要对事不对人，避免把对事的分析处理变成对人的褒贬。既要使沟通对象明白自己的意见和态度，又要有助于对方行为的改变。因此，在提供反馈意见时，应强调成长进步，不要妄作评判或横加指责。

（3）立足于积极改变。站在员工的立场上，针对员工所需要的信息，针对员工可以改变的行为进行反馈。

（4）清晰的反馈内容。反馈要表达明确、具体，若有不同意见，要提供实例说明，避免发生正面冲突。要把反馈的重点放在最重要的问题上，以确保员工的接受和理解。

（5）表达你的行动支持。向员工明确表示你将考虑如何采取行动以支持他，让他感觉到这种反馈有立竿见影的效果，以增加员工对你的信任。

反馈是必要的，且通常情况下，积极的、建设性的反馈才是最有效的。

技能要领

当一件事情发生后，例如员工在工作过程中表现出更高的效率、获得了更好的成果，或者表现出消极的情绪等等，都需要及时向员工进行反馈激励，表达你的态度，以期获得他更大的努力或做出改变。

但是，我们说反馈（包括激励）都必然涉及关注、确认、评价等工作，甚至也包括进一步提出期望，所以它必须是严谨的，不可以是随意的。而这个严谨的过程，就体现为图 4—6 所示的内容。

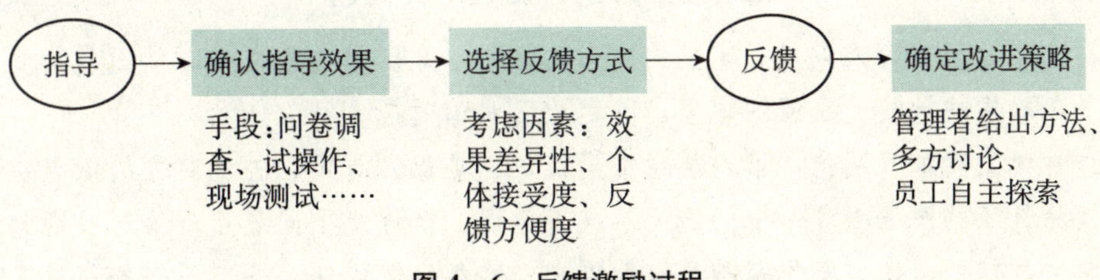

图 4—6　反馈激励过程

确认指导效果

指导效果是指员工在被指导后，其对知识技能的真实掌握情况以及其对现场指导活动的认可度。在现场中，每个员工能将技能学习到什么程度，可能会因彼此的理解能力而存在极大的差异。这时，现场管理者要根据员工学习质量实况给出最真实的反馈，给员工指明对应的方向，督促其向前发展。

当然，在实施反馈之前必须对指导效果加以确认。通常，可以采取问卷调查、员工试操作、现场测试、阶段测试等手段，如表 4—15 所示。

表 4—15　确认指导效果的手段

手段	使用时机
问卷调查	侧重于确认员工在知识理论方面的掌握情况，核查员工对指导内容的掌握是否系统、全面、准确
员工试操作	这种确认被囊括在指导过程中，通常发生在现场管理者或指导人员现场示范之后
现场测试	侧重于确认员工是否能够独立操作。在指导结束后，员工独立操作，再由现场管理者和指导人员对员工的操作情况进行综合评价
阶段测试	这种确认发生于某个指导阶段完全结束后，是为了核查周期指导效果而设计的

通常，对指导效果理想的员工和指导效果不理想的员工的激励要有所区别。

选择反馈方式

在指导过程中，管理者对所有员工采用同样的激励，那么相当于没有激励。因为大家会感到这样的激励只是一个指导形式，没有任何实在价值。故而，管理者最终只是白费力气而已。因此，在选择反馈方式时，需要考虑三方面因素：一是指导效果的差异性；二是被指导对象的个体接受度；三是反馈方式之于指导行为的方便度。

1. 根据指导效果选择方式

在现场指导管理中，指导者要针对某个员工表现出的优良行为或不良行为予以反馈：对于前者，既要肯定其成绩，但也要使之戒骄戒躁；对于后者，虽然要使之明确现状，但也要为之加油，使之不要悲观气馁。

辅助阅读 4—18　三明治反馈法：反馈不良问题

在反馈过程中，人们把否定性的内容夹在两个肯定性内容之中，从而使接受反馈者（员工）愉快地接受反馈的现象，称之为三明治效应。

这种现象就如三明治，第一层通常是认同、赏识、肯定、关爱对方的优点或积极面，消除员工的防卫心理；中间这一层夹着建议、批评或不同观点；第三层则常是鼓励、希望和信任，使之振作精神，重新再来。这种反馈方法，不仅不会挫伤员工的自尊心，而且还会使之积极地接受反馈意见，并改正自己的不足之处。

2. 根据个体接受度选择方式

个体接受度是指员工对管理者激励的模式是否能够接受，以及接收后是否能够产生理想的激励效果。

前文管理者说过激励分为正激励和负激励，部分人喜欢正激励，现场管理者采用正激励模式，能够促进其努力；如果使用负激励，会使其气馁，“破罐子破摔”；另一部分人喜欢负激励（常见的方法如：激将法），反而比正激励模式更能有效地促使员工进步。进一步说，对每个员工而言，适用的激励模式是不同的。

因此，现场管理者在实施激励之前，要对每个员工的性格、接受度有所了解，进而选择最容易见效的激励方法。通常，对内向自卑的员工要采用正激励模式；而对张扬自信的员工则可以采用负激励模式。

3. 根据反馈方便度选择方式

因反馈需要考虑时机问题，因而，现场管理者或指导人员在反馈时必须在适当的时刻快速选择最方便的反馈方式。从表现形式上区分，反馈方式主要有口头反馈和书面反馈两种，如表 4—16 所示。

表 4—16　　反馈表现形式

表现形式	特征	优势	不足
口头反馈	快速反馈	几乎在员工作出某种行为、流露出某种表情的同时，即可立即对其进行反馈，作出针对性评价	使员工对问题未能予以足够的重视
书面反馈	系统反馈	这种方式有助于反馈者将所有反馈内容汇总在一起，以较为正式的形式，让员工认识到反馈中提出的各类问题	书面反馈形式需要花费一定的时间，在实效性上不及口头反馈

基于两种反馈方式的优劣，以及在反馈时要达成的反馈效果，现场管理者要准确评估什么情况下选用哪一种反馈方式，抑或采用两相结合的方式来增强反馈效果。

确定改进策略

改进是反馈的核心目标。确定改进策略则是反馈过程中的核心工作。在反馈过程中，现场管理者、指导人员应与员工共同确定改进策略，使员工的能力得到进一步提升。确定改进策略时，大体可以采用三种模式：管理者给出方法、多方讨论、员工自主探索。

1. 管理者给出方法

这是一种最传统的模式，是由现场管理者、指导人员直接在反馈过程中提出改进方法，向员工指明不足之处、努力方向、可以尝试采用的工作改进方法。

在这种模式下，现场管理者或指导人员往往提供的是自己的经验，可以减少员工思考的时间。从当下管理的角度来看，的确是一种较为节省时间和精力的反馈方法。不过，这种来自管理者或指导人员的单方向反馈，也会导致员工养成“饭来张口”的被动学习习惯。

2. 多方讨论

多方讨论是指由现场管理者、指导人员与员工一同讨论未来可以尝试采用的工作改进方法。在反馈过程中，参与讨论的人员不仅限于现场管理者、指导人员与员工当事人，还可以引导现场其他员工一同参与讨论。

在这种模式下，各方相关人员皆需要参与讨论，提出改进策略，并对改进策略的优劣提出看法。这种方式可以大大增强员工对改进策略的可接受度，但所用时间也相对多一些。

辅助阅读 4—19　**反馈改进中的头脑风暴**

头脑风暴是一种辅助决策的方法，它在反馈过程中同样是适用的。员工可以尽全力激发创造性，产生尽可能多的设想和方法。

在采用头脑风暴法进行反馈时，不妨集中多位人员，由现场管理者或指导人员以明确的方式，向所有参与者阐明现场指导中发现的问题，然后由大家“自由”提出尽可能多的方案。为了防止头脑风暴中各抒己见造成讨论混乱，现场管理者要设定讨论规则，并分析人们提出的各类改进方法的可行性，最终生成众人意见一致的改进策略。

3. 员工自主探索

员工自主探索是指由现场管理者或指导人员说明指导效果后，由员工自主探索改进策略，然后在下一次指导效果评估的同时去确认员工探索效果。这是一种激发员工创造性、积极性的有效途径。

需要注意的是，即便要求员工自主探索，但在探索新方法过程中，现场管理者或指导人员亦需要为之提供支持，在员工申请帮助时提供足够的援助。比如，当员工希望获得某些学习资料时，能够为之提供资源；当员工意图尝试实践自己的想法时，能够为之提供用于探索性实践的环境。

诚然，采用这种方式来确定改进策略、提高反馈效果是有一定难度的，并耗时不短；但实践证明，如果员工能够自主探索有效的改进方法，那么这种自主性会大大增强员工的积极参与感，这无疑是最见成效的反馈方式。

行动练习

接下来，我们以课堂培训指导为例来练习反馈与激励的技巧。

【练习说明】

假设你正在课堂上训练一组操作员，他们尝试练习后表现各异：A 操作不错，但有些方面仍需要纠正，他正在向身边的 B 自顾自地讲解他的经验；B 有几个细节没控制好，他非常沮丧，压根没有听 A 啰嗦；C 完全不理睬他们，依照文本介绍反复练习……以这三个人作为典型，你计划如何指导他们？

步骤 1：请说出大致规划。

____

____

在这个步骤中，学生可以畅想选用的反馈类型。比如：

① 课堂公开型激励：在课堂上按照 A→C→B 的顺序分别对他们的优秀表现进行表扬，然后综合他们掌握不到位之处进行讲解。

② 课下巡查型激励：按照座位顺序，从前到后，分别与他们沟通。

步骤 2：请你对每个人的反馈与激励设想进行说明。

____

____

在指导过程中，担任指导者角色者对学生角色者应给予针对性激励——针对后者的学习情况进行情况反馈和鼓励。对于不同的学生角色者的反应，前者应给予针对性的反馈，从而激发起其学习的热情。

反馈与激励设想如下：

A：虽然你的尝试效果不错，但是……

你要继续努力啊！（将重点放在“但是”引导的后半句上，让他注意到“管理者注意到了他的不足”）

B：你做得不错啊！像一、二、三环节你都做得非常到位，你的观察很仔细；不足的是四环节，你要注意……下次你就会做好了。（信任的眼光）

C：（观察其反复练习中是否存在不足）不错，反复练习才能熟练掌握技能。嗯，这里，要注意……这样更容易控制……好，继续努力。（作不经意指导状，拍拍肩膀，离开）

本步骤练习时重点在于设想或发现各类学习问题，并给出针对性的、切实有效的激励方法；而非无视学生性格特征和学习效果，一味形式主义地进行赞美或批评。

步骤 3：你认为反馈与激励过程中的重点分别是什么？

____

____

根据性格特征和他们最需要进一步指导之处进行反馈。比如，A 的性格张扬，尝试后自我表扬，希望得到认可。这时候，身为指导者角色者要肯定他，让他乐于接受自己的观点；然后再指明不足，督促其继续努力（使人们保持对他的认可态度）；最后加油。其他两人亦是从性格特征和需要指导点出发。

在这个步骤中，老师可以引导学生做类似的思考分析。

学习拓展

前文中管理者阐述了反馈与激励的针对性，如果现场管理者有足够的时间和精力去一对一地进行反馈与激励，那自然是非常理想的。但大多数情况下，现场管理者没有足够多的时间这样运作，所以，以群体为对象来对现场指导工作情况作出反馈与激励，就显得尤为重要。一个有效的方法就是榜样激励。

在群体中，榜样的效应是不容小觑的，他能带动其他成员自发地提高对群体的贡献值。管理者熟知，在各类群体中都不乏通过榜样来激励群体成员共同向上的案例。比如在学校中，老师会选出一些优秀学生，天天宣传他们的学习精神、学习方法等等，如此一来，其他同学感觉到了来自榜样的压力与来自老师权威的期望，便会主动地向榜样学习并靠拢，对群体中所有成员无疑都是一种激励。

心理学家班杜拉指出，在群体中人们作为被观察者的同时也是一个观察者。个人总是通过观察他人的行为及其强化结果而学习并形成一些新的行为和反应，并使自己已经有的思维、行为得到纠正。而榜样正是每个人的主要观察对象。对于榜样，人们总是乐于模仿。

所以，在现场群体中，如果能够树立一个积极的、得到普遍认同的榜样，就等于为员工提供了一个高标准的价值评价体系，就会有更多员工为了能够得到认同与自我实现而模仿榜样，努力学习技能，实现自我提升。

在现场群体中，存在好榜样也存在坏榜样。在很多惰性较强，几乎没有好榜样可树立的群体中，找出一个坏榜样，对其予以负激励（否定、惩罚），与树立好榜样有着异曲同工之妙，其收效往往更好。这是因为对于坏榜样的负激励能够让员工更加明确做错事或不努力的后果，并且深知只有比别人更努力、做得更好才能避免惩罚。当员工们为了避免成为坏榜样而面临负激励时，他们只会更努力却没有最努力的标准，于是他们的积极性和能动性可以得到更多的提升空间。

第5章 现场关系管理

人是现场中的主体，人与人构成了现场关系网。人与人之间的关系状态影响着每个人的工作态度、工作行为，进而影响着现场运作状态。查尔斯·施瓦伯是世界500强企业中的著名企业家，他非常善于营造良好的现场关系状态。

有一段时间，他属下的一个子公司的员工总是完不成定额。公司经理为此绞尽脑汁，采取了许多解决办法——劝说、训斥，甚至以解雇相威胁，但最终都无济于事——工人还是完不成定额。最后，施瓦伯决定亲自到该公司处理这件事。

在公司经理的陪同下，施瓦伯到公司巡视检查。当时正好是白班和夜班的工人交接班的时间。施瓦伯问一位上白班的工人："今天你们一共炼了几炉钢?"工人回答说："8炉。"

施瓦伯一言不发，只是拿起笔在公司的布告栏上写了一个字，然后就离开了。上夜班的工人上班时，看到布告栏上的"8"字，不明白是什么意思。门卫告诉了他们施瓦伯来公司视察并写下"8"字的详细经过。

不料第二天早晨，当白班工人接班时，看到布告栏上的字改成了"9"字后，心里很不服气：夜班工人并不比我们强，明明知道我们炼了8炉钢，还故意比我们多炼1炉，这不是明摆着要将我们比下去，让我们下不了台吗？于是，大家齐心协力，到晚上交班时，夜班工人看到公布栏上写的是"10"字。

就这样，施瓦伯抓住工人们的好胜心理，略施小计，便为该厂建立起一种良性竞争关系，由此不仅巧妙地解决了该厂完不成定额的难题，还使工人处于自动自发的工作状态。到最后，公司的最高日产量竟然达到了20炉，是过去日产量的2.5倍。再后来，这个平日落后公司的产品产量很快超过了其他公司。

聚焦问题

现场中存在哪些关系？为什么要关注关系管理？什么样的现场关系是被期待的？维持良好的现场关系应该怎么做？

主题理解

从人力资源管理的角度来讲，关系管理往往被限定为劳动关系管理，是指企业经营者、现场管理者、员工之间在企业经营过程中形成的责权利关系，是一种广义上的关系管理。具体而言，它通常包括劳动合同的签订、变更与解除。

在现场中的关系管理（Scene Relationship Management）则是指企业和员工的沟通管理，这种沟通更多采用柔性的、激励性的、非强制的手段，从而提高现场各方人员的满意度，支持组织其他管理目标的实现。这是一种狭义的关系管理，本书中讨论的关系管理限定为狭义关系管理。

通常，现场关系主要涉及：现场管理者与员工的关系、员工与员工之间的关系。前者是上下级关系，它的管理目标是现场管理者主动维护自身与员工的关系状态；后者是平级关系，它的管理目标是现场管理者在员工内部建立一种和谐的竞争与合作氛围。

科学的现场关系管理应关注四个方面：关系建立、关系协调、关系维护、冲突处理。

（1）关系建立。当人力资源部将人才送到现场，那么现场关系便开始产生了。但是，让这种关系以什么样的性质状态呈现出来，却是待定的。此时，现场管理者的任务便是设定自己希望的关系性状，然后努力让各方关系状态朝着自己预期的方向发展。比如，如果你希望你与员工之间是一种朋友式的关系，那么你可能需要在管理模式上做好规划，并在日常工作中展现你的技巧，让员工不至于感到被威权所压迫。

（2）关系协调。关系协调侧重于在面对具体事件或人际关系时，即现场元素变动状态下，管理者应采取的协调行为。比如，A、B、C三位员工，你会如何安排他们的工作，让他们的责权利匹配到位；遇到问题时如何寻求帮助或在他人遇到困难时如何给予帮助。这都需要现场管理者做好具体情境中的协调。从本质上说，这是一种任务状态下的关系管理。

(3) 关系维护。比如，营造长期、和谐的关系、设计关系预处理方案、营造良好的关系维护氛围，等等。这些都属于关系维护的范畴。它们并不具有具体情境针对性，是一种非任务状态下的日常关系管理。

(4) 冲突处理。最理想的关系状态是所有人永远和谐相处。但是，有人的地方就会有纷争、矛盾、冲突，这是难以回避的问题。所以，现场管理者必须考虑冲突处理问题。具体而言，现场管理者必须界定关系冲突的类型、关系冲突管理的功能、关系冲突处理的策略以及处理程序，从而确保关系冲突得到彻底解决。

管理者需谨记，现场人与人之间的关系形成了现场软环境，这种关系管理是现场管理的重要部分。管理者们必须全面了解关系管理的四大子技能及技能应用要领，能够有效应用这种技能，进而维护好现场关系状态。

 学习目标

本章的学习目标如表 5—1 所示。

表 5—1

知识点	位置	学习目标
现场关系的概念、内容、影响因素	单元一	● 理解 ○ 须知 ○ 熟知 ○ 活用
关系形成的过程	单元一	○ 理解 ● 须知 ○ 熟知 ○ 活用
关系与管理效能的实现	单元一	● 理解 ○ 须知 ○ 熟知 ○ 活用
责任制建立的过程	单元一	○ 理解 ○ 须知 ○ 熟知 ● 活用
分工与关系协调的概念、偏差控制	单元二	● 理解 ○ 须知 ○ 熟知 ○ 活用
工作协调机制	单元二	○ 理解 ● 须知 ○ 熟知 ○ 活用
工作协调的三大原则	单元二	● 理解 ○ 须知 ○ 熟知 ○ 活用
分工与关系协调的程序	单元二	○ 理解 ○ 须知 ○ 熟知 ● 活用
关系维护的定义、核心	单元三	● 理解 ○ 须知 ○ 熟知 ○ 活用
关系维护的四个阶段	单元三	○ 理解 ● 须知 ○ 熟知 ○ 活用
关系维护与心理契约的关联	单元三	● 理解 ○ 须知 ○ 熟知 ○ 活用
关系维护的五种方法	单元三	○ 理解 ○ 须知 ○ 熟知 ● 活用
关系冲突的定义、类型	单元四	● 理解 ○ 须知 ○ 熟知 ○ 活用
关系冲突管理的功能	单元四	○ 理解 ● 须知 ○ 熟知 ○ 活用
关系冲突处理的策略	单元四	○ 理解 ○ 须知 ● 熟知 ○ 活用
关系冲突处理的程序	单元四	○ 理解 ○ 须知 ○ 熟知 ● 活用

单元一 关系与责任确立

概念理解

在现场管理过程中，现场管理者的核心任务是建立清晰了然的关系状态，并通过有效手段，来增进现场管理效能。而关系形成的基础则在于岗位责任的确立。换言之，岗位责任制的科学建立是良好关系形成的起点。

观念探析

请理解下面这两句话的含义。

观念1：现场关系是聚焦于现场的、围绕业务与职能而设定的关系状态，它表现为：个体与个体、个体与团体、团体与团队的关系。

观念2：你最终收获的现场关系状态，与你最初确定的责任内容和关系状态是直接相关的。

情境讨论

你最期望的工作关系

在任何现场中，良好的关系状态都是从责任的明确化开始的。如果责任不明，那么整个现场中的人都往往难以达成任务要求。因为，现场中的人们并非始终各做各事——人与人之间必然因现场工作落实而存在着某些关联，比如，人们需要同时完成一类工作，或分别处于前后工序，二者存在工作对接要求，等等。

一旦这些关联中存在模糊地带，那么现场中便会出现一些工作推诿、工作堆积过多、工作执行空白等问题。因为人们认为，总有人会去做那件事，我不需要做；而另一个群体则在苦恼抱怨“为什么我的工作总是这么多”……久而久之，人们心中便会产生不公平感，现场工作氛围越来越不和谐。

知识学习

在现场中，人与人之间互相作用，互相影响，由此构成了不同类型的关系。这些现场关系的状态直接影响着现场人员的工作态度、现场工作氛围，并进一步影响着现场事务的运作状态。

什么是现场关系

每个现场的运作都离不开各类人员，而每个人所处的位置不同，所扮演的角色亦各有不同，因此现场关系具有较为复杂的属性。

1. 现场关系

现场关系不同于以交往为主要形式的社会人际关系，它是围绕职能与业务而形成的关系脉络。顺畅且清晰的现场关系，有助于促进现场人员的团结、和谐，规范现场运作程序，进而使得现场工作顺利开展。现场关系固化后，会形成两大成果：一是现场组织架构；二是独特性的现场关系氛围，如公平、压抑等皆属于现场关系状态。

大体上，现场关系具有四大特征：双向、网状、多变、契约约束，如表 5—2 所示。

表 5—2　　现场关系的四大特征

特征	说明
双向	关系线两端的主体之间互相影响，不存在单方向的影响或作用。比如，管理者与员工之间存在监督与被监督的关系，管理者对员工是监督，员工对管理者是被监督，双方要保证这条线是顺畅的状态
网状	现场主体是由关系线关联起来的，主体与关系线共同构成了一张简易的网状结构。真实的现场关系会构成一个大而复杂的网络
多变	现场环境不是一成不变的，现场环境、内部要素随时可能发生改变，如人员晋升、人员流失等。这些改变必然带来现场关系的变化，比如，新的关系建立，或关系消失。毋庸置疑，虽然变化可以带来更多新鲜元素，但是对于现场管理者而言，却要保证在多变的关系发展趋势中，让关系管理处于可控状态，这是考验现场管理者现场关系管理能力的重要方面
契约约束	现场关系网络的运作与内部契约密切相关。没有关系契约，现场人员便会处于分散、独立的状态，现场人员之间无法在能力上实现互补。因此，现场管理者必须通过设计契约来约束现场人员的行为，从而避免因个体行为失态而影响了关系网络的顺畅运作

2. 现场关系的内容

现场关系的内容包括两大方面：现场关系主体和现场关系类型。如果将现场关系比作一个网状结构，那么现场关系主体就是网中的节点；关系类型就是网中的连线。

从现场组织结构的角度来说，现场关系主体是指领导角色者和员工；而关系类型包括上下级关系类型和平级关系类型。

而从具体职务和工作内容来看，现场关系主体是定义为：承担各种角色和职责的人员；而现场关系类型则可以分为领导与被领导、监督与被监督、支持与被支持等具体类型。

3. 现场关系的影响因素

在现场中，很多因素都可能影响到现场关系状态。这些因素包括：领导者态度、员工认知、工作难易度、分工明确度等，如表 5—3 所示。

表 5—3　现场关系的影响因素说明

影响因素	说明
领导者态度	领导者对现场关系管理的重视度会直接影响现场关系状态。如果领导者对现场关系较为忽视，一味考虑指令下达，态度蛮横，那么往往会导致现场关系僵化、冲突加剧；而如果领导者对现场关系比较看重，并采取轻松的行为、有效的措施对待现场人员，意图创造和谐的现场氛围，那么现场关系便会呈现出更为理想的状态
员工认知	员工是现场中的主体，其对现场关系的认知和维持会影响现场关系状态。如员工认知不清，则现场关系混乱不明，现场运作受到负面影响；如果员工已有准确的认知，则现场关系明朗、和谐
工作难易度	工作难易程度影响着人们对工作的感知，而感知优劣则会反映到现场关系状态中。如工作难度较大，且无法获得有效的外界帮助，那么其对工作的负面感受会越来越强，对施予负面感受的来源亦会反感。因此，现场关系管理时必须关注工作难易度问题并加以有效控制
分工明确度	分工明确与否是现场关系与责任确立的根本性影响因素。责任确立来自分工，没有分工，责任不明；责任不明，则会导致工作推诿、越俎代庖等问题发生。长期下来，必然导致现场关系状态日趋恶化

关系形成过程

关系形成过程是指现场关系建立后经过的发展阶段。组织行为学家塔克曼（Tuckman）曾提出团队发展 4 阶段模型：形成期（Forming Stage）、震荡期（Storming Stage）、规范期（Norming Stage）和执行期（Performing Stage）。现场关系形成过程也可据之分为四个阶段。

1. 形成阶段

关系形成阶段是指现场管理者初步确定任务宗旨，并且被现场人员广泛接受的过程。在这个阶段中，现场关系初步建立，现场人员大致了解现场关系形成的原因、使命和任务。

在团队组建初期，职能部门需发挥以下作用：财务部提供现场关系形成所需要的资金；人力资源部要确保关系主体的存在；信息部为关系主体提供内部信息传递网络等。而所有职能部门所要达成的目标就是让现场人员明确地了解现场工作目标。

2. 震荡阶段

关系震荡阶段是现场人员熟悉现场工作方式的过程。在这个阶段中，现场关系矛盾会日益突出，比如：现场人员之间的观念冲突、互不认可、推脱责任或揽责过多，现场员工工作规则与集体规则的冲突等。

在这个阶段中，最好的状态是让各种冲突公开化，然后才能予以针对性调整。如果所有问题始终被隐藏或生硬打压下去，那么问题始终无法根治，现场关系将始终存在矛盾冲突点。因此，要注意暴露关系问题，促进内部信息流通。

3. 规范阶段

关系规范阶段是指现场关系经过调整后逐步走向平静、规范的阶段。在这个阶段中，现场成员之间将建立起流畅的合作模式。

在规范阶段，最突出的特征是：现场人员积极参与现场工作决策，充分尊重各自的差异，重视彼此之间的依赖关系，现场对接关系更加明确；而且，岗位责任的界定会更加清晰，现场人员会努力充实自我，使自己的岗位胜任力增强。

4. 执行阶段

关系执行阶段是指现场人员明确自己和他人的责任、责任对接并能够履行责任的过程。在这个阶段，现场关系达到和谐状态。

在此阶段里，岗位责任制往往得以建立起来，并在现场中得以贯彻执行。而且，现场管理者会通过建立考评体系，最大限度地调动现场人员的积极性，对责任落实情况进行监督，并对违责行为进行处理。

需要注意的是，现场关系形成过程中的每一个阶段都是有机联系的，不能把每个阶段分裂开来看。现场管理者必须抓好每一个环节的工作，这样才能建造和谐且高效的现场关系。

关系与管理效能

现场关系管理不是单纯地为了建立关系而存在，其根本目标是借现场关系建立来提高管理效能。通常，现场关系是通过以下方面来增进管理效能的，如图 5—1 所示。

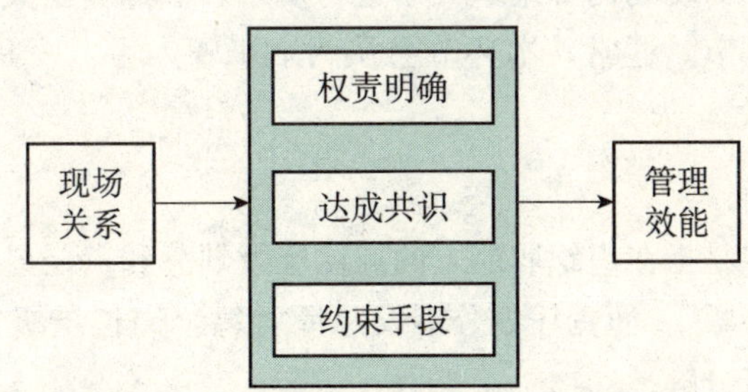

图 5—1　现场关系与管理效能促进关联图

（1）权责明确。现场关系建立需要从明确的权责开始。权责界定不清，必然使得责任推诿、责任空白、责任交叠等问题层出不穷，最终使得现场关系混乱，现场运营过程中冲突滋生，管理浪费频生。

（2）达成共识。在现场中，现场所有人员均应达成一致共识。缺少共识必然导致，人们各行其是，即便各自都为了实现现场目标，但却可能因矛盾、冲突的存在而掣肘现场工作的开展。

（3）约束手段。现场关系状态切忌随意、放任，缺少了约束手段，那么现场势必乱成一团；唯有设定清晰严格的约束手段，方可确保现场整饬到位，现场关系清晰。

技能要领

从上文的知识学习中可以看出，现场管理者处于由多个现场主体构成的网状结构中，而一个科学的现场关系网络是通过岗位责任制来实现的。也就是说，关系与责任确立的过程必须经过四个环节：责任关系界定、权责讨论、权责公布、责任制落实，如图5—2所示。

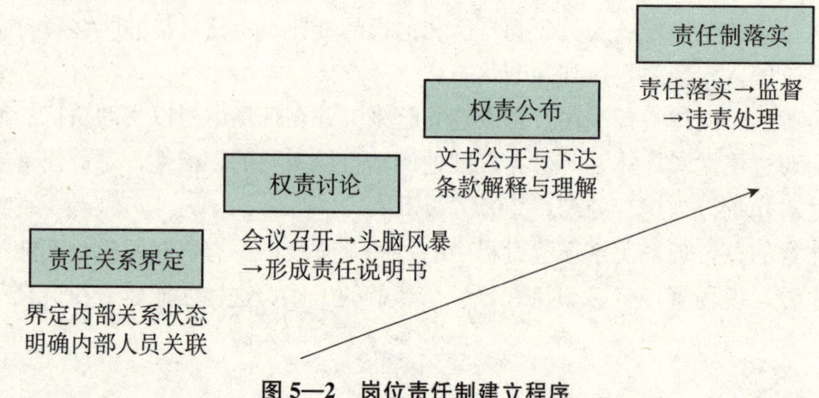

图5—2　岗位责任制建立程序

责任关系界定

责任关系界定是指对现场内部组织关系进行规划。确保责任关系的清晰性，这是岗位责任制建立的核心环节。通常，本环节会从两个步骤入手：一是界定内部关系状态，二是明确内部人员关联。

1. 界定内部关系状态

内部关系状态界定是指在组织职能上的岗位层级划分和责任界定。岗位层级划分是企业组织模式的“缩小版”。而责任划分不仅是针对每个岗位层级而界定的，同时也是现场总体责任的进一步分解。

最终，应生成《现场组织结构图》，这种关联图通常被设置在管理制度中，并不会被列示于现场显要位置上。

2. 明确内部人员关联

内部人员关联是在内部关系状态界定的基础上，结合现场人员名单，划定具体的人员之间的关联。

为了更便于使用，部分现场管理者会在《现场组织结构图》层级模式的基础上，使这种关联明显化，并将这种被具体化的《现场组织结构图》挂在现场中，以便于人们了解现场组织层级和各层级之间的关联性。

图 5—3 是某现场的组织结构图。

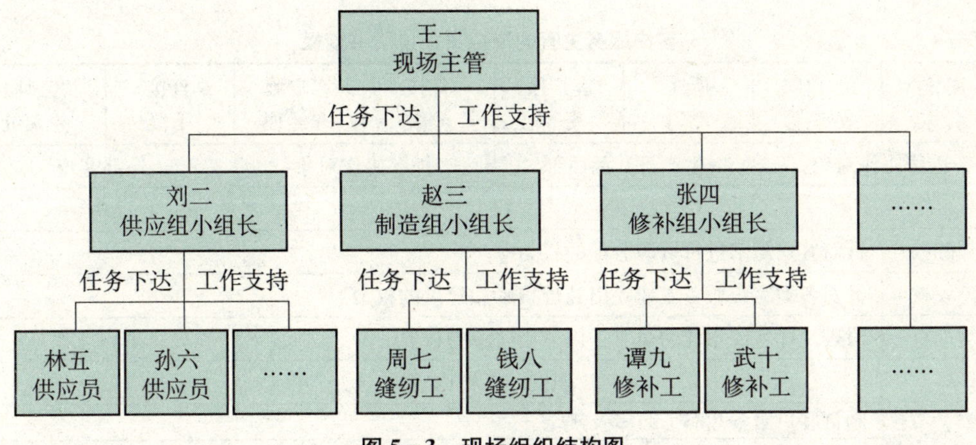

图 5—3 现场组织结构图

权责讨论

责任关系初步设定后，即可就各岗位的具体权责要求进行讨论了。

1. 会议召开

为了确保权责界定的科学性、全面性、系统性，现场管理者应与人力资源部主管、优秀工作人员一同组织召开相关会议，共同设计各岗位工作权责。会议召开时，应注意以下事项：

（1）明确与会人员。即将参与会议讨论的人员名单清楚列示出来，并一一通知到位，避免部分人因未注意到通知而未能按时参会。

（2）会议时间方便。会议召开的时间应是所有与会人员都方便的时间，这样才能避免有些与会人员不便参与，最终使得会议召开效果无法达成预期。且会议召开时间适当，不会因过长而影响人们其他工作安排或导致与会人员过于疲劳。

（3）会议准备充分。该会议召开是为了确认岗位权责，为确保会议召开的高效性，应备齐相关资料（如：同行业岗位责任说明书、本企业旧版责任说明书、内部工艺流程说明等）、纸笔、白板或电脑等工具。

2. 头脑风暴

实施头脑风暴的目的是激发与会人员的思维，使之更充分全面地思考岗位责任内容的设计。按照一般流程，现场管理者需要预先设定即将讨论的岗位，然后由与会者一一发言，并记录下来。在此过程中，对每人发表的言论不加评论，待所有人都发言完毕后再统一讨论各种建议内容的合理性。

3. 形成责任说明书

将所有参会人员提出的建议进行整理，并经讨论一致通过后，即可形成《岗位责任说明书》。表 5—4 是某企业的客服主管岗位责任说明书模板。

表 5—4　　客户服务主管的岗位责任说明书模板

<table>
<tr><td>岗位名称</td><td>客户服务主管</td><td>所在部门</td><td>客户服务部</td><td>直接上级</td><td>客户服务经理</td><td>直接下级</td><td>客户服务人员</td></tr>
<tr><td colspan="2">内部协作对象</td><td colspan="2">生产部、品质部</td><td colspan="2">外部协作对象</td><td colspan="2">外部客户</td></tr>
<tr><td colspan="8">权力</td></tr>
<tr><td>分配权</td><td colspan="7">针对客户需求进行资源分配的权力</td></tr>
<tr><td>建议权</td><td colspan="7">针对各类客户服务工作提出处理指示和建议的权力</td></tr>
<tr><td>奖惩权</td><td colspan="7">对表现优秀或不佳的员工予以适当奖惩的权力</td></tr>
<tr><td colspan="8">职责与工作内容</td></tr>
<tr><td rowspan="5">职责一</td><td colspan="7">制订客户服务战略、政策及规范</td></tr>
<tr><td rowspan="4">工作内容</td><td colspan="6">了解同行业市场竞争趋势</td></tr>
<tr><td colspan="6">分析同类产品的客户服务情况</td></tr>
<tr><td colspan="6">制订客户服务战略计划</td></tr>
<tr><td colspan="6">确定客户服务政策与措施</td></tr>
<tr><td rowspan="6">职责二</td><td colspan="7">组织进行客户关系维护管理</td></tr>
<tr><td rowspan="5">工作内容</td><td colspan="6">根据客户服务部制度，维护客户关系</td></tr>
<tr><td colspan="6">管理客户服务部客户服务运作事宜，统计、分析企业的客户资源</td></tr>
<tr><td colspan="6">按照分级管理规定，定期进行客户访问</td></tr>
<tr><td colspan="6">及时汇总客户服务情况，提出合理建议</td></tr>
<tr><td colspan="6">反馈客户服务质量投诉处理结果</td></tr>
<tr><td rowspan="3">职责三</td><td colspan="7">负责客户服务人员管理</td></tr>
<tr><td rowspan="2">工作内容</td><td colspan="6">对客户服务人员进行培训、激励、评价和考核，提高其服务技能水平</td></tr>
<tr><td colspan="6">推荐优秀客户服务人员名单，报客户服务经理批准</td></tr>
<tr><td colspan="8">……</td></tr>
<tr><td colspan="8">任职资格</td></tr>
<tr><td colspan="8">1. 专业及教育水平：企业管理等专业，本科以上学历
2. 工作经验：4 年以上客户服务部工作经验，其中，要有 1 年以上的部门管理经验
3. 技能要求：
(1) 对本企业所在行业有一定的了解，熟悉本行业客户服务的各个环节及服务流程
(2) 擅于沟通，有一定的社交能力以及协调解决突发问题、投诉的能力
(3) 有较强的组织协调能力、口头及文字表达能力和数据分析能力
(4) 熟悉客户服务管理模式，擅于指导、培训和激励客户服务人员</td></tr>
</table>

权责公布

当各个岗位权责内容一一得以确定后，即可将对应的权责内容加以公布。

1. 文书公开与下达

每个岗位责任说明书都应形成固定文书形式，下达至对应部门，并由相关责任人签字确认后存档。而各岗位的责任说明书则应做到人手一份。

2. 条款阐释与理解

为了确保岗位责任说明书能够被责任人牢记，单纯地下达文书是不够的。现场管理者要对各个条款要求进行诠释，确保岗位责任人能够理解到位，进而在工作中有效落实权责。

责任制落实

责任制落实并非在公布后即终止，它的重点在于落实和维护——唯有良好的落实和维护，才能有效建立和健全岗位责任制。通常，这个步骤的重点是责任人做好权责落实工作，而对应的管理者则应做好监督工作，并对出现的违反责任规定的行为进行处理。

1. 责任落实与监督

责任落实是责任制落实的重点。现场人员应在理解权责要求的基础上，严格律己，做好权责要求的每一项工作。而现场管理者则要做好督促和监督工作，通过定期或不定期的监督措施，确认现场人员是否严格按照权责要求来落实工作。

2. 违责处理

在监督过程中，现场管理者一旦发现存在违责行为，务必严格处理。通常对于违责行为会采取以下处理措施，如表 5—5 所示。

表 5—5　　违责处理措施

措施	说明
警告	对于情节较轻、未造成损失的，管理者应对现场人员提出警告，提醒其不再出现相同或相似行为
罚款	对于非主观故意，但造成一定损失的，现场管理者可以对现场人员作出罚款处理，使之对违责行为予以一定的重视
降职降级	对于造成严重损失的，现场管理者可以对现场人员作出降职降级处理。通常降职降级处理会附带经济处罚手段
辞退	对于造成重大损失的或屡教不改的，管理者可以对现场人员作出辞退的处理

行动练习

接下来，我们以车间人员关系初步建立为例来练习关系建立的相关工作。

【练习说明】

假设你现在被委任为电子产品组装车间的主管，现在该车间有 30 名员工，尚需要 20 人补入才能实现预期的工作人员配额。现在，请你谈一下车间人员关系初步建立的想法。

步骤 1：就本车间而言，先行设计人员关系雏形。

关系建立之初，需要进行先期规划。对于关系形式、大致的人员规划形式应预先有所界定。比如，该车间的基层管理者（如班组长）要几人，各个项目组人员分别要几人，人员关系大致是怎样的（比如各项目组之间是怎么样的业务承接关系），等等。在本步骤练习中，老师要引导学生对此有所思考，如果大方向没有确定，那么接下来的关系建立就容易陷入混乱状态。

步骤 2：打造车间人员细化的关系形态。请设定并展示出你想要的关系状态图。

这个步骤的重点是明确关系状态。这个步骤通常可以用车间人员关系图和职责说明书来界定。其中要界定清楚以下问题：关系采用什么风格（如学习型、拼搏型等），不同人员之间应如何沟通，彼此间应存在怎样的职责关系。该关系图中应当对车间内所有人员之间的关系有所展示，并非简单意义上的车间结构图。在本步骤的练习中，学生应重点练习关系图的设计（职责说明书在前文已有说明，这里不再重点练习）。图 5—4 是车间人员关系图的基本模型。

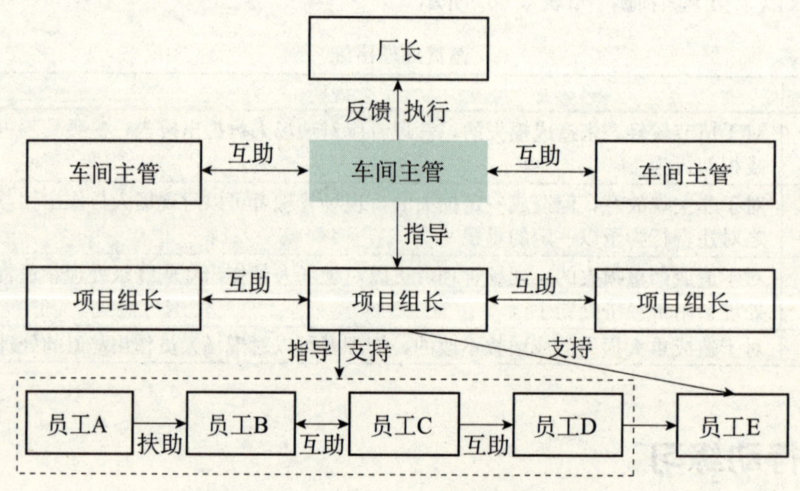

图 5—4 车间人员关系图的基本模型

步骤 3：请组织开展岗位职责说明书的制作，并设计职责说明书模板。

岗位责任说明书的制作过程在前文中已有介绍，这里不再赘述。在此环节，老师将重点放在考查学生对前文知识的掌握情况，并重点引导学生从具体情境去思考如何制作职责说明书。由于学生可能对车间不甚了解，所以本环节的练习可以简化为考查学生对职责说明书模板框架的设计上。

如果学习条件较好，学生能够通过相关渠道获得电子产品组装车间各个岗位的工作资料，那么老师应引导学生设计一份可使用的岗位职责说明书。

学习拓展

在本单元中，我们介绍了现场关系的概念以及现场关系与责任确立的过程，相信大家已经掌握了关系确立的一般思路和方法。在本单元的最后，我们还将提出一个问题：责任制的建立者与维护者。

从前文可知，现场关系的建立有赖于责任的确立，而责任确立则受到责任制的影响。因而，责任制的建立与维护就非常重要。在很多现场中，人们将这个任务完全放在了管理者身上，这是一种狭隘的管理模式。

事实上，责任制覆盖的范围是现场全员，任何一个人的做法都会影响责任制是否能够落实下去，特别是能否有效落实下去。比如，员工是否认同责任制，会直接影响责任制的建立。

一些聪明的现场管理者会将全员列为责任制的建立者与维护者，将这个管理理念公开呈现出来，鼓励全员参与到责任制的建设过程中，如此一来，全员对责任制的认可度便会大大提升，自然而然地充当起责任制的建设者与维护者角色。即便早期的责任制并不甚完善，但是鉴于人们的主动参与，责任制仍然可以得以有效地落实下去，而不会受到过多的阻碍。

单元二　分工与关系协调

概念理解

分工与关系协调主要是由现场管理者为员工分配工作任务，并对各岗位工作开展加以协调，进而保障现场任务的最终达成。通常在此环节，现场管理者会将《任务分配书》等文本文件作为管理工具，建立科学规范的工作协调机制。

观念探析

请理解下面这两句话的含义。

观念1：关系协调不仅是一件在分工与实施之初要考虑清楚的问题，事实上它是在现场运作的每个时间点都需要考虑的问题。

观念2：关系协调是使现场关系处于长期的、相对稳定的状态的管理保障。

情境讨论

现场关系也要考虑协调

很多管理者认为岗位责任明确，工作关系既定，现场工作便可顺利开展下去了。但在实践中，现场管理者却常常苦恼于诸如员工各自为战、资源缺失、士气低落之类的事情。之所以出现这类现象，恰恰反映了分工与关系协调不当的问题。

此时，现场管理者如果不管不顾，任由其发展，很可能导致现场工作氛围持续恶化。因此，一些现场管理者必须做好分工和整合工作，比如调换岗位、增减人手、调配资源等。这些工作都需要现场管理者及时获得现场信息，了解现场关系状态，并及时作出适宜的调整。这样，才能确保现场工作顺利进行，保障现场关系的相对和谐和稳定。

知识学习

分工与关系协调是为了促进现场工作的顺利开展，通过任务分工和资源整合的方式，对现场工作关系进行控制的过程。从本质上说，本单元所谈的关系协调是基于任务的关系协调模式，而非针对现场工作开展过程中的矛盾冲突及不和谐（后者的问题我们将在后文第四单元中专门阐述）。

分工与整合

分工与整合是关系协调的核心内容，缺一不可。其中，分工主要是任务分工，是将任务内容分配至个人；而整合主要是资源整合，是对看似零散的各类资源进行调整和协同。这两项核心内容构成了现场关系协调的重点。

1. 任务分工

任务分工是基于协作的专业划分方式。它是关系协调管理的起始点，是提高管理的专业化程度和工作效率的要求。

（1）任务分工的两大重点。一是任务分解细化、系统，即确保所有任务被分解且落实后能够确保整个任务的达成；二是让人们明确自己的责任，没有明确的任务分工，人们对自己在任务落实中应承担的责任不清，最终势必难以完成任务。

(2) 任务分工的程序。分工基本程序可分为：界定任务五要素（包括任务落实的时间、地点、责任人、具体事务和实现标准）→任务分解（按人头划分、按工艺划分）→任务下达与公布。

2. 资源整合

资源整合是围绕现场工作任务的落实，对不同来源、不同层次、不同结构、不同内容的资源进行选择、配置和有机融合，从而促进任务分工目标实现的动态过程。资源整合是关系协调的核心工作。

资源整合的基本对象是三大现场资源，包括：人力资源、物力资源和信息资源。其中，人力资源整合主要表现为人员调配、补位；物力资源整合表现为支持资源及时供应；信息资源整合表现为现场信息的共享。

3. 偏差控制

分工与关系协调中的典型问题有三大类：越位、缺位、错位，如表 5—6 所示。

表 5—6　　分工与关系协调中的偏差说明

偏差	说明
越位	在现场中一些人员的言行会超出自己的权责范围，妨碍他人，这就是越位。简单地说就是因工作分配混乱，而使得人们做了不该自己做的事。通常，上级对下级、下级对上级、平级之间都可能发生越位现象
缺位	缺位是指一些岗位任务未系统分工，导致部分任务未划分出去，未指定执行人员。因此，在现场中便出现了缺位现象：人们在现场中未履行自己的工作权责，使得某些工作任务无人执行；或者某些岗位无责任人，责任推诿等
错位	错位是指岗位与责任人的不匹配，或者岗位分配时存在部分责任分配不清，存在多人负责同一工作的情况。这种现象的存在往往使得最终工作反而因责任推诿而出现了缺位现象

对于上述典型的分工偏差，现场管理者必须严格加以控制。为此，现场管理者有必要建立健全工作协调机制，并设定完备的工作协调原则。

工作协调机制

协调机制包括三大部分：工作协调内容、工作协调责任和管控手段。其中，工作协调内容是针对不同的环境状态而界定的工作协调事宜；工作协调责任是指围绕工作协调事宜，相关责任人应承担起的责任；管控手段是指为了实现工作协调而采取的管理、监督、控制手段。

1. 协调内容

通常，在不同的环境状态下，关系协调工作的具体内容也会有所差别。

（1）在静态环境下的关系协调，通常包括对人员和工作任务进行匹配，责权利对应，以及确保人与人的工作对接顺畅。比如，现场管理者与员工沟通后而做出的工作任务分配，就属于关系协调；再如，不同的员工做不同的工作，每个人担负着不同的责任、权利，而人们能够认可这种责权利分配结果时，这也是关系协调的结果。

（2）在动态环境下的关系协调，是指在现场工作开展过程中，当现场环境及资源发生变化时，及时地对当下的工作关系状态进行优化和控制。比如，现场实际运作进度比计划要求得慢时，可以重新安排员工的工作，使现场工作进度与预期同步。

2. 协调责任

协调责任中需要重视两个重点：一是工作协调的责任人；二是工作协调的具体责任，具体说明如表5—7所示。

表5—7　　协调责任的两大重点

重点	界定	说明
责任人	现场全员	（1）执行角色者。负责汇报现场工作执行情况，提出工作协调申请
具体责任	保障工作协调到位	（2）管理角色者。负责根据自身观察到的现状和执行角色者汇报的情况，综合考虑工作协调的实施问题

3. 管控手段

工作协调的管控手段是为了确保工作协调目标实现而采取的一系列行为、监督和控制措施。

（1）工作协调行为措施。即：应用合理的、科学的工作协调模式，进行分工与整合。这种协调模式可以设定为规范化的操作模式，从而在一定程度上保障工作协调的最终效果。

（2）工作协调监督措施。即：围绕工作协调过程设定监督点，定时或不定时地进行监督，确认工作协调情况是否与预期相符合。

（3）工作协调控制措施。即：在工作协调监督的基础上，对工作协调结果进行处理。通常，如工作协调效果佳，即可将该协调措施延续使用；如果工作协调效果不佳，则需要考虑调整工作协调方式。如是因工作协调责任人个人因素导致的工作协调不力，则对个人进行处理。

工作协调原则

在分工与关系协调时，应严格遵循三大原则：面向整体原则、要事优先原则和互助共赢原则。

1. 面向整体原则

面向整体原则是指面向现场工作的整体情况，来安排分工与协调的相关事宜。在分工与关系协调时，切忌针对某一现场方面的短期利益进行集中调配资源，而罔顾整个现场的长期收益情况。

辅助阅读 5—1　　**法约尔的统一指挥思想**

法约尔认为，管理是将专业化分工条件下各自的工作行为成果有序统一的活动。为此，他特意提出统一指挥思想，这个思想是指：“一个下级人员只能接受一个上级的命令。如果两个领导人同时对同一个人或同一件事行使他们的权力，就会出现混乱。在任何情况下，都不会有适应双重指挥的社会组织。”

如果将这个思想应用到现场关系管理中，我们可以理解为：当现场组织关系建立起来以后，在运转的过程中，所有事项的协调应面向整体、统一安排，切忌出现多头领导、各行其是的现象发生。

2. 要事优先原则

要事优先原则是指在分工协作时将要事放在第一位，或者在遇到要事时先就要事进行分工处理。

在现场管理中，不妨将所有要事按照重要度等级进行排列，然后按照排列清单来逐步安排分工和协调事宜；或者由相关责任人按照清单顺序，自动领取工作任务。这样，便可避免现场中的要事被延误。

3. 互助共赢原则

互助共赢是指现场人员能够互相帮助、达成共赢为目标，来分配任务、协调工作关系。在现场中，单一方面的利益或资源获得，必然会损害其他方面的利益或资源获得，长期下去必然导致现场关系恶化、矛盾冲突频发，是不利于现场有序管理的开展的。

为此，在现场分工与关系协调时，不妨考虑要求相关利益者都能参与到过程中，提出自己的建议，而后再由现场管理者组织大家一起平衡利益关系，最终实现共赢目标。

技能要领

上文中我们介绍了分工与关系协调的核心内容、管理机制和基本原则，下面，我们来介绍一下分工与关系协调的基本程序。通常，分工与关系协调需经过四个步骤：协调需求分析、协调机制建立、协调实施与反馈、协调异常分析与处理，如图 5—5 所示。

协调需求分析

协调需求分析是针对协调任务的必要性、协调位置、协调责任等进行分析和确认，是一种保障协调工作顺利、高效进行的重要环节。

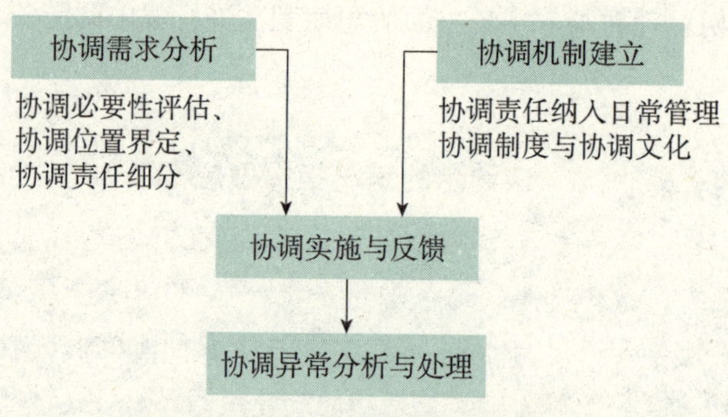

图 5—5　分工与关系协调的四步骤

1. 协调必要性评估

评估协调工作的必要性是需求分析的第一步。那么如何评估一项工作任务是否需要协调呢？通常可以从以下思路展开：

（1）工作任务是重要且紧急的。

（2）当前资源是无法满足任务需要的。

（3）协调工作会使任务实施结果更佳。

2. 协调位置界定

协调位置是指实施协调的物理场所、环节或时间点。具体而言，协调位置可以表现为以下方面，如表 5—8 所示。

表 5—8　协调位置说明

位置	示例说明
现场中某个可识别的位置	如：1 号设备右侧、2 号通道
现场工作流程中的某个具体环节	如：在第二道工序调派 10 名员工
按时间周期来划分的时间节点	如：在 12 时 12 分提供协助

3. 协调责任细分

协调责任细分主要是协调责任人对协调目标进行分解，并由相关人员对协调行为付诸实施。从程序上来讲，协调责任细分与目标分解是相似的——需要从总责任，逐步细分至各个环节、各个人员身上。

具体而言，协调责任细分将表现为：在一项任务上，相关责任人分别需要承担哪些任务、提供哪些支持。

协调机制建立

协调需求分析仅仅是对分工与关系协调的初步设定，而规范有效的分工与关系协调管理，必须有赖于现场建立一套有效而系统的协调机制。为此，现场管理者需要考虑两个重点：一是将协调责任纳入日常管理；二是建立协调制度，营造协调文化氛围。

1. 协调责任纳入日常管理

任何管理行为都应成为一种管理习惯，这样才易于提高管理能效。在分工与关系协调过程中亦是如此。现场管理者需要考虑如何让那些被孤立界定出来的责任纳入日常管理中，使工作协调成为一种自然而然的现场工作与管理行为。

通常，现场管理者可以通过以下三个步骤来实现，如表 5—9 所示。

表 5—9 协调责任纳入日常管理的三个步骤

步骤	说明
工作行为列示	将日常工作行为罗列清晰，形成工作过程说明书
行为与责任结合	将与协调责任相关的内容融入现场工作行为中
行为实践	在日常工作中不断演练，使协调责任成为现场管理中的一部分

2. 协调制度与协调文化

协调制度与协调文化分别从两个角度展开来规范工作协调行为：协调制度是以强制手段来规范分工与关系协调行为；而协调文化是以柔和手段来规范分工与关系协调行为。

辅助阅读 5—2　制度与文化的关联

在组织管理中，制度和文化是并行存在的。制度是文化的沉淀，文化是制度的精华。而在任何一个组织内部，制度更新都会导致文化变异，文化变异又会促使制度发生变化。更有甚者，有时制度不能解决的问题，却可以通过文化来解决。所以，现场管理者在分工与关系协调过程中，最先做的是培养协调型文化，然后才是如何设定协调制度来强化协调行为的发生。

协调实施与反馈

协调实施与反馈是分工与关系协调的核心环节。在这个环节中，无论是管理者，还是执行者，都需要为确保协调效果的达成而做出努力，并对协调行为最终取得的效果而做出反应。

1. 协调任务下达

协调任务下达是由现场管理者向相关责任人下达协调工作要求。在此过程中，管理者要将协调任务解释清楚，确保相关责任人能够领会协调要求，进而提供充分、有效的工作协调行为。

为此，现场管理者应掌握以下几个技巧，如表 5—10 所示。

表 5—10　协调任务下达时应掌握的技巧

技巧	说明
关键词解释	通过反复强调关键词（如：协调内容等），加深相关责任人的记忆
要求责任人确认	负责进行工作协调的人员应向管理者重复协调任务，向管理者确认是否完全理解了管理者的要求
异议交流	对于尚未理解的协调任务，责任人要向管理者提出，管理者则应为其做充分解释

2. 协调状态监督

在工作协调过程中应实时跟进，确认工作协调情况，即：协调状态监督。一个没有监督的协调过程，很容易被视为一个形式化过程。比如，部分人员可能认为协调性工作并非自己的本岗位工作，故而在协调时随意操作、含混过关，最终导致协调工作浪费大量人力、财力却效果不佳。

通常，现场管理者可以通过调查表、监测设备等，对工作协调要素进行检查，确认工作协调过程中相关人员是否按要求操作，以及各环节的工作协调结果是否达成。

3. 协调任务反馈

每个人都不希望自己在现场中无论做什么都无人问津，对于工作协调亦是如此。所以，协调责任人对协调后的结果就要进行沟通，即：协调任务反馈。

对于现场人员而言，协调任务反馈主要是对管理者作出的协调指示是否取得效果，作出评价，如：这种协调手段是否有助于工作开展，是否促使其取得了更好的工作效果。

对于管理者而言，协调任务反馈则是对现场人员在协调后的事务处理是否得当、表现是否最佳，作出评价和反馈——对做得好的地方予以肯定，对做得不好的地方予以提醒或警示。在现场管理中，现场管理者对协调工作的关注，往往会使得员工对那项工作更有热情。

协调异常分析与处理

在协调实施与反馈过程中，人们可能发现一些工作协调异常现场。此时，现场管理者要组织相关人员进行分析，并采取有效的处理措施。

1. 协调异常分析

协调异常主要是指协调任务未能按要求完成，未按时、无障碍完成，这类问题都属于工作协调不力的范畴。对于这类问题，现场管理者需要保持追根究底的态度，了解协调异常发生的根源（如：协调人员主观不愿意、协调程序设计不甚周密等），从而避免协调异常的重复发生。

通常，进行协调异常分析时，可以采取 5why 分析法、5W1H 分析法、鱼骨图等方法，简介如表 5—11 所示。

表 5—11 协调异常分析的常用方法

方法	说明
5why 分析法	5why 分析法源于日本丰田公司，又称“5 问”法，它是一种诊断性技术，通过连续提问 5 次为什么，用来识别和说明因果关系链，帮助人们找到问题的根源
5W1H 分析法	这是一种思考方法，也叫六何分析法，从原因（何因）、对象（何事）、地点（何地）、时间（何时）、人员（何人）、方法（何法）六个方面提出问题进行思考，是一种创造技法
鱼骨图	将产生问题的所有原因按层级列举出来，然后再使用统计工具，统计这些原因导致问题发生的频率，最终依据出现频率的高低确定主要原因

2. 协调异常处理

对于协调异常问题，除了了解协调异常发生的具体根源外，还应对协调不力的结果进行弥补和处理。通常，可以采用的处理手段有以下三种：

（1）资源调配。为了弥补协调不力的问题，再次调配资源至指定位置，或重新设计协调方案。

（2）经验汇总。将协调不力的问题表现、分析过程以及处理模式进行全面记录，以备后期学习；如发现协调管理机制不健全，则在此阶段对协调机制进行完善和健全。

（3）责任追究。因协调不力必然导致现场工作能效降低，工作目标实现受到影响和牵制，因而，对于相关责任人必须予以责任追究，使之重视工作协调问题，避免因其日后各行其是而给现场带来不利影响。

行动练习

接下来，我们以某电子产品设计项目分工与关系协调为例来练习关系协调的相关工作。

【练习说明】

假设你是某电子产品研发项目负责人，你手下有 8 名研发人员。研发过程往往几经反复，且研发人员之间的对接与互助是非常重要的。现在你请思考一下：如何进行分工与关系协调才是最有效且易被人们接受的。

步骤 1：确认项目研发过程和人员责任界定。

____

____

在这个步骤中，现场管理者的管理重点就是前文所阐述的分工与任务协调。关于这一点，前文中已有说明。而在练习过程中，老师应重点引导学生将理论应用到实践，即：在本情境中，这种任务切分可以从哪些角度来区分，任务如何分配，细分任务后人们应承担什么样的责任，以及大家采取什么形式在什么时候进行工作对接。

步骤 2：研发过程中，向人们进行研发工作状态反馈。

____

____

在研发过程中，对于每个阶段的研发成果都需要进行及时评估和反馈，确认每个阶段的研发成果与预期目标是相符合的。一旦出现相悖的情况，现场管理者必须告知研发人员，要求其调整个人工作状态；如果研发人员的工作成果较为理想，也要如实告知，对其加以肯定。在本步骤的练习过程中，学生需点明应该对两种不同的状态进行反馈。

步骤 3：如果将实况反馈给研发人员后仍然无法改变研发效果，那么现场管理者应如何进行关系协调？从哪些方面入手？

____

____

对于这种情况，现场管理者需要对人员关系状态进行调整，如：调配新人或更有能力的人员进入项目组，或将能力不足的人员调出项目组；建立互助模式，使得研发人员通过自主协调与帮扶提升研发能力；建立工作成果实时分享机制，使研发人员能够通过实时沟通互通有无，实现完美的工作对接，等等。在课堂练习中，重点在于引导学生的创新思考力，激发学生思考更多的关系协调方式。

步骤 4：如果项目出现极大异常，如项目中断或需要调整人员时，对于当前项目组成人员，请采取对应的关系协调措施。

____

____

对于这种情况，人们最关心的是项目中断引起的个人收益和接下来的工作安排问题。现场管理者要针对人们可能关心的问题，给出合理的、双赢性的解决方案，并与员工进行平心静气的沟通，使之乐于接受。在本步骤中，老师应引导学生进行沟通能力和话术方面的练习。

学习拓展

本单元主要阐述工作协调的内容、机制、原则以及协调程序。从理论上来讲，似乎管理者与相关责任人如果能够按前文阐述的那样去操作，便可以实现高效的分工与关系协调。但是，在实践中，我们还需要注意两个概念：机械协调与有机协调。

所谓机械协调是指，每个现场成员拥有近似同样的职责和能力，现场成员之间毫无区别，每个现场成员的劳动都是等质的。

而有机协调则是指，每个现场人员有不同的职责和能力，人与人之间存在一定的差别。在这种协调中，每个人都有其特有的、不可替代的责任，就像一个有机体一样，每个部分的功能和作用都不同。

机械协调对现场人员的专业性要求相对较低，比如拔河比赛中所形成的现场的协调就是一种机械协调，一个人只要有力气就可以去参加拔河比赛。机械协调所产生的整体效能往往不高，这主要有以下两个原因。

首先，机械协调中容易出现偷懒耍滑的情况。因为现场人员之间的职责相同，容易出现职责模糊的情况，也就容易有人浑水摸鱼，偷奸耍滑。这时现场的整体效益就会是 1＋1＜2。也就是说，机械协调中一个现场所产生的整体效能往往不及单个现场成员所产生的效能之和。

其次，机械协调不能考虑到每个现场人员的能力差异，不能充分发挥每个人的优势，因为，每个人的工作都是一样的。在这样的情况下，即使一个现场中没有人偷奸耍滑，机械协调的整体效能也会非常有限，最多可以做到 1＋1≤2。这时候，现场的效能最多等于每个现场人员所产生的效能之和。

而有机协调则可以克服机械协调所具有的这两大缺点。因为在有机协调中，每个现场人员的职责都不相同，人员之间的职责不能替代，因而不容易出现职责混淆不清的情况。其次，由于现场人员之间存在着职责的差别，这就需要考虑到每个人的优势和劣势，从而，最终实现最大化每个人能力的作用，产生 1＋1＞2 的效果。

从系统论的角度讲，一个现场越是要取得大的发展，它的分工就要越细致，整个现场就越需要差异化、有机化。因此，要实现现场效能的最大化，现场管理者必须学会使现场人员的分工与关系协调从机械协调状态转变为有机协调状态。

单元三　关系与关系维护

概念理解

现场关系维护主要是针对现场工作氛围建设出发，它要求现场管理者考虑现场工作关系的稳定以及工作氛围的和谐。与关系协调不同的是，它主要是针对非任务状态下的现场关系的管理。

观念探析

请理解下面这两句话的含义。

观念 1：现场关系管理不仅仅是发生于眼前的关系设计或及时性协调，还是一项立足长远的维护工作。

观念 2：现场关系维护的目的不是为了获得稳定的人员规模，而是为了打造和谐的现场氛围。

情境讨论

现场关系的稳定与活力

部分管理者认为，现场人员保持长期稳定，这是现场关系维护达到极致的一种体现。然而，这种舒适的、看似理想的关系状态却并不是真正适宜企业现场的。于是，部分企业一度采用“末位淘汰制”，期望借此调动员工的工作积极性，避免人浮于事的不良工作关系状态。然而，这也并非科学合理的现场关系状态——末位淘汰虽然会激励人们更加努力，但也会使部分员工滋生朝不保夕之感，最终互相猜疑、互相拆台，甚至产生不必要的人员流失。

事实上，恰当的关系维护不应只是竭力追求“稳定”，或盲目追求“活力”，它应该是寻求二者之间的平衡，是一种鼓励积极向上又让人感到舒适和谐的关系氛围状态。这也应该是现场管理者努力奋斗的方向。

知识学习

当现场关系建立并在出现变动因素时做好关系协调，这并不意味着现场关系得到很好的维护。事实上，关系维护应从长远的角度考虑。具体地说，关系维护主要是基于非任务状态的关系维护，更倾向于现场中的日常人际关系维护。

关系维护的核心

现场关系维护主要目标是保持现场关系长期处于和谐与稳定状态。而这种关系状态通常受到一个重要因素的影响，即：现场“人”的满意。

1. 人员满意的表现

现场人员的满意通常表现为一个员工通过对现场的感知结果与期望值相比较后所形成的优良感觉状态。人的满意通常来自几个方面，如下：

（1）管理者在行为态度上是否尊重员工。

（2）现场管理者是否关爱员工，使每个员工感到自己身处大“家庭”中。

（3）现场整体氛围是否和谐，人与人之间的关系是否真诚、贴近……

如果现场人员对现场事务、现场关系感到不满，那么他会表现出负面的情绪、行为，最终影响现场氛围和现场工作业绩。因此，保障现场人员的满意是非常重要的。（关于如何获取员工的满意，将在技能要领中具体阐述。）

2. 人员满意调查工具

在实践中，现场管理者会采用各种有效工具来确认员工在这些方面是否满意。这些工具如表 5—12 所示。

表 5—12　3 种常见的员工满意度调查工具

调查工具	工具说明
工作描述指数法	主要衡量员工的工作满足，即综合满意度。它对薪酬、晋升、管理、工作本身和公司群体都有各自的满意等级，可用在各种形式的组织中
明尼苏达工作满意调查表	1）该量表通过测量 20 个工作层面，将每个层面的得分相加以总分来表示满意程度。量表分为长式和短式两种 2）长式量表包括 20 个大的项目，可测量员工的内部满意度、外部满意度及一般满意度 3）短式量表是从长式量表中抽出 20 个最具有代表性的问题，来测量员工的内部满意度、外部满意度及一般满意度
彼得需求满意调查表	1）该量表的适用对象：现场管理者 2）该量表提问集中在管理工作的具体问题，每个问题都有三句，如“你在当前的管理位置上个人成长和发展的机会如何？理想的状况应如何？而现在的实际状况又如何？

关系维护的阶段

现场关系维护不是一日之功，它需要现场管理者具有持久管理的思维，循序渐进地推动关系的拉近，保障现场关系的和谐和积极状态。当然这并不意味现场管理者只能采取春风化雨的策略来全力拉近关系，在特殊时候亦可以雷霆手段，中断个别不良关系，从而避免不良关系最终影响其他良好关系部分。这是关系维护的基本原则。在这一原则下，现场管理者可以考虑从以下四个阶段入手，来进行现场关系的有效维护，如图 5—6 所示。

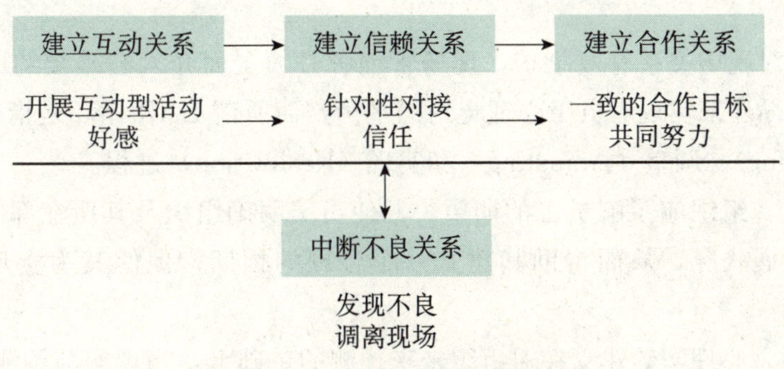

图 5—6　现场关系维护四阶段

（1）第一阶段：建立互动关系。当现场管理者已经取得了员工的好感，现场即可开始进行下一步——邀请员工一起聚餐、就产品或服务进行交流、一起轻松运动，双方关系可以大大拉近。而且，员工与现场管理者的互动，意味着彼此间存在着较为浓厚的兴趣。

（2）第二阶段：建立信赖关系。建立彼此间的关系并不难，难的是如何能够得到对方的支持和承诺，这就需要现场管理者对现场资料的收集。唯有全面、系统、仔细地研究现场资料，才能切实做到针对性地推进现场关系，获得彼此的信任。

（3）第三阶段：建立合作关系。仅仅得到员工的支持还是不够，现场管理者还需要利用与员工之间的关系互相影响，使双方观念达成一致。这样，更利于双方的合作，并使合作目标达成，使现场管理者进行现场关系维护时也更为顺利。

（4）第四阶段：中断不良关系。当现场关系显现不良，如管理者与员工之间存在极大的价值观矛盾，特别是员工存在高频率的负面行为时，要考虑对其进行培训或沟通；如果效果不佳，则将其调离现场岗位。

关系与心理契约

帮助现场管理者维护现场关系的元素中，除了双方签订在纸面上的合同外，还有一份写在心里的合同，即心理契约。书面合同主要从责权利划分、行为约束等方面对现场关系进行界定，有着固定的框架和既定的内容。而心理契约虽然无形无声，但却有着更为强大的约束力。

辅助阅读 5—3 **心理契约的理论起源和价值功能**

心理契约的概念最初是由美国管理心理学家施恩教授提出的。他认为，心理契约是“个人将有所奉献与组织欲望有所获取之间，以及组织将针对个人期望收获而有所提供的一种配合”。虽然这不是有形的契约，但却发挥着类似于有形契约的作用。现场管理者应当清楚地了解每个员工的需求与发展愿望，并尽量予以满足；而员工也为现场发展做出全力奉献，因为他们相信自己的需求与愿望能够得到满足。

为了实现对现场关系有效维护，现场管理者必须全面介入心理契约的 EAR 循环，通过影响这一循环来实现对员工心理契约的平衡。而所谓 EAR 循环是指心理契约的建立（Establishing）、调整（Adjusting）和实现（Realization）过程。

在 E 阶段，组织应了解员工的期望，并使员工明确组织及其所在部门的现状及未来几年内的发展状况，从而帮助其建立一个合理的预期，促使其为实现预期而努力工作。

在 A 阶段，心理契约建立在对组织未来预测的基础上，当现实与预测产生偏差时，调整就不可避免。组织应及时与员工沟通：现在出现了一些新情况，所以期望需要调整。特别是当组织的状况发生重大改变以致引起员工的心理剧烈波动时，管理者的及时沟通能降低员工的心理负担，降低其负面影响。

在 R 阶段，现场管理者应及时考察预期的实现程度，了解员工的合理预期在多大程度上已变为现实：工作环境是否如所希望的那样变好了？是否接受了应有的培训？职务是否变动？薪水是否有所提高？哪些期望已经实现？实现的原因是什么？那些尚未实现的是源自员工的能力存在问题还是管理方面的原因等等。这样的一系列问题找到答案之后，现场管理者便随员工进入下一阶段的 EAR 循环。

总而言之，虽然“心理契约”只存在于员工的心中，但它的无形约束力却能使组织与员工在动态的条件下维持良好稳定的关系，使员工视自己为现场工作的主体，将个体的发展充分整合到现场的发展之中。

所以，充分把握和平衡员工心理契约，是创造出充满活力的现场、维护良好关系的关键所在。

技能要领

从上文阐述中，相信现场管理者已经了解了关系维护的出发点、发展阶段以及重点，下面来进一步讨论一下现场关系维护的主要方法，具体如：表达重视度、平衡适宜性、尊重和认同、建立帮助计划、创造沟通氛围等，如图 5—7 所示。

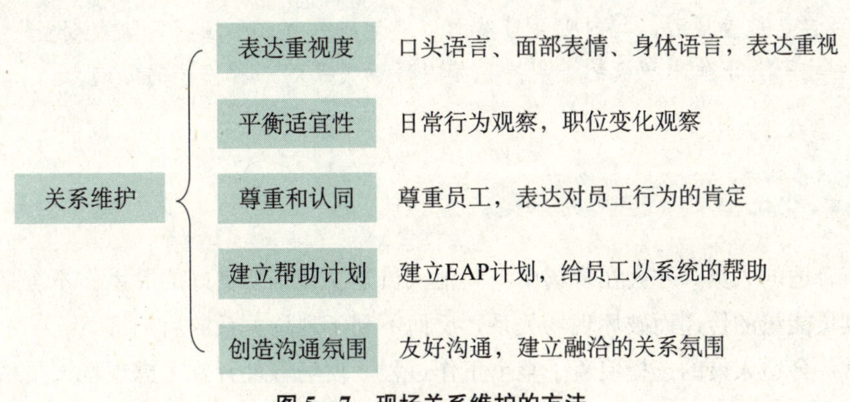

图 5—7　现场关系维护的方法

表达重视度

在现场中，现场管理者表现出的重视，可能源自两个出发点：一是项目或工作本身的价值极大，如果圆满完成该项目或工作将达成令人瞠目的结果，那么管理者会对项目及项目执行者表现出重视；二是员工在某些方面产生了优良的表现或不良的表现，故而使得管理者对员工本人刮目相看。

在这两种情况下，管理者都需要在适当的时机向员工表达自己的重视度，让员工感觉到“自己是被重视的”，这样才有助于员工更投入地工作或自我改善，以感激和答谢管理者的重视和赏识。

表达重视度的方式有很多种：口头语言、面部表情、身体语言等。

(1) 口头语言。是指用日常对话的形式对员工表达重视。如：管理者对员工说：“这个工作任务难度很大，你要多多用心来完成。”“这项工作只有你有能力完成，加油！”这样的重视会使员工更加努力地投入工作。

（2）面部表情。是指通过面部表情、目光等来向员工表达重视，通常会与口头语言一并使用。比如在说出上述语言时，辅以赞许的眼光，那么会大大加强管理者的重视度传递。

（3）身体语言。是指通过身体动作表达对员工的重视，比如拍拍肩膀、竖起大拇指等。此类方式通常也会辅以口头语言表达出来。

辅助阅读 5—4　　**“表达重视”背后的心理学**

马斯洛需求层次中，被人接纳、爱护、重视、关注、鼓励及支持等的需求，都属于“隶属与爱的需求（Belongingness and Love Needs）”。它是人们在生理需求和安全需求得到满足后而产生的一种需求。

事实上，只要企业能够保障人们的温饱状态和长期安定的工作环境，摆脱惴惴不安的生活，那么获得他人的重视，便成了人们接下来必然要面对的一种需求。而当人们感觉到自己被重视后，其内心会自然而然地生成一种“不应辜负他人期望”的心理感受，并在行为上作出积极的表现。这是对现场关系的一种极佳的促进力。

平衡适宜性

唯有合适的人员，才会在现场中与其他人员建立和维持良好的关系。不合适的人才会因为其负能量的传递而破坏现场关系，反而不利于现场关系的后期维系。

通常，合适人员的选择覆盖了整个工作过程。现场管理者要考虑现场人员的工作表现、处事态度、行为特性等是否与企业宣扬的价值观一致，这都是现场管理者需要细心思考的问题。

辅助阅读 5—5　　**迪士尼员工的一致的工作观**

关于迪士尼员工工作观，曾有这样一个故事，说的是：一名游客在参观迪士尼王国时看到一名演员停下来捡地上的垃圾，并把它们丢进了垃圾桶里。游客好奇地问导游：“他们不是有专门的清洁人员吗？为什么演员还要做清理垃圾的工作呢？”导游笑着说：“迪士尼公园制定的卫生清洁制度是全员参与管理的。”

也就是说，迪士尼要求每一个迪士尼工作人员都具有一致的工作观，时时刻刻维护公园环境卫生制度，时时刻刻保持公园的良好形象。对于现场而言，这样的人才是适宜现场的人。

此外，当员工被晋升为管理者时，也需要考虑其是否具备良好的关系管理技能。如果这个人不善于处理现场关系，不善于沟通和了解他人的状态，便很可能给现场带来矛盾冲突，以致影响现场的整体业绩。

尊重和认同

尊重和认同是员工情感管理中的最重要的部分。按照马斯洛的需求理论，人到了一定的阶段就有了被尊重和认同的需要了。在现代企业中，人与人在气质、性格、能力、知识等方面存在极大的差异，而且现场员工越来越知识化、信息化、国际化，因此要求被尊重和认同成为他们工作是否快乐的最基本要素。

因此，现场管理者在面对员工时，切忌抱持一种高高在上的自大态度去面对员工，而要善用"换位思考"的方式，斟酌如何对待同事、处理"人事"，公平地对待他们。这样，才更有助于良好现场关系的长期维系。

辅助阅读 5—6　**员工倦怠、认同与关系恶化**

若干年前，当拉克希米・拉马拉杰供职于一家非盈利性机构时，她发现该机构员工的离职率很高。导致高离职率的原因并非来自工作本身，而是在于该机构的管理制度。

"事实上，员工们都很热爱他们自己的工作，但是他们却感觉到管理人员并不尊重他们，"拉马拉杰说道。"那些员工受到不公正的贬低，并且因对现状提出质疑而时常受到来自管理人员的训责。"

员工们对于这种负面工作环境的不满"却遭遇到公司管理人员的置之不理或是否决。所有这一切最终导致大量员工离职。"

拉马拉杰和沃顿商学院管理学教授西格尔・巴萨德所持的观点是："员工最大的不满之一在于他们的工作没有获得组织给予足够的认同。而尊重是认同的组成因素之一。当员工感到自己没有受到组织的重视和尊重时，他们往往会产生更剧烈的倦怠情绪。"或者，正如拉马拉杰所言，"通常并不是工作本身让人筋疲力尽，问题在于组织本身。"

建立帮助计划

员工帮助计划（EAP）可以帮助员工解决职业心理健康问题，其目的在于透过系统的需求发掘渠道，协助员工解决其生活及工作问题，如：工作适应、感情问题、法律诉讼等，帮助员工排除障碍，提高适应力，最终提升现场生产力。

现场管理者应当向员工提供有关员工帮助计划方面的信息，并鼓励在需要的时候接受服务。这项计划应当与其他任何计划（比如医疗计划）一样受到企业的重视。

辅助阅读 5—7　**台积电制订的 EAP 管理**

台积电（全称：台湾积体电路制造公司）制订的 EAP 目标是追求物质和心灵并

重，努力营造工作与生活融合的舒适环境。台积电公司设置了一个 24 小时的开放空间，员工可以在那里舒解工作压力。当员工压力得到缓解，其对现场工作及遇到的问题会以更积极正向的状态去应对，从而建构出一种理想的关系状态。

创造沟通氛围

上述四种方法都是来自现场管理者一方的主动关系维护，这还远远不够。为了让这种关系维护更加有的放矢，现场管理者还应创造沟通氛围，让员工主动说出自己的苦恼或困扰，这样现场管理者才能采取更契合需求的关系维护措施。同时，沟通本身也可以缓解员工的不满情绪，也是有助于维护现场关系的手段。

现场沟通通常采用这样的方式：正式沟通渠道与非正式沟通渠道相结合。它主要包括八个方面，即：入职前沟通、岗前培训沟通、试用期间沟通、转正沟通、工作异动沟通、定期考核沟通、离职面谈、离职后沟通。这几方面构成了一个完整的员工成长沟通管理体系，能够为改善和提升现场关系管理水平提供重要的参考依据。

除公司正式、制度化的交流途径之外，现场管理者还要鼓励各种自发、非正式的交流沟通渠道。在公司里营造一种自由开放、分享信息、人人平等的氛围，娓娓道来的谈心、头脑风暴式的讨论，这些措施都将减少员工之间、部门之间的误解和隔阂，形成一种积极而和谐的现场关系状态，增强现场的凝聚力和创新能力。

辅助阅读 5—8　**英特尔对员工沟通意识的培养**

英特尔公司在沟通管理方面，采取了开放的沟通模式，既有自上而下的沟通，也有自下而上的沟通。其管理者通过网络，向全球员工介绍公司最新的业务发展，同时也会通过网上聊天，与员工进行互动的沟通，回答员工提出的各种问题。

在每个季度，英特尔公司定期出版员工简报，让员工及时了解公司最新情况。此外，公司还有一个“一对一面谈”制度，即公司与员工之间就工作期望与要求进行沟通。面谈通常通过员工会议的形式进行，而且由员工来决定会议议题、制定会议议程。通过这些沟通的方法和形式，英特尔总是能够了解员工的想法，并采取改进措施，极大地拉近了与员工之间的关系。

行动练习

接下来，我们以办公室日常关系管理为例来练习关系维护的相关工作。

【练习说明】

假设现在你是某车间主管，车间技术工人达 50 人，人员学历水平和工作经验、能力状态参差不齐，工作分配以及个人收益等方面亦存在差异，由此导致部分员工不满意，车间关系状态不甚融洽。现在，请你谈一下如何做好车间的日常关系管理。

步骤 1：了解现场人员对现场关系的满意度。

____

____

在这一步骤的重点在于确认现场关系状态，这是关系维护的前提。通常，现场管理者可以从员工的感受、管理层与员工之间的亲密度等细项展开，来评估员工对现场关系的满意度。一般，采取调查问卷、现场观察等形式来进行。在本步骤练习中，老师应引导学生思考从哪些细项来了解和评估关系状态。

步骤 2：确认现场人员当下的真实需求。

____

____

在不同的职业发展阶段中，每个人的需求都不尽相同，对关系状态的要求也会发生变化。如果在关系维护时针对的不是员工当下的关系需求，那么任何看似有效的关系维护措施都可能遭遇失败。因而，现场管理者的一个重点工作就是确认这个问题的答案。在本步骤的练习中，老师应重点引导学生思考需求确认的有效模式。

步骤 3：根据具体情况，分析关系维护方案和具体措施。

____

____

在技能要领中介绍了五种关系维护方法：表达重视度、平衡适宜性、尊重和认同、建立帮助计划、创造沟通氛围。在这个练习步骤中，学生可以思考在实践中应如何应用这五种方法，让这五种方法在实践中切实发挥成效；或是否还有其他方法来促进现场关系。

步骤 4：使管理层与员工之间的关系状态日益增进。

____

____

关系维护的原则是尽量拉近管理者与员工的关系，使之处于有益的状态——有助于推进现场工作的开展；如果关系状态不理想，或对现场有危害，应即时终止关系。而其中的难点是如何辨识这种关系是否有益，下一步应当选择哪一种做法，这也是本步骤的练习重点。

学习拓展

“现场关系”工作贯穿在管理的方方面面，从人们进入现场开始工作的第一天起，现场关系维护的工作便已宣告开始。在关系维护的过程中，员工满意是现场管理者需要秉持的核心原则。故而，前文主要向现场管理者阐述了如何通过现场人员满意来开展关系维护工作。

但是，这还远远不够。现场管理者还需要考虑一个概念，即：员工忠诚度。员工忠诚度是员工对企业的忠诚程度，它影响着现场业绩的创造和核心竞争力的打造。

员工忠诚可分为主动忠诚和被动忠诚。前者是指员工主观上具有忠诚于企业的愿望，这种愿望往往是由于企业与员工目标的高度一致，企业帮助员工自我发展和自我实现等因素造成的。被动忠诚是指员工本身不愿意长期留在组织里，只是由于一些约束因素，如高工资、高福利、交通条件等，而不得不留在企业里，一旦这些条件消失，员工就可能不再对企业忠诚。

因而，现场管理者需要以员工满意为途径，去实现员工的行为忠诚，进而获取员工的态度忠诚。这才是现场关系维护的终极目标。

单元四　关系冲突与处理

概念理解

现场关系管理中，关系冲突总是会耗费现场管理者极大的精力。因为，稍不留神，这些冲突的爆发就可能导致现场秩序混乱，给现场工作带来各种障碍。

观念探析

请理解下面这两句话的含义。

观念 1：从本质上讲，关系冲突是基于不同价值观、知识及沟通等方面差异而产生的。

观念 2：理想的冲突处理不仅能够消除现场关系中的不良问题，还会给现场管理带来关系优化的机会。

情境讨论

关系冲突与关系优化

在现场中，现场管理者最头痛的一种现象就是：现场人员因内部关系冲突的发生，而彼此交恶，现场内部协调配合难，恶性竞争不断，现场秩序混乱。特别是在一些粗放型生产现场中，关系冲突甚至会演变为打群架等恶性事件。在这种状态下，现场工作绩效自然非常差，同时也给企业带来诸多负面的社会影响。

诚然，关系冲突发生绝非好事，但是如果现场管理者能从关系冲突中获得优化管理的思路，那么通过处理这个冲突可能为现场管理带来可喜的改变。因此，如何识别关系冲突状态，如何化解掉冲突而将其被现场管理所用，这是现场关系管理的一个重点。

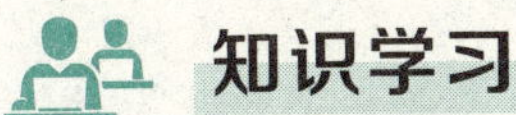

知识学习

关系冲突（Relationship Conflict）是指现场管理者与员工或其他管理者之间的沟通等行为问题，是现场中的一种普遍现象。任何关系冲突如若不加引导，都会导致现场工作氛围低落，甚至诱发肢体冲突。因此，对关系冲突的识别要趁早，对关系冲突的处理要予以足够的重视。下面来看现场关系冲突的类型、关系冲突管理功能以及关系冲突处理策略。

关系冲突的类型

现场中，关系冲突主要分为两种类型：小组冲突和组织内部冲突，其关系示意图如图 5—8 所示。

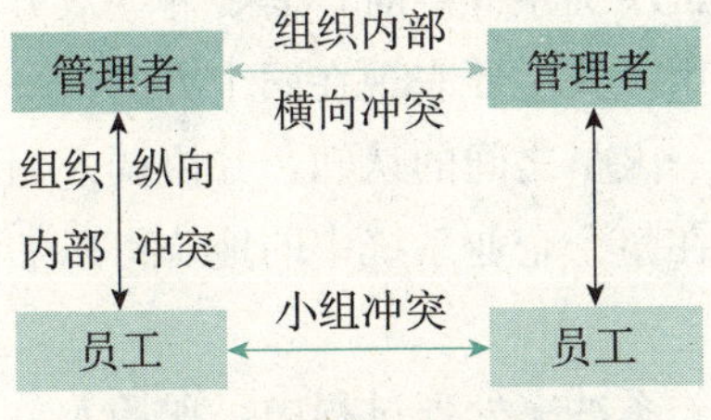

图 5—8　关系冲突类型示意图

小组冲突是指小组内的成员互相间发生碰撞，这种碰撞常常会影响小组的工作效率。这种冲突的破坏性通常表现为：群体凝聚力下降或在实际冲突结束一段时间后群体所表现出来的工作效率降低。

而组织内部冲突主要细分为纵向冲突和横向冲突。纵向冲突是指组内不同级别之间的冲突，常由于管理者控制过严导致员工不服而产生，也可能是因为缺乏沟通、目标不一致或观念不一致而产生的。横向冲突是指组内同级别之间的冲突，可能是因管理者之间只考虑个体利益、目标不一致而导致的问题。

关系冲突管理功能

关系冲突的发生所造成的影响往往被认为是负面的，但有时也会发挥一些有益于现场管理的功能。

1. 负向功能

现场关系冲突的发生，会造成现场人际关系的僵化、破裂，待矛盾升级达到一定阶段时，现场人员打架斗殴现象会频频发生。而不和谐的现场关系状态必然导致现场运作效率降低，产出效能缩减。

辅助阅读 5—9　　关系冲突引发危害

某企业经过 10 年的发展，由仅数人的小作坊发展为数百人的企业。企业壮大后，总经理考虑建立起各种部门组织。不过，各个管理者并不是尽职尽责地去完成自己分内的事，有时为了私人恩怨而以公报私。例如生产主管与采购主管因私人利益纠葛而矛盾冲突不断，采购主管经常延迟采购，不按时提供生产所需物料，由此造成生产停工待料时有发生，生产交期难以保障。而生产部人员自然会因交期延误而被总经理批评，甚至绩效受到影响；生产部对采购部抱怨连连。如此一来，双方关系自然日益恶化。

2. 正向功能

如果将关系冲突予以有效处理，那么关系冲突也可能带来正向功能，包括：凝聚功能和激活功能。

（1）凝聚功能。在引导解决关系冲突时，需要冲突双方或多方的互动，这对于维持现场团队向心力具有聚合作用。其主要表现在两个方面：一是在处理现场内部冲突过程中，可以不断消除分歧，统一人员之间的认知，并协调人们的行为。二是通过与现场外部的冲突、竞争，使得现场在整个企业系统中的地位得以加强和提升，并维持组织存在及其与周围社会环境的界限。

（2）激活功能。在现场关系冲突处理过程中，现场人员之间会产生一种为实现组织目标而奋斗的积极气氛，这便是激活功能。其主要涉及如下内容：一是情感激活，使得人们通过情感的碰撞、沟通与交流，来了解彼此的思想和情感，从而拉近彼此的关系。二是干劲激活，通过着力解决关系冲突，来化解对任务本身的负面认知或抵触感，进而强化工作热情。

关系冲突处理策略

总体来说，现场关系始终处于变化状态中，每一次关系冲突处理结束后又会出现新的关系冲突。现场管理者要考虑同类关系冲突的标准化处理模式，减少不必要的关系管理探索工作。下面，介绍现场关系冲突处理的基本策略。

现场关系冲突处理有各种策略，包括妥协、回避、平滑、强迫与合作，它们分别针对不同的关系情境来进行关系冲突处理，如图 5—9 所示。

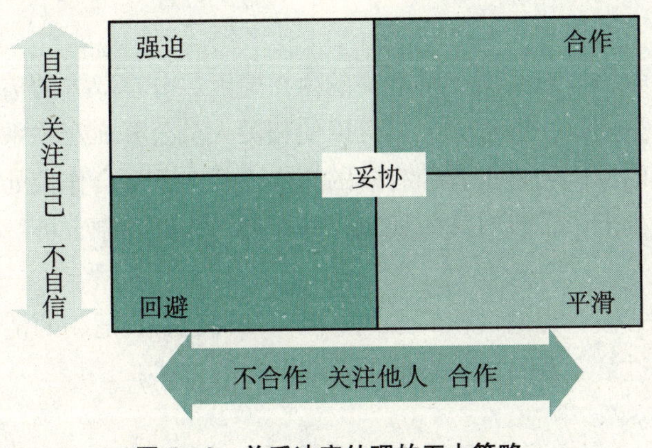

图 5—9 关系冲突处理的五大策略

1. 妥协处理

妥协是指在冲突双方互相让步的过程中达成一种协议的局面。在使用妥协方式时应注意适时运用，特别注意不要过早采用这一方式。

如果过早采用，可能没有触及到问题的真正核心，而是就事论事的加以妥协，因此缺乏对冲突原因的真正了解，不能真正解决问题；此外，也可能放弃了其他更好的解决方式。

2. 回避处理

回避是指在冲突的情况下采取退缩或中立的倾向，有回避倾向的管理者不仅回避冲突，而且通常担当冲突双方的沟通角色。当其被要求对某一争论表示态度时，他往往推托说："我还没有对这一问题作深入的了解"，或"我必须收集到更多的资料"等等。回避处理并不能解决问题，甚至可能给现场带来不利的影响，但在个别情况下亦可采用。

3. 平滑处理

平滑是指在冲突的情况下尽量弱化冲突双方的差异，更强调双方的共同利益。采取这一方式的主要目的是降低冲突的紧张程度，因而是着眼于冲突的感情面，而不是解决冲突的实际面，所以这种方式自然成效有限。

4. 强迫处理

强迫是指利用奖惩的权力来支配他人，迫使他人遵从管理者的决定。在一般情况下，强迫的方式只能使冲突的一方满意。经常采用此种管理方式来解决冲突，是一种无能的管理行为表现。

有此倾向的现场管理者，通常认为"冲突处理的结果是一方必然输，另一方必然赢"。在处理关系冲突时，他们经常使用诸如降级、解雇、扣发奖金等威胁手段；而当面临和同级人员之间的关系冲突时，则设法取悦上级，以获得上级的支持，压迫冲突对方。因此，经常采用这种解决冲突的管理方式，往往会导致负面的效果。

5. 合作处理

合作是指冲突双方愿意共同了解冲突的内在原因，分享双方的信息，共同寻求对双方都有利的方案。采用这一管理方式，可以使相关人员公开面对关系冲突和认识关系冲突，讨论关系冲突的原因和寻求各种有效的解决途径。采取合作型处理方式时应在认真检查自己想法的基础上，了解对方的想法；并在分析问题和制定可行性方案之后，考虑妥协尺度。

虽然合作的方式被认为是最佳的方式，但前四种也有其适用的情况。对冲突的双方来讲，有时需要通过第三者的协助来促进达成合作的方式。

辅助阅读 5—10　为什么合作处理方式效果明显，但却未被广泛采用？

出现这个问题的主要原因是：(1) 由于时间的限制，冲突双方难以彻底了解和面对隐藏在冲突中的内在的问题和原因。(2) 采用合作方式的过程与群体的规范不相容。

此外，采用合作方式还要受到组织文化和领导形态的影响，一般来讲，实施参与管理的组织中的管理者比采用集权式的管理者易于采用合作的方式。而且即使在适合合作的组织文化中，合作的方式也只是在计划、政策制定等方面最为有效，当冲突内的情绪化因素过多时，采用合作的管理方式反而会导致更大的冲突。

技能要领

从上文可见，关系冲突处理是以解决问题为核心、保持和谐上进的关系状态为目标的管理过程。下面，就来介绍一下关系冲突处理的基本程序。一般，关系冲突处理主要借助三个环节：识别冲突及原因、沟通或谈判、选择冲突处理方法，如图 5—10 所示。

识别冲突及原因

让关系冲突显露出来，这是关系冲突管理的起始点。这一环节的操作可以细分为两步：一是发现冲突，二是分析原因。前者是为了找到冲突点，后者是为了找到冲突处理点。

1. 发现冲突

冲突可能是潜在的，也可能是已初具苗头，还可能已引发轩然大波。而无论对于哪一种发展状态的冲突，现场管理者首先要做的是识别它们的存在。

潜在冲突是指现场关系中的冲突尚未凸显出来，如责权分配、目标控制等不恰当，都可能诱发冲突。这些潜在冲突是需要现场管理者通过延伸性思考来发现的。

对于初具苗头的冲突或已然发生的冲突，现场管理者需要对现场关系状态进行仔细

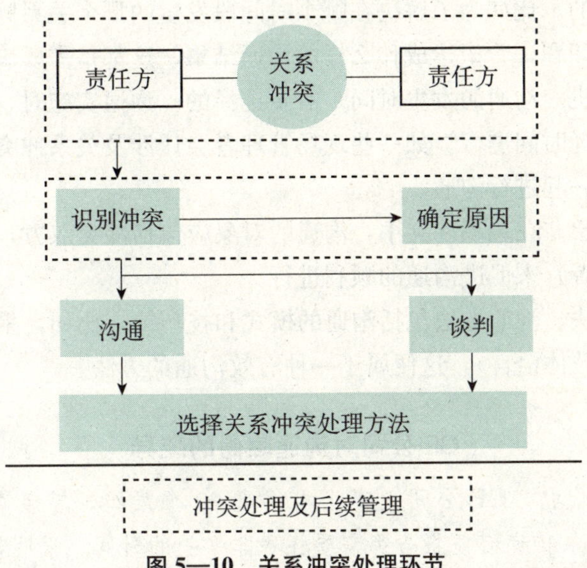

图5—10 关系冲突处理环节

观察，感知到或发现问题。特别是已然发生的冲突，有时甚至会演变为公开冲突（如吵架斗殴），是一种相对容易辨识的现场关系状态。

2. 确认冲突发生原因

现场关系冲突通常源于三方面原因：一是沟通方面，如缺乏沟通、误解等都可能引发关系冲突；二是组织方面，如：分配给现场人员的任务大小不同，也可能引发冲突；三是个体因素，如管理者和员工之间的价值观不同，可能引起冲突。

现场管理者所要做的，就是确认当下的关系冲突到底是基于什么原因而发生的。为此，现场管理者可以通过交流，引导冲突双方说出其原因。如果他们能坦率、有效交流（如说出自己的失望、受冤屈和伤害的感觉，或采取某些做法的原因），才能减缓积蓄已久的压力，使冲突回复到本来的根源上，即具体的需求和利益上去，才有希望解决冲突。

沟通或谈判

了解了冲突发生的原因后，即可开始调节冲突了。通常，处理冲突需要采用沟通或谈判来达成预期目标。如果沟通与谈判对比，谈判比沟通更为正式。如果关系冲突需要采用谈判方式来处理，这也意味着关系冲突恶化至一定程度。

1. 沟通

沟通是为了一个设定的目标，在个人或群体间传递信息、思想，并且在关系冲突点上达成共同协议的过程。良好的沟通，可以帮助人们拉近关系，化解冲突。

在处理关系冲突时，现场管理者必须把握四个方面：沟通的目的、沟通的时机、沟通的对象、沟通的方法。

（1）沟通的目的。比如为了解决在哪个时间段发生的哪个关系问题，或者为了解决哪些人之间的关系问题，希望达成什么样的沟通结果，这都是需要确定的沟通目的。

（2）沟通的时机。沟通的发生时间是需要选择的。沟通实施时，应是在关系冲突一经发现时，还是另择时间进行。如一些现场管理者会让涉及关系冲突的相关人员冷静一段时间，再召集在一起进行沟通。

（3）沟通的对象。在关系冲突中，沟通的对象应包括冲突双方，必要时还应邀请第三方（如高层管理者）来促进沟通的顺利进行。

（4）沟通的方法。沟通方法包括沟通的模式和技巧等。比如，采用对方听得懂的语言（文字、语调与肢体语言），这便属于一种有效沟通的方法。

辅助阅读 5—11 **GE公司对沟通障碍的疏导**

20世纪80年代初，GE公司人事上有将近30个层级，等级森严。在这种情况下，从底层向最高层传递有关报告都需要耗费非常长的时间。很明显，这种情况对企业的发展是相当不利的。

意识到这一问题之后，杰克·韦尔奇首先借鉴熊彼特的“创造性破坏”的理念，将公司的组织结构层级削减至5～6个，这样一来，公司的人事结构便从金字塔结构变成了扁平化结构。人们在进行沟通时，其需要跨越的层级从客观上减少了。

同时，GE剔除了对岗位工作范围的严格界定。公司与员工沟通，让员工了解公司的战略目标、年度目标等内容，让员工自己去分析在相应岗位上应当如何开展工作，如何与其他同事一起促进工作绩效的提高。这种措施的好处是打破员工“单打独斗”的局面，让组织内部的协作精神得以体现，并且使公司形成积极、活跃的工作氛围。

GE公司通过对这些沟通障碍的疏导，缩短了企业与员工之间、员工与员工之间的距离，使沟通工作更见成效，而企业内部运营也更为顺畅。

2. 谈判

谈判是指通过共赢性对话（以双方友好协商为目标而展开的交流）和应采取的行动，来改善关系冲突可能带来的负面影响，以达成新的共识。

谈判的开始意味着某种需求希望得到满足、某个问题需要解决或某方面的现场关系出了问题。由于谈判双方的利益、思维及行为方式是不尽相同的，且存在一定程度的冲突和差异，因而，现场关系谈判的过程实质上是一个寻找彼此共同点的过程，也是一种协调行为的过程。为此，现场管理者应将谈判的核心点放在“如何让双方达成一致意见”上。

需注意的是，在处理关系冲突这个问题上，选用谈判方式显得极为正式，双方关系因此会显得略为疏远。因而，即便谈判友好结束，在此后仍然要采取有效的关系维护方法，来拉近双方的关系。

选择处理方法

没有结果的沟通或谈判完全是在浪费时间和资源。任何沟通或谈判过程，最终都应生成一套冲突处理方案。对于前文介绍的处理策略，回避、平滑、强制、妥协和合作，每一种方法都有利弊和各自适应的情形，没有一种策略是“通用和标准”的。现场管理者需根据实际情况，选择最适用的冲突处理方法。

表 5—13 是冲突处理方法分析与选择表。

表 5—13　冲突处理方法分析与选择表

方法	适用情况	当下情况描述	情况确认
妥协	(1) 对双方而言，协议的达成要比没有达成协议更好；(2) 达成的协议不止一个		□ 适用　□ 不适用
回避	(1) 冲突的内容或争论的问题微不足道，或只是暂时性的，不值得耗费时间和精力来面对这些冲突；(2) 当管理者的实权与处理冲突所需要的权力不对称时，回避态度比较明智；(3) 在分权的情况下，下级或各单位有较大的自主权		□ 适用　□ 不适用
平滑	(1) 当冲突双方处于一触即发的紧张局面；(2) 在短期内为避免分裂而必须维护调和的局面；(3) 冲突的根源由个人的人格素质所决定，企业目前的组织文化难以奏效		□ 适用　□ 不适用
强迫	(1) 必须立即采取紧急的行动；(2) 为了现场长期的生存与发展，必须采取某些临时性的非常措施		□ 适用　□ 不适用
合作	(1) 相关人员具有共同的目标并愿意达成协议；(2) 一致的协议对各方有利；(3) 高质量的决策必须以专业知识和充分的信息为基础		□ 适用　□不适用

即便有些冲突处理方法看似严厉，但每一种冲突处理方式在其特定情境下都是适用的。现场管理者需权衡当下的状态，确认当下适合采用的处理方式，切忌盲目、慌乱处理冲突或采取一刀切的处理模式。

行动练习

接下来，我们以“史上最强女秘书事件”为例来练习关系冲突处理的相关工作。

【练习说明】

2006 年 4 月 7 日晚，EMC 大中华区总裁陆纯初回办公室取东西时，发现自己没带钥匙。此时秘书瑞贝卡已经下班，陆纯初始终未能联系到她。数小时后，陆纯初难抑怒火，于是在凌晨时分通过内部系统给瑞贝卡发了一封用词生硬的"谴责信"，并将这封邮件同时发送给几位高管。随后，瑞贝卡也以一封措辞犀利的邮件作出了回复，并将这封邮件发送给了EMC中国公司所有人。这件事在网上吵得沸沸扬扬，给EMC造成了极大的负面影响。

假设你现在是陆纯初总裁，你会如何处理这次关系冲突。

步骤1：请预期你的关系冲突处理结果。

____

____

预期目标的差异会直接影响关系冲突处理的模式和过程。明确自己的预期目标，而后才能据之选择冲突处理方法。现场管理者应确认的是：自己预期的结果是怎样的？这个结果是否会给现场带来不可估量的或不被接受的损失？这个结果是自己真正想要的吗？当这些问题的答案都是自己满意的答案时，再着手下一步工作。在这个步骤的练习中，老师要着重引导学生思考这些问题，切忌盲目设定不顾后果的关系冲突处理目标。

步骤2：说明可用于处理关系冲突的方式，并说明原因。

____

____

根据前文介绍，关系冲突处理可以采取五种方式：妥协、回避、平滑、强迫与合作。每一种方式的适用情境是不同的。在本步骤中，我们需要考虑的就是如何针对上述情境来选择处理方式，哪一种方式最适合、最见效。在练习中，老师应引导学生细化说明自己选择某种关系冲突处理方式的原因。

步骤3：请细化安排关系冲突处理过程。

____

____

冲突处理过程是一个冲突各方有效沟通并形成冲突化解方案的过程。为实现这个目标，对于冲突处理过程必须实施规划。通常，现场管理者需要考虑的因素有：沟通过程的分解、各环节沟通及处理时应注意的细节要求。在本步骤练习中，老师应注意扩展学生对各方面因素的思考深度和广度，在课堂上，学生们可以自己制定《冲突处理过程规划书》，以便关系冲突处理过程的具体开展。表5—14是《冲突处理过程规划书》模板。

表5—14　　冲突处理过程规划书

<table>
<tr><td>冲突类型</td><td colspan="2">□ 一般性　□ 模糊性
□ 原则性</td><td>情况简介</td><td colspan="2"></td></tr>
<tr><td>冲突处理模式</td><td>□ 妥协</td><td>□ 回避</td><td>□ 平滑</td><td>□ 强迫</td><td>□ 合作</td></tr>
</table>

过程	过程控制要点	处理责任方	处理技巧	话术参考
步骤 1:				
步骤 2:				
步骤 3:				

在设定该规划书后，大家共同讨论冲突处理规划的有效性，是否存在进一步完善的空间。

步骤 4：关系冲突处理后，应采取什么管理模式来控制关系状态。

____

____

对于后续处理模式，应根据具体情况来设定。假如关系冲突处理需要借助制度来保障长期效果或避免反复发生，应优化管理制度；如果需要通过和谐的关系氛围来实现，则可以优化现场管理者的管理能力、沟通能力和现场工作氛围，特别是对一些管理能力或情商控制能力略差的管理者，更应提供相应的培训。在这个步骤，学生可以结合情境中的事例来设定具体模式以巩固现场关系的后续效果。

学习拓展

本单元主要阐述了关系冲突处理，对关系冲突处理有了初步了解，主要目的是了解关系冲突的常见类型、发生过程，以及现场管理者在关系冲突处理时可遵照的模式和基本策略。在具体实践中，现场管理者可以不断地摸索尝试。

不过在具体实践过程中，现场管理者应谨记一个概念：合作与冲突。现场关系的本质是双方冲突和合作的相互交织。

关于冲突，我们在前文已有说明，不再赘述。而所谓“合作”，是指管理者与员工要共同合作，进行工作与生产，遵守一套既定的制度规则，双方以集体协议或劳动合同的形式，甚至是以一种心理契约的形式，规定相互之间的权利义务，是非曲直。

在现场关系管理中，关系冲突是不可避免的，也是无需避免的。重要的是如何将冲突引向合作，这是现场管理者在处理现场关系冲突时应依照的点。

第6章

现场改善管理

案例导入

在现场改善方面进行尝试的企业非常多，它们努力地改善产能、改善生产方式、改善各种生产不良现象……在这些企业中，日本佳能公司可谓做到了极致。

1998年，日本佳能公司决定将某些产品（如彩色复印机、数码相机等）的生产从国外转移到日本本土。在此之前，佳能公司的产品生产一直延续着传统的流水线作业方式：由传送带连接起一条生产线，劳动者被固定安排在某个特定的位置上，安装或插装特定的零部件，生产线上的所有人共同完成一件产品。

但是，如果佳能公司将这种生产方式直接空降回日本，便会导致运作成本的急剧增加。因为，日本的劳动力成本要远远高于其他国家和地区。以2003年为例，中国劳动者的平均月工资为126美元，而日本劳动者的平均月工资为3 737美元，后者约为前者的30倍。也就是说，倘若在生产方式方面不能做出改变，那么，回日本生产便会成为佳能公司的生产劣势所在，甚至极有可能因此拖垮佳能公司，直接将佳能公司引向灭亡之路。

于是，佳能公司潜心研究出一种新的生产方式，并迅速推广使用。自此，一场来得迅速而惊天动地的有关生产方式的“佳能革命”，便被浓墨重彩地写入了日本企业发展史。

在这种生产方式中，一件产品并非通过所有劳动者的配合来完成，而是由几个劳动者（小团队或小单元）工作甚至于可以从一个劳动者手中产生，专业化被整体化所取代。人们结合这种新型生产的独特特点，将其命名为“单元生产模式”。

从1998年至2003年，基于现场改善而引发的“佳能革命”，为佳能公司节约了2.7万个劳动力，提高了50%的劳动生产率；省去了72万平方米的工厂使用面积来用于存储，仓库数量从37个压缩至8个，直接削减了高达2.8亿美元的房产使用成本。

聚焦问题

什么是现场改善？哪些方面需要改善？谁来负责改善？改善到什么程度？

改善（Improve），日文Kaizen，字面意义就是：通过改（Kai），而变好（Zen）。这个起始于日文的词汇，其意指“持续不断地改进”。使用“改善”一词，可以替代很多日本工业界经常使用的名词，如：生产力、准时制、全员质量管理、全员设备保全、提案管理制度等。也可以说，这个词足以清晰地描绘出日本工业界的一直在进行的事物影像。而现场改善的一个重要价值就是消除现场的各类浪费性问题（关于浪费的概念定位将在第一单元中具体阐述）。在每一个追求不断提升与进步的现场中，现场改善被作为现场管理者必须掌握的一种重要技能。

现场改善的过程，通常依循标准化管理的基本逻辑：“发现问题→改善问题→管理标准化”。而且，现场改善是持续的，也就是说，现场改善始终依照这个逻辑循环进行。

为了实现规范、持续提升的现场改善，接下来现场管理者必须依循改善的基本逻辑，从三个部分，即：改善与浪费的关联、改善过程管理、标准化管理，分别展开阐述与讨论。

（1）改善与浪费。这一单元将依次阐述浪费的定义、浪费的常见类型，以及如何对现场浪费问题及发生的原因进行分析等。

（2）改善过程管理。这一单元将重点讲解改善过程的概念、特质，改善过程管理的维度、要求，以及如何对改善过程规划与管控，以确保改善行动有条不紊地展开。

（3）标准化管理。这一单元将重点讲解如何让现场改善成果得以确认，如何让现场改善成果趋于稳定。具体而言，将涉及工作标准的价值、形式、分类，以及管理程序。

管理者需谨记：现场改善如逆水行舟，不进则退。规范高效的现场改善绝不是一次性的管理行为，它需要现场全员永不间断地发现浪费，及时消除浪费，并将已经取得的成果予以标准化，使现场管理水平得到稳定且持续提升。在真正掌握这种技能之前，管理者仍然需要耐心、专注地学习。

学习目标

本章的学习目标如表 6—1 所示。

表 6—1

知识点	位置	学习目标
浪费的定义、状态、影响	单元一	● 理解 ○ 须知 ○ 熟知 ○ 活用
浪费问题的八大类别	单元一	○ 理解 ○ 须知 ● 熟知 ○ 活用
浪费问题分析的逻辑	单元一	○ 理解 ○ 须知 ● 熟知 ○ 活用
浪费问题分析的方法和深度	单元一	○ 理解 ○ 须知 ● 熟知 ○ 活用
浪费问题识别与分析的程序	单元一	○ 理解 ○ 须知 ○ 熟知 ● 活用
改善过程的概念、特质、对象	单元二	● 理解 ○ 须知 ○ 熟知 ○ 活用
改善过程管理的维度、要求	单元二	○ 理解 ○ 须知 ● 熟知 ○ 活用
改善过程管理的逻辑	单元二	○ 理解 ○ 须知 ○ 熟知 ● 活用
标准化管理的定义、逻辑	单元三	● 理解 ○ 须知 ○ 熟知 ○ 活用
工作标准的价值、形式与分类	单元三	○ 理解 ● 须知 ○ 熟知 ○ 活用
工作标准设计的三大重点	单元三	○ 理解 ○ 须知 ○ 熟知 ● 活用

单元一　改善与浪费

概念理解

在 1993 年版《新牛津短语词典》中，人们对“改善”作出定义：一种企业经营理念，用以持续不断地改进工作方法和人员的效率等。具体到“现场改善”，即是指消除现场工作中存在或隐藏的一切浪费。而对现场中存在的各类浪费问题进行识别和分析，则是现场改善的第一步。

观念探析

请理解下面这两句话的含义。

观念 1：现场浪费现象永远存在，改善必然持续发生。

观念 2：浪费问题分析不仅涉及方法的应用，还关乎深度的把握。

情境讨论

生产现场的浪费与处理

近年来改善管理思想被引入企业管理中，很多现场管理者开始关注起现场问题的发掘，并要求现场人员将发现的浪费问题列入《现场问题记录表》中。长期下来，一些现场甚至累积了极为可观的问题记录。

但是，这些记录仅仅是描述了现场中层出不穷的浪费问题，但是人们并未对这些浪费问题的根源作出分析，或设计改善策略。这意味着这种浪费问题的发现仅仅是一种观察和短暂思考，不能确认它是否能够成行，更不会因它而给现场带来明显的改善。

知识学习

现场改善是在为客户创造经济价值的同时，考虑资源支出与管理浪费的一种理念。也就是说，每一项现场改善工作的落脚点都应被界定在一个点上：消除浪费。当然，在此之前，现场管理者必须先来了解一下：浪费是什么？浪费有哪些类型？哪些事或物属于浪费？

浪费

在日文中，浪费有一个专用词汇叫做“Muda”。这个词汇具有较深的涵义。

众所周知，工作是由若干个工作步骤构成的。从原材料开始到最终产品或服务为止，在每一个工作步骤中，人们需要将价值加入产品内（在服务业里，则是把价值加入文本或其他信息中），然后再输送至下一个工作步骤。在每一个工作步骤里所使用到的人力或物力资源，若没有被应用于有附加价值的工作，就是在进行无附加价值的工作。浪费状态示意图如图 6—1 所示。

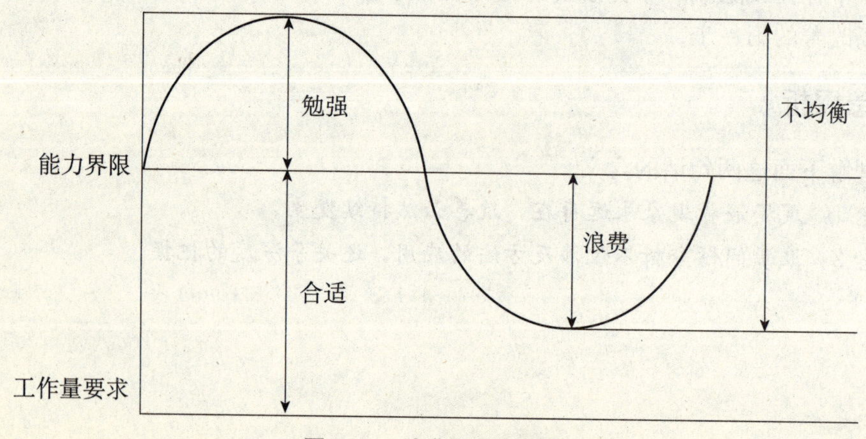

图 6—1　浪费状态示意图

图 6—1 中各文字的涵义如下：

勉强：超过能力界限的超负荷状态。超负荷是指对设备和人员的能力而言负荷过度，这会导致设备故障、质量下降以及人员不安全等问题。

浪费：处于能力界限之内但工作量处于不饱和状态。不饱和是指生产计划安排散乱，工作量不足，造成生产力浪费的现象。

不均衡：有时处于超负荷状态，有时又处于不饱和状态，浮动较大。

浪费的形态

在现场中，特别是生产型现场中，浪费是指所有不能直接创造价值的活动。目前，人们将浪费归纳为八项：(1) 等待的浪费；(2) 搬运的浪费；(3) 不良品的浪费；(4) 动作的浪费；(5) 加工的浪费；(6) 库存的浪费；(7) 生产过多（早）的浪费；(8) 管理的浪费。

1. 等待的浪费

一种比较容易辨识的等待现象是工作者手头没有工作可做，一直在等待下一个动作的来临。例如，某企业的制造部性能试验科经常需要等待一种零件。由于该零件不能按要求及时入厂，便有可能出现无法按期交货的问题；而当零件入厂之后，又需要加快生产进度，由此又会出现加班、质量低下等问题。

由此造成的浪费是毋庸置疑的。是什么原因造成了等待的浪费呢？常见的原因有：工作分配不当、生产线不平衡、物料准备不充分、生产品质不佳等。

还有一种较难发现的等待浪费是"监视机器"的浪费。一些企业购进了一些速度快、价格高的自动化设备，为了使其能正常运转或其他原因（如：排除小故障、补充材料等等)，便特意安排一些人员待在一旁对设备进行监视。例如，在产品检测过程中，调试人员和检验人员都站在产品旁边等待。所以，虽然明明引进了自动化设备，但却仍需一些人员无所事事地在旁边照看。这种浪费被称为"闲视"的浪费。

通常情况下，JIT（准时化）生产模式是消除等待浪费的最佳手法。为实现准时化，现场管理者需要细化分解每个环节的工时，实现前后工序的协调，以此消除停工待料的现象。

2. 搬运的浪费

搬运是企业日常营运的一个重要动作和工作环节，两项分离的工作之间就需要设置搬运动作。但是，移动物料、在制品或产品，并不产生所谓的附加价值。最糟糕的是，人们在搬运过程中还会因不小心而给物料、在制品或产品造成损伤。

然而，大部分欧美制造的现场中，现场管理者会发现：他们过分地依赖输送带。但这种方式仅能称之为花大钱减少体力的消耗，而搬运本身的浪费并没有被彻底消除掉，反而被隐藏了起来。因为，如果只要进一步观察与分析，现场管理者便会发现因搬运而带来的放置、堆积、移动、整理等动作浪费。

辅助阅读 6—1　**搬运浪费的例证**

W企业的生产管理部和制造部，每月都会对生产时间进行汇总。他们发现，虽然每个环节的实际作业时间在减少，但其总工时却在增加。经仔细分析后发现，该企业两个车间的运输工时非常高，特别是由甲车间向乙车间搬运物料的工时占据了极大的比例。

该如何克服这个问题呢？该企业决定：重新调整生产布局，并将过去的四个车间合并成两个车间，一些原材料的加工由原来在他处加工，改为在生产线旁加工，以此减少搬运。当然，这样一来便大大缩短了搬运的距离，搬运动作也大大减少。

事实上，这也给现场管理者一个启示：为了消除搬运造成的浪费，对于与主生产线分离的任何作业，现场管理者应竭尽所能地将其并入主生产线内。如果不能做到，那么也要尽可能设计较近的作业位置，以缩减搬运时长或工作量。

3. 不良品的浪费

任何不良品的生成，都会导致物料、设备、人工等方面的浪费。而在批量作业模式中，在问题被发现之前，人们往往已经制造了大量的不良品。此时，如果人们将不良品直接丢弃，那自然会造成资源成本的极大浪费；而如果对其进行修补、挑选、追加检查，又会导致额外的成本支出。当然，不良品造成的浪费不仅限于此，比如，降价处理，材料损失，人员、工时、设备资源损失，交货延误导致取消订单，企业信誉下降，市场份额萎缩等。

所以，在现场改善模式中，现场管理者应及早发现不良，确定不良产生的根源，从而减少不良的产生。对此，现场管理者可以采用的方法就是推行“零返修率”。这就是说，现场管理者必须要求：每一个零件制作完毕后都是一个合格的零件——第一次就做好。更重要的是，在生产的源头即坚决杜绝不合格零部件、原材料流入生产线中的后道工序，以此实现零废品率。

4. 动作的浪费

任何人体的动作，若是没有直接产生附加价值，就是没有产生生产力。例如，提起或持着一个重物，是需要用到作业员身体一部分的特别体力的动作，表面上看来，人们付出了不少劳动，但没有产生什么价值。所以，这些动作都应尽力避免。

事实上，关于动作的浪费不在少数。常见的动作浪费有：两手空空、单手空闲、作业动作停止、动作太大、步行多、转身角度大、重复不必要动作，等等。这些动作浪费造成我们在时间和体力上的不必要消耗。那么，对于这类浪费，我们应如何去消除掉呢？

辅助阅读 6—2　**缝衣车间的动作浪费**

以服装厂缝衣作业为例。通常情况下，缝衣作业人员会先从物料箱中一次性取出来数块布料，全部放在机器上，然后才从中选出一块布料，铺到缝衣机上缝制。而其他布料则被再次放回物料箱。很明显，这便存在着动作的浪费。

于是，人们将物料箱进行重新摆放，每种物料分别放在对应的位置，使作业人员能直接、准确地取得当下所需要的布料，直接铺到缝衣机上缝制。

在改善管理理论中，这种消除浪费的技术被称为“动作研究”。虽然这种技术实施时看起来略显复杂，但其思想核心价值却不容忽视。在实践中，要认定动作的浪费，我们需认真观察作业人员的手脚运动模式；然后，再重新安排动作模式，并开发适当的工具及夹具。

5. 加工的浪费

在每一道加工步骤，人们将价值加入被加工的工作物或信息，然后送至下一个流程。在此，加工是指调制一个工作物或一条信息。加工的浪费可能源自：不恰当的产品设计、设备加工过程过长、加工动作繁琐等，这些都是可以避免的。

辅助阅读 6—3　**空调生产车间的动作浪费**

Q 企业是一家生产空调的企业。过去，该企业的热交换器组装流水线作业是这样进行的：

一位作业人员将穿完管的热交换器进行装箱，再用手推车将其运至涨管设备旁；然后，另一位作业人员操作设备进行涨管作业；最后，再由第三位作业人员把涨管作业完毕的热交换器，搬运至另一条运输线上。

经过加工动作革新后，他们将组装线的传送带延伸到涨管设备旁，这样一来，作业人员数量便可减少一名。同时，他们还将涨管设备迁移到悬臂线旁，由涨管作业人员直接把热交换器送到运输线上，如此一来又节省一名作业人员。

通过两次对工序进行重组和合并，作业人员由 3 人最终减为 1 人。

从这个案例可以发现，消除加工浪费并不难。现场管理者可通过作业的省略、替代、重组或合并等技巧，消除部分加工的浪费。

6. 库存的浪费

现场改善模式认为：“库存是万恶之源。”这是现场改善模式与传统运营模式在对浪费的见解上表现出的最大不同之处，也是带给企业很大利益的原动力。

在现场改善方式中，几乎所有改善行动皆会直接或间接地与消除库存有所关联。那么，到底为什么精益生产方式会将库存视为“万恶之源”，而想尽一切办法来降低它呢？这是因为，库存会造成一系列浪费。

（1）产生作业、场所和时间等浪费。当库存增加时，搬运量必然大大增加，用于堆积和放置的场所必然增加，防护措施需要增加，甚至存放、盘点和领用的时间都要增加……这些都是浪费。此外，当库存增加时，先进的产品还可能被压在最底部，难以取出。

（2）占用资金，损失管理费用。当库存增加时，用于现场经营活动的资金会被大量积压在库存上，这不仅造成资金占用总额过大，还会增加仓库管理费用。而这些往往隐含在现场运营费用中，只有被专门列出后，其问题的严重性才能被发现。

（3）物品价值减低。当库存增加时，库存量会远远大于使用量，甚至造成长期的库存积压；特别是在产品换型时，此类问题的严重性会尤为突出。

（4）占用厂房空间，造成多余的仓库建设投资的浪费。当库存增加时，就需要额外增加放置场所。但这样仅仅增加了投资，却带不来效益。

另外，因库存所造成的无形损失，绝不亚于上述的有形损失，精益生产方式认为库存会隐藏问题点。因为，库存量一多，因机械故障、不良产品所带来的不利后果不能马上显现出来，所以也不会产生对策。由于库存充足，出现问题时可以用库存先顶上，所以人们没有管理的紧张感，问题便被延迟解决甚至始终得不到解决。

所以，控制库存、减少库存，必须成为现场改善的重点，是必须消除的浪费点。目前较为典型的方法就是安全库存模型。借助该模型，企业可以选择最恰当的库存持有量，一旦出现库存异常，即刻查明异常原因，进而消除库存过多带来的各类问题。

7. 生产过多（早）的浪费

精益生产方式所强调的是“适时生产”，也就是在适当的时间，做出适当数量的东西，除此之外的生产皆属于浪费。而所谓适当的时间和适当的数量就是客户已决定要购买的时间和数量。举个例子，一位客户只要 100 个产品，而每个 1 元，如果生产了 150 个，这售价却不会是 150 元。因为，多余的 50 个并没有卖出去，仅是变成库存，所以利润也就无从产生。换句话说，多做了就产生了浪费。

但是，为什么会出现生产过多或过早的浪费？这是生产线督导人员的心理作用造成的——他们担心机器会出故障、不良品会产生，以及人员会缺勤，而被迫生产比需要数更多的产品，以确保生产任务能够最终达成。此种形式的浪费，是由于过多（早）生产所导致的。

还有人认为“多做能提高效率”，机器闲置是浪费，提早做好能减少产能损失，显然这是一种极大的误解。因为，生产过多会产生巨大的浪费：提早耗用原材料、浪费人力及设施、增加机器负荷、增加利息负担及额外的空间，及增加搬运和管理成本。

可以说，在所有浪费中，生产过多或过早是最严重的浪费，因为，它带给人们一个安心的错觉，掩盖了各种问题，以及隐藏了现场中可供改善的线索。所以，现场管理者要把生产过多或过早当作犯罪看待，严格控制生产时间和数量。

8. 管理的浪费

管理的浪费是指问题发生以后，管理人员才采取相应的对策来进行补救，由此产生的额外浪费。管理的浪费通常有以下表现：（1）现场或小组之间协调不清，不主动联系，工作无人负责，进度受阻，小问题最终被拖成大问题；(2) 工作指示未传达、工作未协调落实，产生了现场工作的盲区；(3) 职能重叠，人浮于事，现场要素不能被有效利用，造成资源闲置浪费……

我们知道，管理是一种促进企业发展的有效工作手段，而由其所造成的浪费也是八大浪费中的最大浪费。担当着管理角色的人们，必须从自己的角色出发，去思考如何消除管理浪费的问题，尽可能做到事先管理到位。

上述八种浪费现象是现场运作时必须关注的问题，也是现场改善的主要对象。

第一章中曾阐述，现场管理者必须关注现场、现场问题，不忽视任何问题，无论其大小。这些行为要求的终极目的是发现现场浪费问题。自然，仅仅发现浪费问题之于现场改善来说是不够的，更主要的是如何从现象中分析出本质，这便涉及到改善的分析逻辑。

辅助阅读 6—4

关于浪费的其他分类

上述八大浪费被人们称为工业生产现场中最为常见的浪费现象。不过，企业对于浪费种类的界定，还可以在此基础上无限地补充。

比如，在佳能公司里是这样划分浪费类别的，如表 6—2 所示。

表 6—2　佳能公司的浪费分类表

浪费类别	浪费性质	如何消除浪费
半成品	需求不多而不紧张的库存品	流水线化库存
不良品	生产质量不合格的产品	降低不良品
设备	闲置机器，设备故障，换模时间过长	提高设备利用率
费用	对所需产能做过度投资	削减费用
间接员工	不良间接员工管理体系导致人员过多	有效安排工作
设计	生产需求功能的产品	降低成本
才能	将高技能员工派至低级技术岗位上	建立劳力节约衡量体系
动作	不依照标准化作业方式来工作	改进工作标准
新产品上市	新产品生产的稳定化进程过慢	更快转变为全能生产

日本山叶发动机公司的董事杉山友男，则提出一个现场的“无化过程”，并且列出了一张“无化过程项目表”作为应当消除的重点事项，如表 6—3 所示。

表 6—3　无化过程项目表

人员	机器	材料	方法	质量
无注视化	无空气化	无螺丝化	无库存化	无不良品化
无行走化	无切削空气化	无毛边化	无瓶颈化	无没有标准化
无寻找化	无冲压空气化	无等待化	—	无失误化
无障碍化	无输送带化	无停止化	—	—

浪费问题分析

识别了浪费问题后，接下来就需要进行问题分析了。

浪费问题分析是发现浪费问题根源、不断提升消除浪费管理水平的基础。任何一种浪费问题，只要从源头开始，按照改善分析的方法对问题现象进行分类整理，即可快速发现各个浪费现象之间的关系，找出浪费问题形成的根本原因；此后，再以原因为基础提出假设，收集证据，证明假设，那么浪费问题即可迎刃而解。

1. 问题分析的逻辑

就像航海需要选对路线才能够到达成功的彼岸一样，思考问题也同样需要有正确的途径和方法。这种寻找正确途径和方法的过程就是改善分析的逻辑。所谓改善分析的逻辑，可以简单地界定为：从源头开始对事物进行分析、判断和推理，以揭露事物的本质特征和规律性联系。

现在，我们从一个现场改善案例来阐述改善分析的逻辑是怎样的。

辅助阅读 6—5　印刷厂的现场浪费问题调查

一位咨询顾问对某印刷厂展开为期两周的调查后，得到了以下信息：

（1）排版成本在新书成本中占很大比例，约是精装书成本的 40%，简装书成本的 50%。

（2）排版过程主要包括设备排版、校对、初校样及校对、编排、整版及布版等环节，占总成本的比例分别约为：40%、20%、13%、15%、12%。

（3）与同行业相比，该印刷厂在排版工艺上的效率相对较低。

（4）为了保证高质量水平，其排版工作经常出现重复步骤。

（5）目前的排版任务超负荷，排版部的大部分工作无法按时完成。

（6）工资水平较低，流动率较高。两周内，有五名排版人员辞职。

（7）员工的加班工作量已经超过了 50%。

（8）这家印刷厂的咨询目的是“提高收益”。

从上而下看过来，现场管理者可能会产生一种非常明显的感觉：这些信息实在太杂乱了，似乎对分析问题形成原因、寻找解决办法根本没什么用处。然而，如果现场管理者按照以下顺序来进行思考，那么就可以快速找到浪费问题发生的原因。

（1）通过查看资料，研究事态的发展，将导出的结论或主张列成一张表。

（2）根据主题的类似性，把表上的结论或主张进行分类。

（3）将同一类型的结论或主张，按惯用的逻辑顺序加以区分。将含有因果关系的结论或主张进行纵向结构排列，其中原因放在下面，结论放在上面；根据时间前后（过去、现在、未来）、数字大小（营业额的高低等）、地理位置（东、南、西、北）、重要等级（从重要到不重要）等顺序，将属于并列关系的结论或主张进行横式排列。

（4）讨论同一水平线中的共同结论或主张，从中导出进一步的结论或主张，并将这些结论或主张放在更上一层的位置。

（5）重复以上的步骤，直到得出最终的结论。

以上步骤即为改善分析的步骤，在具体操作时可以酌情增减。就以上的印刷厂信息来说，我们可以对改善思路进行这样的整理，如表6—4所示。

表6—4　　改善思路整理法

1. 列出所有浪费问题 即：排版工作效率低、每项排版任务均使用相同的工序、对简单任务的报价没有竞争优势、无法按时完成任务、工资偏低、员工短缺、加班过多、排字和手工排版的效率低于平均水平。 2. 找出浪费问题之间的逻辑关系 如： 工资偏低→员工短缺→无法按时完成任务→加班过多→成本过高→价格没有竞争优势； 每项排版任务均使用相同的工序→简单任务的效率低于平均水平→排版工作效率低→成本过高→价格没有竞争优势。 3. 导出结论 综合以上逻辑分析，可以看出，导致成本过高、价格没有竞争优势的根本因素有两个方面，一是“工资偏低”，一是“每项排版任务均使用相同的工序”。 4. 从这两个原因着手，提出假设，收集证据，得到最终结论 比如，就“工资偏低”和“每项排版任务均使用相同的工序”的原因分别提出“提高工资”、“简化工序”的假设性解决办法，然后通过试验，收集证据，来证明这两个假设是否正确。由于这两个假设皆是正确的，于是得出降低成本的方法：提高员工工资以及简化工序。

2. 问题分析的方法

现场问题分析具有高度思辨性，问题分析的核心在于归纳问题，并追溯问题发生的源头。比较常规的分析方法有：分解与综合、逻辑推演。

（1）分解与综合。如果现场管理者能将关注的事物分解得足够细，越细越好，把大问题分解成无数个小问题，对每一个问题都细致考察一遍，那么就可能找到问题根源。另外，现场管理者也可以这样要求自己和现场人员，即：提出200个或更多个现场浪费问题——在这200个问题中，人们的思想火花一定会迸发出来。爱因斯坦曾说过：“提出问题往往比解决问题更重要。”因为关键问题的提出，常常表明人们已经发现了改善问题的突破口。

（2）逻辑推演。采用逻辑推演法的前提是：我们要先无拘无束想各种问题，大胆地判断出问题发生的各种源头。在这个过程中，我们暂且不去考虑其在技术上是否可行，而是先根据已有资料、产能情况等来建立假说再说，然后开始推演，寻找证据来验证自己的设想是正确的。

3. 问题分析的深度

对于浪费问题的分析不可浅尝辄止，流于浅表，而要把握问题分析的深度，否则是难以将浪费问题彻底根除的，自然也难以提高工作效率。

5why 分析法是一种经常被用于分析浪费问题根源的方法。美国杰弗里·莱克曾在访问丰田技术中心前副总裁冈本雄一时请教丰田公司现场改善管理的成功秘诀。冈本雄一回答："我们的技巧就是严格执行 5why 分析法，就是问 5 次为什么。"这个回答相信很多听后都会感到非常惊讶，然而却是一个不容置疑的事实——正是基于对 5why 分析法的理解，对问题的深入探究和思考，使得丰田的改善工作落实总是能够取得显著的结果。

辅助阅读 6—6　　大野耐一的 5why 法应用

现场改善的始祖大野耐一非常喜欢在车间走来走去，停下来向工人发问。他反复地就一个问题，问"为什么"，直到找到问题的真正源头为止。一次，他发现工厂地板上有漏油，便立即开始围绕根源而展开了思考。

从表 6—5 中可发现，需要解决的核心问题是现场出现漏油，而每个"为什么"引领人们深入问题根源。而每个"为什么"对应的对策完全不同，这完全是视挖掘的深入程度而定的。

表 6—5　　关于"为什么地板上有漏油"的思考

问题层次	原因分析	不同层次的解决对策
—	工厂地板上有漏油	清除地板上的漏油
为什么？	因为机器漏油	修理机器
为什么？	因为机器的衬垫磨损	更换机器衬垫
为什么？	因为机器衬垫质量不佳	更换衬垫规格
为什么？	因为衬垫价格比较便宜	改变采购政策
为什么？	因为企业以节省短期成本作为采购部的绩效评估标准	改变企业对采购部的绩效评估与报酬奖励制度

例如，清除地板上的漏油只是在出现更多漏油之前的临时性解决措施；修理机器是一种稍显长远的解决措施；更换机器衬垫，机器的衬垫会再度发生磨损，导致更多油出现渗漏；如果更换衬垫的规格，则可以解决衬垫的问题，不过，仍然有更为深层的原因尚未排除。采购部之所以以低价采购质量较差的零件是起因于企业的绩效评估标准。也就是说，绩效评估标准的不合理才是工厂漏油问题发生的根源。因此，唯有改变这种奖励制度，才能彻底解决漏油的浪费问题。

技能要领

在现场改善管理中，浪费问题的识别与分析是改善的起始点。在前文中我们阐述了浪费的概念、各类可能存在的现场浪费问题，以及对于浪费问题的分析要求、方法，下面来看问题识别与分析的基本程序。通常，它包括三个步骤：现场巡查、问题识别与确认、问题根源深析，如图 6—2 所示。

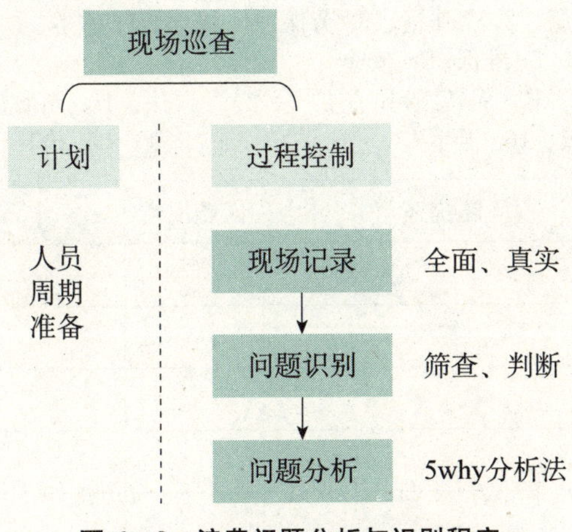

图 6—2　浪费问题分析与识别程序

现场巡查

现场巡查是改善管理过程中必不可少的管理形式。在这里，它不是一般性工作巡视，而是指以发现问题为目的的专门巡查。在现场巡查过程中，现场管理者应做好两件事：（1）设定巡查计划，（2）现场巡查过程控制。

1. 设定巡查计划

现场巡查的计划性是保障巡查结果的有效手段。在巡查计划中，一般需明确三大类内容：现场巡查人员安排、现场巡查周期设定以及巡查前的各类准备工作。

（1）现场巡查人员。现场巡查人员应具备一定的资格条件，如：善于发现浪费问题，为人细心、客观。在设定计划时，应确定适宜的巡查人选。通常，巡查人员可分为固定巡查人员与临时巡查人员。

（2）现场巡查周期。现场巡查通常采用定期巡查和不定期巡查结合的方式。定期巡查可以设定为每周、每十天或每月巡查一次，不定期巡查则可以在固定周期中随机选择日期，以免现场人员为应对巡查而隐藏问题。

（3）巡查前的准备。巡查前的准备主要涉及两方面：一是指巡查工具要准备齐全，巡查工具包括：检测工具、巡查记录工具（相机、记录本、笔、现场红牌等）；二是巡查路径安排要顺畅，且尽量将所有区域一一巡查到位，避免遗漏。

2. 现场巡查过程控制

现场巡查过程中，相关人员应按计划巡查，对于能够立即处理的现场问题，可以立即下达处理意见，下发红牌。对于无法立即处理的问题，则如实、全面地记录下来。表 6—6 是现场巡查记录表。

表 6—6 现场巡查记录表

<table>
<tr><td>巡查区域</td><td colspan="2"></td><td>巡查人</td><td></td><td>巡查日期</td><td></td></tr>
<tr><td>问题属性
序号</td><td colspan="6">人：1. 工作服、2. 工作证、3. 劳保、4. 操作、5. 素养
机：6. 标识、7. 维保、8. 安全
料：9. 堆放、10. 周转、11. 防护　　法：12. 制度、13. 流程、14. 标准
环：15. 区域、16. 卫生　　测：17. 检具、18. 方法</td></tr>
</table>

NO.	细化区域	问题描述	问题属性	初步建议

巡查工作结束后，应对巡查过程中发现的所有问题进行归档，并集中核查、确认问题处理情况。

问题识别与确认

现场巡查的根本目的是为了发现浪费问题。任何一个现场都不会不存在浪费问题，其差别仅仅是浪费问题的类别和程度而已。而识别与确认浪费问题，其核心亦是为了确认浪费问题的类型，并通过实际情况加以验证。

辅助阅读 6—7 **没有问题是最大的问题**

不管是管理者还是普通员工，他们都喜欢“没问题”。比如，管理者到一线工作现场巡视，了解一线的工作情况时，多会询问这些员工的工作有没有问题。这时，他们最喜欢听到的一句话就是“一切正常，没问题”。而员工为了表示自己工作得力，也通常喜欢作出这样的回答。

作出这样的回答，有两种可能，一种是回答者确实没有发现问题，另一种则是他们发现了问题但是不敢说出来（一些管理者认为这是员工的不诚实，实际上这只是员工本能地自我保护而已）。

然而无论是哪一种可能，对于现场而言都是严重的问题。因为，如果现场看起来一切正常或被掩饰成为一切正常的样子，那么管理者可能会认为现场工作不需要改进。长此以往，现场的运作和发展就会“停滞不前”。当环境改变时，现场管理者和现场人员会对明显出现的问题感到措手不及。

重视现场问题，将现场中存在的各类浪费问题一一识别出来，这是现场改善正式实施前的第一要事。为此，现场管理者要做两件事：

1. 识别问题类型

关于浪费问题的基本类型在前文已有介绍。现场管理者只要参照前文介绍，对照现状，确认现状所述的问题类型即可。识别问题类型的前提是负责巡查的人员掌握全面而真实的现场状态信息，且能够将这种认知融入思想认识中。这样一来，便可在面对问题时自然而然地识别出来。

为便于管理实践，现场管理者可以结合本现场的特征，设定八大类浪费问题的典型事例，以便巡查人参照示例，以此类推，快速掌握浪费问题识别的技巧。

2. 澄清问题

澄清问题主要是针对问题表现和问题类型判断进行核实。所谓澄清问题，就是弄清楚原本应该发生什么事情，而实际上发生了什么。

（1）原本应该发生的，是指现场运作的要求，通常表现为工作标准、现场规范、管理制度等，以及有益于现场运作的事宜。

（2）实际发生的，是指现场发生的实际情况。通常，与现场运作要求相反的或不利于现场预期结果达成的即是问题。

此外，也要注意把握现场发展的倾向性。比如，责任人、方向、时间、发生频次、影响力大小，等等。如果现场中发生的事件可能朝着负面方向发展，亦可判定为应解决的现场问题。

问题根源深析

问题根源深析是为了查清问题发生的最深层原因。目前现场管理领域，最为常用的方法就是 5why 分析法。关于该方法的基本原理和效果，在前文已有说明。下面来介绍一下借助 5why 分析来实施的问题分析过程。

表 6—7 中展示了问题根源分析的三大步骤，每个步骤中对应不同的分析任务和在执行过程中用以自问的一些问题，以帮助人们更方便地应用分析法，获得更真实准确的结果。

表 6—7　　5why 分析过程

步骤	说明	问题
识别并确认异常现象的直接原因	依据事实确认直接原因。如原因可见，应加以验证；如原因不可见，则考虑潜在原因并核实	问： ● 这个问题为什么发生？ ● 我能看见问题的直接原因吗？ ● 如果不能，我怀疑什么是潜在原因呢？ ● 我怎么核实最可能的潜在原因呢？ ● 我怎么确认直接原因？

续前表

步骤	说明	问题
使用 5why 分析	使用 5why 调查方法，来建立一个通向根本原因的原因/效果关系链	问： ● 处理直接原因会防止再发生吗？ ● 如果不能，能发现下一级原因吗？ ● 怎样才能核实和确认下一级原因？ ● 处理这一级原因会防止再发生吗？ 如果不能，则继续问“为什么”，直至找到根本原因
采取明确的措施来处理问题	使用临时措施来处理异常现象直到根本原因能够被处理掉	问： ● 临时措施会遏制问题，直到永久解决措施被实施吗？
	实施纠正措施来处理根本原因以防止再发生	问： ● 纠正措施会防止问题发生吗？

在问题解决过程中，我们可以将表中右侧问题制作成一个问题清单，遵照这些问题来分析，以防遗漏，从而更深入地探知浪费问题的根源所在。

行动练习

接下来，我们以教学楼浪费问题识别为例来掌握浪费问题的识别与分析处理方法。

【练习说明】

假设我们现在身处某教学楼，该教学楼分四层，各层有三处上下楼梯通道，每层有教室 8 间，均是朝南方向；每层有洗手间 1 处；桌椅、教学用具、清扫用具等都放在指定位置。现在，假设你和另外三个人是改善专员，需要识别教学楼中是否存在浪费，请问你会如何组织运作。

步骤 1：在正式巡查开始前，做好各类准备工作。

____

____

如前文所述，巡查前的准备工作主要是现场巡查人员安排、现场巡查周期设定以及巡查前的各类工具准备和路线安排。在本练习中，应做到：先确定每个巡查人员需要负责的任务，避免巡查事项缺漏；关于周期，本练习暂且考虑本次，可安排当下时间进度；关于工具，可以简单准备纸笔工具进行记录；关于路线安排，可以设定为 S 型路线，力求每个位置都巡查到，且不走迂回路线。图 6—3 为教学楼巡查路径简图。

良好的准备工作可以助力现场问题识别工作的推进。在这个步骤中，老师可以组织学生讨论，评价各自的准备情况是否充分、完备。

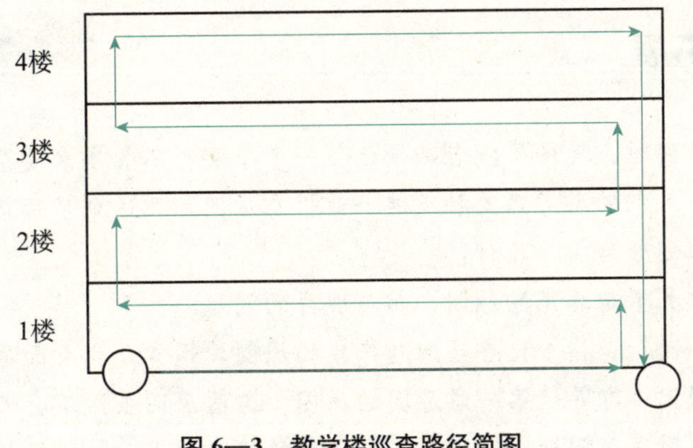

图 6—3 教学楼巡查路径简图

步骤 2：如果现在开始巡查，请简述你会如何开始工作。

____

____

现场巡查开始后，巡查人员只需按照指定路线巡查，然后将自己看到的问题记录在纸上即可。需要注意的是，任何地方都存在着或大或小的浪费问题，存在可提升的空间。在本步骤中，练习的重点便应设定在：如何引导巡查人员尽可能多地识别教学楼中可能存在的浪费问题。

步骤 3：请汇总你发现的浪费问题及问题表现，并阐述如果你对这些浪费问题一味放任下去会造成怎样的结果。

____

____

本步骤的练习重点是问题发现与总结能力。在同一个教学楼中，可能在各个位置点都发现了相同性质的问题，对于同一性质的问题可以采用同样的方法进行统一处理，而不是分别处理；而在此之前，巡查人员需要对所有问题资料进行汇总。

针对未来趋势结果的预测，则是为了排查潜在问题中是否存在隐患。对于未来可能造成危害的非显性问题同样需要识别出来。不过，这类问题并非是一眼可见的，需要巡查人员做进一步思考，具有一定的识别难度，需要巡查人员予以重视。

步骤 4：请选定某一浪费问题，分析该问题发生的根本原因，并说明你的分析过程。

____

____

本步骤练习的重点是尝试使用 5why 分析法，确认问题发生的根源。在练习时，老师可以让学生自选问题，然后按照 5why 分析逻辑，将问题发生的原因和表现一一描述出来，最终确定问题发生的根源所在。如有可能，可以设计一套逻辑分析图，以便观察和讨论。

学习拓展

分析问题的原因时，现场管理者必须记住一个事实：不管多么复杂的问题，根本原因通常只有一个。人们的思考只要触及这个最根本原因，便达到了目标。根据原因的层次，现场问题可以划分为以下几种：

（1）症状，这并不是真正的原因，而是现存的问题。

（2）第一层原因，是指直接导致问题产生的原因，通常是指表面原因。

（3）深层次原因，即导致第一层原因的原因。这些原因虽然不会直接引发问题，但是却通过因果关系引发了问题，因而是引发问题的根本原因，也叫根原因。

只有找出问题的根原因，消除根原因，问题的隐患才能得以彻底清除。找出根原因的常规做法是先收集信息，然后再集中对这些信息进行判断。不过在这个过程中，人们经常错把现象当成原因。比如，面对“一种产品卖不出去”的问题，人们大多会想到这类原因：产品质量不佳、价格过高、知名度不高，等等。

其实，这些并不是真正的原因，只是原因所表现出来的现象。解决这些现象并不难。比如，对于产品质量不佳的问题现象，可采用新技术，提高产品质量。对于产品价格过高的问题，可降低产品售价，让产品看起来物有所值。对于产品知名度不高的现象，企业可在特定的范围内加大广告的投入，增加产品的知名度。

然而，如果真正的原因不在于此，而在于其他方面，那么在花费时间、精力、金钱等资源之后，问题仍然不会得到解决。所以，现场管理者的问题分析不能过于浅表，而要抓住根本原因，以彻底解决问题。

单元二　改善过程管理

概念理解

改善过程是指现场改善的实践阶段。从本质上来说，这是一个解决问题的阶段。它囊括了从现场改善规划、具体事务安排、行动落实到过程监督的各个子阶段，以及保障阶段目标达成的各若干个具体环节。

观念探析

请理解下面这两句话的含义。

观念 1：改善过程是一个有计划、有组织的行为过程。

观念 2：改善过程不仅包括“行动”，还包括“监督”。

情境讨论

过程控制与改善效果的关联性

在现实生活中，无论人们做任何事情，都必然经过一个过程，而后收获一种被预期或未被预期的结果。而结果之所以契合预期或不契合预期，则受制于过程的影响。换言之，只有控制了过程，事情的结果才会朝着预期的方向发展。现场改善也是如此。

在现场改善中，现场管理者经常会遇到这样的问题："这个问题以前改善过，但效果并不理想，现在再做一次，不过是多做一次无用功……"事实上，很多管理者在"浪费问题识别与分析"环节并未出现行为失误，但是改善实践后却发现结果并不如意。之所以出现这样问题，实际上是因过程管理不到位所致。进一步说，人们仅仅想着"发现问题、去行动"是不够的，如果不能将改善问题的方法与实践切实结合起来，将落实过程做好规划和分解，那么这个实施过程必然是混乱的，实施结果也会因此失控。因而，强化改善过程管理必然是现场改善的核心环节。

知识学习

改善过程（Improve Process）是指改善所经过的程序，是一个循序渐进的过程；同时，它也是一种手段，通过该手段可以把人、规程、方法、设备以及工具进行集成，以产生一种所期望的结果。如果现场管理者的改善过程合理得当，就可以加快改善推进的速度，提高改善的效率，取得好的改善成效。

认识改善过程

必须认识到，企业现场管理的各类目标的实现都不可能是一蹴而就的。例如，我们说企业应该在质量可靠性上实现 99.9%的合格率。这个目标对那些管理混乱的企业，几乎是不可能完成的任务。

但是，如果我们将其分为几个阶段，第一个阶段实现 80%的合格率，并稳定下来；第二阶段实现 95%的合格率，并稳定下来；第三个阶段实现 98%的合格率，并稳定下来……如此反复，那么要实现最终目标就会变得相对容易得多——这就是改善过程，它符合持续改善的精神：点滴的改善累积成为重大突破。

1. 改善过程

从以上可以看出，改善过程存在着几个重要的特质，即它是阶段性的、目标性的、控制性的、持续性的。

（1）阶段性的过程。改善过程是一个阶段性改善的规划过程，应按照改善发展的推进顺序，分为若干个时间段。比如，一些制造型企业在进行现场改善时将一个改善过程分为四大阶段：样板区试验期、分区域推行期、改善成果验收期、标准化管理期等，以便改善行动有条不紊地推行下去。

（2）目标性的过程。改善不是无的放矢、随意而为的，它有着明确的目标要求——整个改善过程和改善子阶段都设有细化量化的目标。唯有目标得以完成，改善过程才算是成功的。否则，改善便是无意义的，反而成为一种管理上的浪费。

（3）控制性的过程。一个不加控制的过程，无法保证目标的必然实现。改善过程必须设定控制性措施。通常，改善过程的控制性可以从实时监督、定期巡查、不定期抽查等管理措施上体现出来。

（4）持续性的过程。改善是不可间断的。改善过程一旦中断或在取得一定成效后即告终止，那么改善效果便会退步。任何现场的改善都应以永久作为周期，天天改善，天天实践，这样精益改善水平才能持续提高。

2. 改善过程的控制

对任何一个改善过程的管理，都需要考虑三个元素，也是三大对象，即：改善人员、改善事项、改善方法。

（1）改善人员的控制。改善人员是现场改善活动中的主体。人本身是复杂的，其行为又具有动态性，而其存在又必然影响现场改善过程的发展与推进，因而，在现场改善过程管理中必须将改善人员作为第一大对象。

（2）改善事项的控制。改善事项是现场改善成功所涉及的一系列工作任务。诸多改善事务的有序安排构成了现场改善过程，而改善事务执行的进度和效果又会影响现场改善的进展和最终的成功。因此，改善事务同样需要被重视。

（3）改善方法的控制。改善方法是现场改善过程管理中需要被关注的第三大对象。改善方法是改善人员开展改善事项时所运用的各类策略、技巧、办法、标准、要求等。改善方法的运用情况是改善过程管理的软实力的体现，也是保障和维护现场改善成功的极大动力。

改善过程管理的维度

改善过程是一种面向改善的管理阶段。改善过程管理主要从两个维度展开：一是进度管理，二是效果管理。从本质上说，前者是从时间周期的维度进行控制，后者是从成果表现的维护进行控制。

1. 进度管理

进度是指改善推行的先后顺序和速度，进度管理主要从以上两方面展开。通常，现场管理者可采用四个步骤：

（1）改善清单。改善清单是指将改善事务信息全部列出，注明：改善对象、问题点、事务类型、改善事务的控制要点、责任人等信息，生成一张表单，以供改善过程中参照使用。

（2）改善时限。每个改善事项都需要设定明确的完成时限。有明确的截止时间，才有助于督促改善行动的按期落实。

（3）改善次序。改善事务应按照优先次序加以科学排列，避免部分改善事务因其他事务未完成而停工等待，由此造成改善实践的浪费。改善次序是改善事务在时间上的一次初步统筹，也是合理安排工作资源的前提。

（4）改善协调。改善协调是考虑各事项执行时在时间、资源等方面进行的对接，确保在具体时间提供指定的资源——人力资源、物力资源全部到位，且改善行为在指定时间落实下去，从而实现改善管控效果的最佳化。

2. 效果管理

效果是改善推行所生成的结果。效果管理的起始点是标准要求设计。现场管理者应对预期目标进行分解，再结合改善过程，将标准要求纳入每个改善环节中，力求使得“员工们只要依照标准要求去做，即可实现整个改善目标。”

小贴士

进度与效果的平衡

虽然进度与效果之于现场改善而言都是非常重要的，但是在现场改善实践中，现场管理者常常会为其一而舍弃另一项。比如，为了加快改善计划的时间进度，而在改善效果上有所妥协；或者为了追求自己眼中的效果，而大大延迟了计划执行的时间周期，最终导致人们耐心丧失，改善实践最终无果而终。

因而，在改善过程管理时，现场管理者必须考虑如何平衡对进度的要求和对效果的控制，切忌单纯追求某一维度的改善实践。

改善过程管理的要求

改善过程管理主要表现为四大要求，即：先期计划、循序渐进、责权到位、循环进步，如图 6—4 所示。

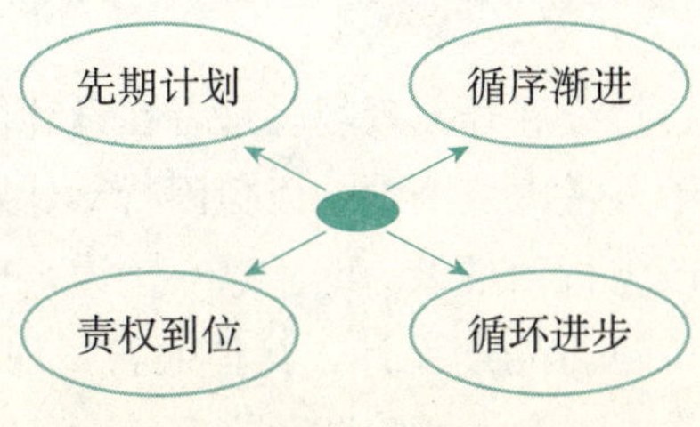

图 6—4　改善过程管理的特征

（1）先期计划。一项良好的现场改善规划包括三方面内容：现场改善的基本流程、子流程以及执行细节。这些内容应依照SMART原则，要在改善行动展开之前做好精细的规划，从而确保人们在改善实践时有条不紊。

（2）循序渐进。改善过程的各个环节是相互衔接的。改善过程必须按照先期计划的内容按部就班地进行，循序渐进地完成，绝不贪多求快、贪功冒进。如果妄想跳过某一个改善环节，致使现场改善秩序混乱，那么整个现场改善工作很可能无功而返。

（3）责权到位。改善过程的推进必须确保人责匹配，没有可推诿空间或灰色地带，力求现场人员责权清晰，这样才能确保人们各司其职。为此，现场管理者可针对改善项目计划，来设计《改善工作事务安排清单》，以便明确职责和及时监督。

（4）循环进步。现场改善过程应是一个闭环系统。现场改善应通过对现场管理实践，进行现场改善与优化；同时，做好改善效果维持工作，不断巩固改善成果，实现持续进步与提升。换言之，它应该是一个PDCA与SDCA相结合的过程。

技能要领

上文中，我们已经对改善过程管理有了知识上的了解，下面我们结合上文，再来了解一下改善过程管理的步骤。通常，改善过程管理主要从三个步骤落实，即：改善行动规划、改善事务安排、行动与监督，这也是现场改善过程管理的基本逻辑，如图6—5所示。

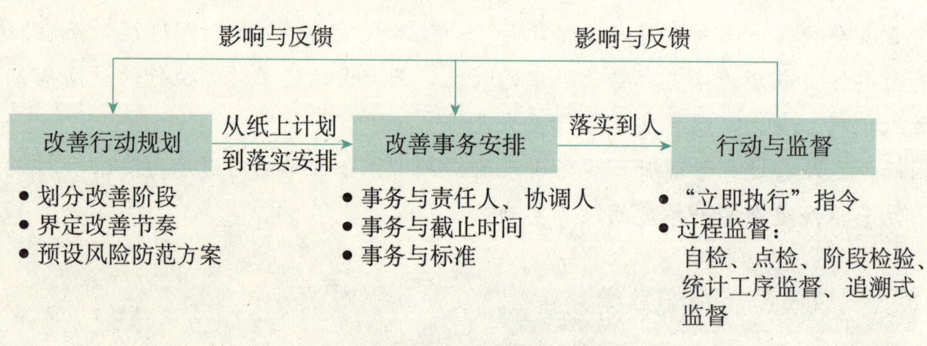

图6—5　改善过程管理的逻辑

改善行动规划

为了确保改善过程有序、持续展开，现场管理者在设计行动计划时，应将改善过程管理对象和维度相关的因素纳入考虑范围中，以免因行动计划设计不良而使得人们不乐于参加改善行动，最终致使改善行动难以为继。进一步说，现场管理者必须围绕现场改善行动计划中各类因素和细节进行先期设计，具体而言，现场管理者需要做好三件事：划分改善阶段，界定改善节奏，并预设风险防范方案。

1. 划分改善阶段

耐力是长期实施现场改善的支持。耐力不足，会使得改善进行到一定阶段后便告中止。不过每个改善者的耐力并不仅仅因为改善者的个体性格所致，有些时候，技巧也可以帮助我们延长耐受力，进而长期坚持改善，直至完成改善计划。

（1）分阶段完成改善任务。我们可以将改善过程分解为若干个子阶段。这样改善者会更容易、更快地完成子阶段的改善行动计划，改善者也会因任务完成而更有信心完成下个阶段目标。

（2）协调行动节奏，以保持耐力。在现场改善中，如果人们采用一味追求快速行动，那么在落实长期的改善计划时可能因过于疲劳而难以坚持；而如果自顾自地缓慢行动，则会导致其越来越懈怠，改善行动同样无法持续。

2. 界定改善节奏

每一个改善项目都不是一个人来落实的，需要多人协调完成，而一旦其中个别人节奏随意，便导致整个现场改善行动难以协调或发生延误。而当人们感到难协调或经常性地发生延误时，人们对现场改善行动便会产生反感，后续行动也会因个人情感因素而难以为继。基于此，界定整个行动计划的节奏便显得非常重要。

为了协调改善行动节奏，创建和谐的工作韵律，现场管理者可以采用以下 3 种方法。

（1）在固定时间内开展同类改善行动。将同一类改善行动任务安排在某个固定时间集中完成。例如，统计前一天的任务完成数据，对于 A 任务和 B 任务的数据可以同时加以统计，而这项统计改善行动可安排在每天改善行动结束前半小时内进行。

（2）事先明确任务。改善行动执行前，一定要明确行动的具体内容和预期达成的效果。在改善行动过程中走“直线”，减掉不必要的改善行动步骤，直接选取为达成改善行动目标而操作的环节。并且，明确自己的改善行动，才能保证改善行动方向的正确性，这也是提高时间利用率的最佳技巧之一。

（3）划出可多人共同操作的环节。如果某些改善行动中需要多方协助才能完成，要事前与各方确认合适的时间段，以免打乱了改善行动节奏。

3. 预设风险防范方案

古语云：“未雨绸缪”，说的就是做好事前预想工作，时刻注意防患于未然。而在改善行动之前，如果我们能够事前预想最佳的改善行动过程，那么，改善过程中各个环节将被极力优化，失误发生的概率将大大降低，人们便不会因行动失误而中断改善。

辅助阅读 6—8 **销售人员的风险防范策略**

一些销售人员会遇到“卖出了产品，但是却迟迟收不回货款”的问题。为了避免这一问题的再次出现，销售人员就需要在销售计划中设定风险预防方法。

比如，在与客户签订销售合同之前，对客户进行多次筛选；在签订销售合同发货过程中，进一步规范货款回收方式，并严格执行。

以客户筛选为例，销售人员为预防风险，要进一步设计一个更严格的行动计划。首先，要排除掉交易价值不大和风险明显较大的客户；其次，广泛利用企业内外部渠道，对潜力客户和风险不确定客户进行资信调查；最后，将信用情况较差的客户舍弃。

可见，设计一种有效的改善方法，对于现场改善的持续实践而言是非常重要的。故而，在设计现场改善计划时，现场管理者应绞尽脑汁地考虑各种方法，保障改善行动能够持续进行。

改善事务安排

在计划之后、改善落实之前，现场管理者要关注的一个环节就是改善事务安排。在现场中，人们往往很少积极地为自己找事情做，并为自己所做的事情承担责任。故而，从事务、人员、时间、标准等方面，对改善行动规划中的每一项任务安排作出明确的界定，这就显得非常重要。

(1) 事务与责任人、协调人。每项事务都需要有明确的责任人，“事事有人管”，确保改善行动规划中涉及的每一件事都有人做，这样才能推进改善行动的落实。

同时，对协调人、支持人也要有界定。责任人本身的能力或囿于某项资源的临时性缺乏，可能导致改善行动受到阻碍。这时，责任人可以向协调人或支持人寻求协助。

(2) 事务与截止时间。整个改善行动过程是经过若干事务执行而后完成的。如果某项事务未按时完成，则必然导致后续事务落实滞后，最终致使整个现场改善行动延迟。而一个无限期的事务安排必然导致事务截止无限期。故而，在事务安排时就有必要将“截止时间”明确限定，督促责任人在规定时间内完成工作。

(3) 事务与标准。标准是每项事务落实的方向和依据。没有标准的事务执行，往往会限于“做了即可”、“做好做坏一个样”等误区，由此造成改善行动失败。而标准界定得细致、清楚，则可促使责任人按照要求去操作。

行动与监督

行动是指现场人员依据已有的改善行动规划，严格实施改善行为。而现场管理者则要严格监督行动过程，并在责任人需要帮助时及时提供帮助。在这一过程中，经常出现两个问题：一是执行延误；二是监督不力。这两大问题是导致改善过程失败的直接诱因。为避免这两大问题，现场管理者必须从以下两方面入手。

1.“立即执行”指令

很多人以“改善是长期工程”为借口，将这个处理过程人为地延长。其实，现场改善是长期的，但是单项改善活动周期却需要尽可能缩短。也就是说，人们在现场改善过程中必须做到快速反应。

辅助阅读 6—9　　**现场改善要立即执行**

日本共立金属工业的阪口政博社长提出了“当日问题当日毕”的宗旨，他认为，改善就要立即执行。

一天，一位设备操作员突然说腰痛。关于机器的高度，工厂方面已经综合考虑了个人身高等因素，将操作位调整为最适于操作的高度，理论上不应该发生这个问题。然后，仔细检查后发现，这位操作员还担负着换型作业任务，而调整后的设备高度不适合换型作业。由于换型时采用了不舒服的姿势，导致操作员腰痛。

在丰田生产方式中，减轻肉体负担和考虑安全对策是最基本的原则。因此，对于上述情况，工厂也马上提出了改善方案。而对这个事件，本来可以请设备厂家处理，但是这就需要再耗费几天时间，方可落实改善方案。阪口政博坚持“当日问题当日毕”的原则，亲自上阵，当天调整了设备的高度。

在公司里，有一部分人虽然对改善策略理解得非常透彻，但却缺乏立即执行的热情，这样改善便难以得到有效推广，而得不到立即执行的改善策略也会成为纸上谈兵。

2. 过程监督

为了实时了解过程运作情况，现场管理者需要采取一定的技巧来监督改善过程，保障改善过程成果的实现度。下面就一些常用监督方法予以简单说明。

（1）自检。这是最简单的过程控制方法。任何工作任务或操作动作一经完成，责任人必须亲自对重要质量参数加以检验，最常见的就是借助简单的测量器具或考核指标进行自检。

（2）点检。这种方法主要是通过对一些产品或工作当时或之后进行检验，确保产品或任务完成结果符合规定预期要求。点检可以由巡回检验员或现场管理者来实施，由于是一种随机抽查方式，所以发现问题的几率通常不高。

（3）阶段检验。这是当产品形成重要质量特性的每项或每组操作结束后，或是工作任务进行到一定阶段后，对这一阶段的运作情况予以检查。当每个重要的环节完成之后，将已完成的工作成果交给检验人员或负责核查的管理人员，由之对应图样或工作规范对工作成果进行审查，并给出准确的结果判定。这种过程控制法费钱、耗时，不适合于工作量很高的工序或环节，但是，对于工作波动较大或不可避免产生问题的环节倒是极为适用的。

（4）统计工序监督。统计工序监督这种方法应建立在“所有工序都存在固有波动”这一原则的基础上。如果能建立波动模型，那么现场管理者就能够预测出各个环节的工作效果如何，并清楚在具体什么时间点，需要对过程中各道工序或环节问题加以纠正，使整个过程中的所有环节始终处于受控状态。

这种方法有两个最大的优点，一是对于存在缺陷的环节，在工作结果产生前，提供可能出现的信息；二是不需要对每道环节逐一检验而保持高质量水平。对于生产类企业中的大批量生产或者繁杂的工作过程，运用统计工序监督方法是非常适合的。

（5）追溯式监督。过程控制的一个重要工作内容就是对各个环节工作结果的追溯，即某项工作的运作从过程起始到结束，都有明确的状态标示，对已完成的环节均有作业记录可查。如果在某个环节发现问题，可以迅速地追溯到问题的发起点。由此而产生的一个过程控制工具就是《过程跟踪卡》。

值得注意的是，在对改善过程进行控制时，很多热衷于质量管理和效率管理的专家提倡采用精确、复杂的方法，但对于责任人受教育水平较低的发展中国家而言，这样做却是很危险的——不仅会耗费巨资，而且在日常工作中也很难坚持下去。通常情况下，现场管理者可以采用工序控制方法。只有当涉及关键参数或工序一旦失控即会出现严重偏差的情况时，再考虑采用先进的统计方法。

行动练习

接下来，我们以文案制作中心的改善过程管理为例来练习改善过程管理的相关工作。

【练习说明】

某文案制作中心的主营业务是文案制作和印刷，其文案质量较好，因而在业内非常受客户欢迎。但是，每当遇到任务紧张时便会造成部分任务不能按期完成。根据问题分析，该中心主要存在前期准备工作不充分和文案写作速度慢这两大问题。现在，假设你是该中心负责人，你会如何做好改善过程控制，保障改善效果。

步骤 1：根据问题分析，确定改善简计划。

____

____

改善简计划是对改善计划的大致规划，主要作用是明确改善行为方向。比如，针对“准备工作不充分”问题，现场管理者可以制订分工明细表，由组长负责预先准备可参照的文案资料；针对“写作速度慢”等问题，现场管理者可以组织对文案人员进行集中培训，并进行理论和实践考试，以提高文案人员的技能水平，提高文案写作速度。

在拟定改善简计划时，要使得计划过程的核心任务界定清晰。在这个步骤中，老师应着重引导学生灵活思考解决问题的方向。

步骤 2：制订改善行动计划。

____

____

改善行动计划是针对行动过程的细化规划。在这个步骤中，需要重点控制的是行动计划的具体内容设计。根据技能要领中的阐述，在这个步骤中，现场管理者需要将改善行动过程划分为几个时间段或工序段，界定各阶段的运作速度，各阶段如何对接，以确保改善方案得以落实。在这个步骤中，学生可以假设各个时间段或工序段的时间长度，界定工作对接和协调的点；老师则观察学生是否掌握了行动细化计划的能力。

步骤 3：对改善实践过程中的具体事务作出细化安排。

____

____

具体事务安排涉及：事务与责任人、协调人，事务截止时间，事务标准。这是在行动计划的基础上进行进一步细化，同时也是现场人员落实改善行动的参照依据。在本步骤的练习过程中，学生可以以现场人员为例进行各事务安排，其目标是做到“人人有事做，责任不推诿；事务执行有要求，不拖延且保质量”。

步骤 4：对具体改善实践行动采取适宜的监督与控制措施。

____

____

在现场管理中有一个管理现象：管理者管什么，员工就做什么，即指监督与控制的作用。行动监督与控制是身为管理者角色者必须做好的事情。这种监督与控制不是随意而为，而应采取最方便适用的检查方法。这里重点关注学生对各类监督检查方法的掌握与运用。

学习拓展

一些人习惯于把现场改善行动规划得满满的。从表面看，这样改善工作实施起来紧凑而有效率，但实质上却使人们如同一根拉至极限的橡皮筋，没有一点延伸的可能。而且，这种状态使得现场人员处于强大的压力下。而由于其低估了完成改善行动规划所必需的时间，一旦出现有突发事件，便使得改善行动规划被打乱。

所以，现场改善时必须注意一个问题：裕留。裕留是指从时间、资源上做一些留空处理。但是，这种裕留并不意味着要为做某件事多规划一些时间或资源。

以时间裕留为例。每天的时间都是一定的。要想为突发事件预留时间，并且用剩余的工作时间完成日常任务，那么就需要学会更快、更有效的工作方法，这恰恰是符合精益原则的做法。

再说资源裕留。可以被裕留的资源涉及方方面面。比如，人——作业工人、维修人员、记录人员；设备仪器——生产设备、质量检测仪、包装箱；物料——各类生产主料、辅料零件，等等。而对这些资源的裕留不仅要考虑各项资源的数量，还要考虑资源留用安排的时间。

单元三 标准化管理

概念理解

标准化管理（Standardization Management）是通过分解改善后的行为细节、确保改善效果稳定的一种管理模式。它以《工作标准书》为呈现载体，是规范现场改善行为的有效手段。

观念探析

请理解下面这两句话的含义。

观念1：如果没有标准化管理，那么人们投入多少资源去现场改善，就会制造多少资源浪费。

观念2：工作标准的存在并不意味着标准化的必然实现，但是没有工作标准，标准化必然无法实现。

情境讨论

现场改善与标准化的结合

不少企业现场存在这样的问题：为了某项改善，企业投入了大量资源和精力，最初这种改善也确实见到了一定成效；但是过几个月再去现场中看看，那个现场又恢复至原样了。

为什么改善之后，现场管理又退步了呢？这是因为人们并未将改善后的要求作为自己的工作习惯，仍然按照自己习惯中的做法去运作。进一步说，这是因为改善模式未经过固定，工作模式未实现规范化、标准化，人们未掌握甚至不认可改善后的工作标准。如此一来，现场改善又怎能不退步呢？

那么，如何解决这个问题？这便是我们本单元学习的主题——标准化管理。

知识学习

标准化管理是在做系统调查分析的基础上，以制度规范和实践经验为依据，将现行工作方法进行分解和优化，最终生成《工作标准》文本，以供现场人员操作与管理。它是现场改善的基础，同时也是防止现场改善水平下滑的动力，是保障工作程序稳定化、统一化的有效介质。

标准化管理逻辑

现场管理中的改善行动必须与标准化管理相结合。这意味着在这里，标准化管理逻辑将是：PDCA（计划—执行—检查—行动）与 SDCA（标准化—执行—检查—行动）的结合。

PDCA 与 SDCA 相结合的管理逻辑图，如图 6—6 所示。

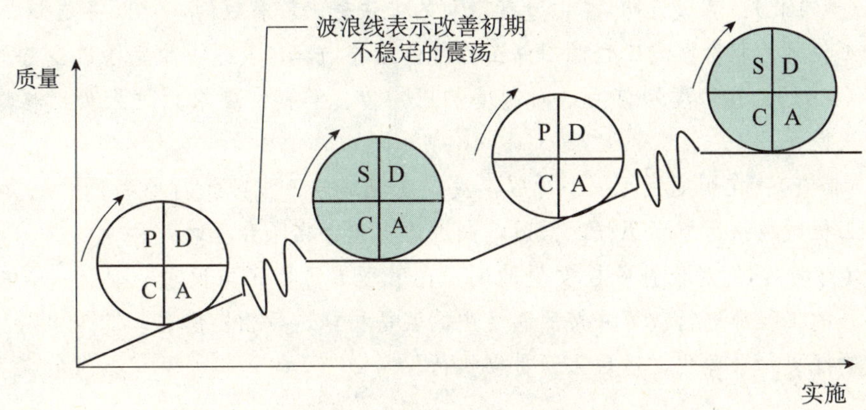

图 6—6 PDCA 与 SDCA 的结合

由图可以看出，在 SDCA 循环初期存在一定的波浪型震荡线，但经过 SDCA 循环加以稳定后，便可进入下一阶段的 PDCA 改善，这便使得改善始终处于向上运作的状态，管理水平逐步提升到新的高度。

如果反应到现场管理中，应先用 PDCA 循环对问题进行改进，然后采用 SDCA 方法将改善成果予以标准化，使问题不至于反弹。当改善成果在一段时间内得以稳定后，再次采用 PDCA 循环进行改进，然后继续采用 SDCA 来固化。如此循环往复，企业的现场改善水平就会稳步提高。

辅助阅读 6—10 以 SDCA 与 PDCA 结合为核心的标准化管理逻辑的应用

【问题】产品满意度值达到 90%，未达到目标水平。

在 PDCA 阶段，现场管理者可以按照以下步骤来操作。

P（计划）：分析原因后发现，产品满意度不高的主要原因是新工程师的能力不足。然后，采用“以老带新”的方式来提高工程师的能力。按照上述方案，管理者可以根据老工程师所占的比例，决定由每位老工程师指导两位新工程师，并明确老工程师对新工程师的指导内容。

D（执行）：按照预定计划，老工程师对所负责的新工程师进行指导。

C（检查）：一个月后，对满意度结果进行测量，发现产品满意度上升至96%，从结果来看，已经达到预期目标。

A（行动）：虽然结果不错，但在以老带新的过程中仍然存在不足之处，部分老工程师缺少指导经验，不如其他人的指导效果好。

针对上述问题，现场管理者可以组织工程师交流会，在老工程师之间交流指导经验，全面提升老工程师的指导能力。

以上是改善满意度的PDCA循环。

在该循环完成后，现场管理者可以通过SDCA来巩固所取得的成果。

S（标准化）：实践证明，“以老带新”的方法是比较有效的，可以将之形成制度，对新老工程师的职责、老工程师对新工程师的指导内容、奖惩方案等予以规范。

D（执行）：在制度制订后，对制度加以宣传、解释，要求相关人员严格遵循制度要求来操作。

C（检查）：在制度执行一个月后，我们发现部分工程师执行不到位。分析发现，是由于工程师的执行意识不强，同时，制度本身也存在不合理之处。

A（行动）：针对检查阶段发现的问题，管理者可以采取两项行动。一是对执行意识不强的工程师进行教育并按照制度中的奖惩措施进行相应惩罚；二是重新修订制度，使制度更加合理化，然后重新贯彻执行。

在实践过程中，PDCA在问题改进方面的作用显著，而SDCA则可以用来保住PDCA的改进成果，使之不会反弹。如果现场管理者将二者结合使用，那么就会循序渐进地实现现场改善目标。

工作标准的价值

标准化管理是离不开工作标准的。为什么在现场改善过程中一定要有工作标准？答案很简单。工作标准符合定性定量的要求，这使现场人员能够有效控制改善过程，并长期保持统一的改善效果。

辅助阅读6—11　**没有工作标准会怎样？**

在企业中，所谓“制造”就是以规定的成本、规定的工时，来生产出品质均匀、符合规格的产品。如果制造现场中出现工序次序随意变更或作业方法因人而异等不确定情况的话，一定很难达成上述目标，难以生产出符合要求的产品。

如果没有标准化，当老员工离职时，他会将所有已发生问题的处理方法、作业技巧等装在脑子里一起带走，而新员工可能重复遭遇以前的问题而慌乱应对，即便在工作交接时有所传授，但仅仅凭借个人记忆也很难完全记住。没有标准化，不同的师傅会带出不同的徒弟，其工作结果的一致性可想而知。

但是，如果实现了标准化管理，这些问题就可以迎刃而解了。如果能够将作业程序和作业方法等制成标准，那么员工必须不断重复同样的程序，这不仅有利于缩小个体作业差别，还有利于形成群体习惯，消除不合理的和不必要的动作和程序，增进作业的可靠性。当然，标准化的实现有赖于标准化管理工具的应用，它们会使员工从意识上接受“标准”，使每位员工的动作形成习惯，将外在的标准转化为自发的行动。

进一步说，标准在现场改善过程中表现出指导、协调、监督、稳定四大价值功能，从执行到管理层面分别发挥作用。

（1）指导。标准的最大价值是，它可以帮助现场人员从工作标准中，了解自己应该做什么，不应该做什么，从而更快地解决现场工作中遇到的各类问题。

（2）协调。标准可以将现场管理所涉及的各要素、各部门、各环节合理地组织起来，形成一个有机整体，使它们之间建立起良好的配合关系，有效地实现标准化的计划与目标，建立起标准化管理的正常秩序。

（3）监督。现场管理者按照既定的标准，对改善活动进行监督和检查；一旦发现有偏差，及时采取纠正措施。监督的目的是保证改善活动能够严格按计划进行，进而保持改善效果的稳定性。

（4）稳定。工作标准的存在可以使工作结果保持相同或相似的状态，即便是不同的人，在不同的时间做事都能保证结果的稳定。

工作标准的形式与分类

工作标准的表现形式，通常表现为《工作标准书》文本。在改善过程中，现场管理者可根据各层级在现场改善过程中所履行的职责和扮演的角色，分别制订相应的工作标准。通常，工作标准细分为作业标准和管理标准。

1. 作业标准

作业标准是指针对日常作业而设计的标准。作业标准的制定必须包括以下五方面内容，如表 6—8 所示。

表 6—8　　作业标准中的五大内容

内容	说明
工作程序与作业步骤	程序步骤划分清晰，内容精细规范
方法与标准	作业方法、质量标准及检验方法等，皆阐述清晰，便于参照执行
物料	按时、按质、按量供应到位
用具	工装设备、工模夹具等皆具有可靠、稳定的性能
人员配置	对各个程序操作的相关责任人确定清楚，人数精准，职责界定清晰，不存在人员浪费和责任不清等问题

在现场中，各个岗位的作业及改善活动大多是由该岗位的负责人员负责的，工位上或办公室里悬挂该岗位作业的详细步骤，岗位负责人必须严格遵守。

2. 管理标准

管理标准是指针对现场中需要协调统一的管理事宜而设计的标准。管理标准通常有以下几种类型：

（1）管理基础标准，是从其他各类管理标准中提炼出来的共性标准。管理基础标准包括：术语、图形符号、量和单位、标准化工作指南、服务标准化指南等。

（2）管理方法标准，是指以管理方法为对象所制定的标准，包括：决策方法、计划方法、组织方法等。

（3）管理工作标准，是指以管理工作为对象所制定的标准，包括：工作范围、内容和要求，与相关工作的关系，工作条件，工作人员的职权与必备条件，工作人员的考核、评价及奖惩办法等。

（4）生产过程标准，是指对生产过程中的管理事项所做的统一规定，包括：生产计划、工作程序、方法规程，生产组织方法和程序规程，生产管理控制方法规程等。

在改善过程结束后，现场管理者要对改善活动进行总结，将改善经验纳入工作标准中，并要求现场人员按照新标准进行操作。

技能要领

上文中，我们基本了解了标准化管理逻辑以及其载体——工作标准的重要性、形式与分类，下面就来讨论一下标准设计的三个重点环节，如图 6—7 所示。

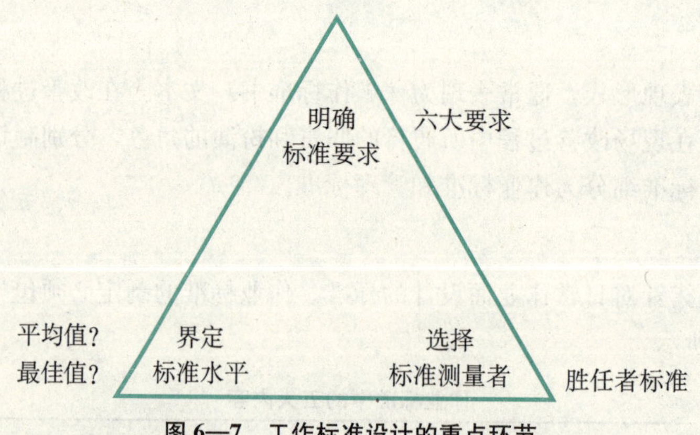

图 6—7　工作标准设计的重点环节

明确标准要求

不论作业标准还是管理标准，设计它们的目的都只有一个，那就是：减少现场改善与工作落实的阻力，使改善和作业一次就做好。为了使人们在阅读标准时能够快速且透彻理解，现场管理者必须形成一个好的工作标准。这样的标准要满足以下六大要求，如表 6—9 所示。

表 6—9　　标准的六大要求

要求	说明
目的化	标准必须是面对目标的，即遵循标准总是能保持生产出相同品质的产品。因此，与目标无关的词语、内容请勿出现
明确化	质量要求和实施方法都应注明。比如“焊接厚度应是 2 微米”这一质量要求，应该描述为：“焊接工对待焊接物施加 3.0A 的电流 15 分钟来获得 2.0 微米的厚度”
具体化	每个读标准的现场人员必须都能以相同的方式解释。为了达到这个目的，标准中应该多使用图表和数字
准确化	要避免模糊语言，如机床的铁屑筐边不能仅仅标注小心的符号，要说明应注意避免发生哪些事故，如防止铁屑刺伤等
可操作	标准必须是可以实现的，例如某机床的精度只能达到 10 微米。不能将标准定得高于这个数值
柔性	标准在需要时必须修订。在优秀的企业现场中，工作是按标准要求来开展的，因此标准必须是最新的，是当时正确的操作情况的反映

工作标准可以给现场改善实践带来可参照的依据，并有利于产生可见的效果。因此，每一类现场改善实践工作（包括工作、执行）都应有对应的工作标准。

界定标准水平

知道了标准应该是什么样子的，接下来就来了解如何界定标准了。在界定过程中，最主要的问题是：哪一种做法、做到什么程度，才可以被设定为标准水平。因为，标准设定的水平过高、过严，人们难以落实标准；如果标准设定的水平过低、过松，有可能导致缺少挑战价值。

目前，存在两种做法。一种最常见的做法就是：以平均值作为标准——将一项工作规定操作几次，然后取其作业结果的平均值，以之作为标准。因为对员工而言，这种方式确定的标准更容易完成，而取得的结果往往不至于太糟糕。

而另一种做法是：以最优表现作为标准。坚持这一管理思想的代表人物是大野耐一。他认为：应该以使用时间最短的那次或工作完成数量最多的那次作为标准。

部分管理者认为，这样的标准听起来似乎有些苛刻。大野耐一对此作出的解释是：之所以选择时间最短或数量完成最多的那一次作为标准，是因为那一次采用了最正确的工作方法。即使对同一项工作任务操作 10 次，并且每次都采用相同的操作方法，而时间上仍然会存在一定差异。其中时间最短的一次，恰恰是因为采用了最恰当的做法。但是，为什么其他 9 次却花费了更多的时间呢？即便时间实际上很短（也许仅仅是短短几秒钟），仍然需要分析出原因所在。一项工作未得以顺利开展，必然是操作不当所导致。因此，如果用“平均时间”来工作是不精益的做法。

辅助阅读 6—12　**找出不精益的影响因素**

大野耐一认为：虽然标准化的目的是缩短时间，但在实施过程中也要注意操作难易程度。他为此举出一个例子。在执行某项任务时，员工们总是不小心碰掉螺丝帽，所以总是要花很长时间捡起来才能继续工作。所以，现场管理者要求员工们在螺丝帽掉落的过程中将之接在手中。

对此，员工普遍认为“太难做到”。针对这个问题，大野耐一建议管理者们考虑以下问题：“为什么螺丝帽总是被碰掉？有没有让其更牢固的方法？这种失误是不是因为工人的工作量过大而导致？有没有必要减少工作量？”

这样一来，才能确定问题发生的根源，切实解决作业时间过长的问题，并采取有效方法来缩短作业时间，并保证员工操作起来更轻松。

选择标准测量者

标准测量者即标准设计人员。标准设计人员通常由标准化研究专员、现场管理者或人力资源专员担任，部分企业中也会由专业骨干人员担任。

标准化研究专员是专职的标准设计和测量者，他们既对各岗位工作事项有所了解，同时对标准设计亦有研究。因而，由其进行标准测量基本是可以胜任的。

现场管理者主要从事现场管理工作，对于具体现场岗位工作的落实未必了解得极为清楚；但如果他们是从基层被提拔上来，切实了解现场工作情况，那么其大体亦可胜任标准测量工作。

人力资源专员的职责是发掘人才潜力，制定基本岗位职责，但对现场岗位技术层面的细节往往了解不足，故而在标准测量时往往会显示出胜任力不足的弱势。

专业骨干人员无疑是非常了解工作要求以及达到作业更佳的状态，但是基于本位主义，他们可能为谋求个人利益，而刻意放宽或放低对标准的要求。如果能够与其他管理者共同合作测量，往往可以发挥出更好的测量效果。

辅助阅读 6—13　**大野耐一建议：由专业人士担任标准测量者**

为支持自己的这一观点，大野耐一曾举出了这样一个例子。有一个人力资源专员，被安排去测量木工的作业时间。结果，他回来后抱怨说：“木工们总是在磨刨刀，磨了无数次，根本无法测量时间。”

为什么会出现这种情况呢？这是因为木工们知道自己身后的时间测量人员对自己的工作一窍不通，所以他们尽量去消耗时间，以求为自己尽可能地争取更为宽松的工作标准。

总之，标准测量者的选择不应以岗位设限，现场管理者应坚持一个原则：谁能客观而精确地测量出工作标准，那么他就是胜任者。

因此，在确定标准时，现场管理者应解决三个问题：一是明确什么样的工作标准才达标；二是如何设计工作标准；三是谁能测量工作标准，为标准设计提供依据。解决了这三个问题，标准化管理必然能够为现场改善提供足够的保障。

行动练习

接下来，我们以教室环境的标准化管理为例来练习标准化管理的相关工作。

【练习说明】

以我们现在身处的这间教室为例，假设我们在未来一段时间内，将对这个教室进行清洁管理。而你是此事的负责人，那么你会如何做好标准化管理工作。

步骤 1：为设计工作标准文件，收集改善过程方案和与工作有关的各类信息。

____

____

工作标准的设计不是闭门造车，而要契合实际。为此，现场管理者必须从各种渠道，获取全面系统的工作过程要求和经验信息；如果之前已有改善方案或改善过程已有成果，更应将此类信息进行总结。这些都是工作标准设计前，必须准备好的信息。在本步骤中，学生练习的重点是思考可以从哪些部门或人员手中获得相关信息，并采取措施获得这些信息。

步骤 2：提炼工作标准重点，草拟规范文件。

____

____

所有信息收集到位后并非全部纳入工作标准中，而要提炼出其中的重点，并区分其有效性，这是草拟工作标准的基础。当信息整理完备后，现场管理者及相关人员即可开始草拟规范文件了。在这一步骤中，学生们应着重练习信息分析能力。

步骤 3：选择标准管理文件格式。

____

____

一百个人眼中有一百个哈姆雷特。标准管理文件的格式各异，学生可以广泛搜集文本设计模式进行参考或创新；而对于标准管理文件的内容设计则以便于阅读、掌握为准，比如：标准文件中每一条都会囊括关于负责人、时间标准和质量标准、数量标准和安全标准的信息。

步骤 4：讨论、选择最佳标准文件方案。

____

____

选择标准文件方案时，可遵循适用、便于参照、无漏洞等要求来进行。对于多个方案的选择，可通过对比，选择综合优势最大的那个方案。在本步骤的练习中，老师可以让学生示范自己制作的工作标准，同时引导学生形成综合比较思考意识。

在实践中，标准化管理的周期内文本成果即：作业标准或管理标准等。到这一步骤，工作标准的设计阶段即告一段落。接下来就是通过不断的实践来发现标准中的不足，进而不断完善。

步骤 5：在覆盖区域内，对标准文件进行宣讲和实施。

____

____

为了验证标准文件的可行性，现场管理者应设定一个阶段的环境管理标准试行期。在实施前，对被选用的标准文件进行宣讲，使所有现场人员都能理解。在本情境中，可由最优方案的制定者负责解读标准管理文件的内容，然后指导人们试行。

步骤 6：对标准化管理进行持续完善。你认为可以从哪些角度开展完善和优化工作？

____

____

当一定周期结束后，原本看似最优的环境标准文案也可能出现各种各样的问题或不足，此时就需要采取措施进行优化。受限于本课堂教学，我们可能难以等过一段时间再来评估上述标准管理方案；不过，老师需要经过这个步骤的设计，来强化学生的标准优化意识，扩展标准优化的思维角度。

学习拓展

本单元的内容是对现场改善中的标准化管理有初步了解，其主要目的是知晓标准化管理的逻辑以及与工作标准相关的基本知识和标准设计的方法，以便学习时能够从实践角度对现场改善中的标准化管理加以把握。明确标准要求、界定标准水平、选择标准测量者等内容在具体的情境中是复杂的，而且也存在着众多的实践方法。现场管理者可以依据前文的介绍不断尝试这些内容的具体应用。

在具体实践之前，大家应当了解两个基本概念：作业分解和防呆管理，这也是标准化管理之初需要了解的两个重要概念。

作业分解在前文中已有介绍。在现场改善后续阶段，作业分解的目的是为了将被优化的作业方法细分开来，便于人们在现场改善中进行实践。同时，这也是标准化管理的基础。如果没有科学的作业分解，标准化管理的内容势必过于空泛，这是管理者应极力避免的。

防呆管理是一门防止呆笨的人做错事的技术。当现场改善行为完成后，现场管理者即可使用防呆技术，在标准化管理内容中纳入防呆技巧，从而使人们自然而然地去操作某个改善动作，避免操作失误的发生。

在现场管理中，每项工作或改善都将涉及很多工作标准。而这些工作标准不仅要告诉人们应该做什么、如何做、注意什么等，还要在标准条款设计时从行为上自动避免错误发生，而非凭借人的注意力去控制。这样，现场改善才能容易被现场人员接受，才会更见成效，改善效果才会更稳定。

参考文献

[1] 谢小彬．TWI 企业现场管理技能训练教程．北京：中国人民大学出版社，2013.

[2]［美］帕特里克·格劳普，罗伯特·J. 朗纳．精益培训方式．刘海林，林秀芬，译．广州：广东经济出版社，2009.

[3]［美］罗宾斯，德森佐，库尔特．管理学基础．于淼，等，译．北京：中国电子大学出版社，2015.

[4]［日］大野耐一．大野耐一的现场管理．崔柳，等，译．北京：机械工业出版社，2008.

[5] 陈国华．现场管理．北京：北京大学出版社，2013.

[6] 冉恩贵．现代生产管理．北京：清华大学出版社，2013.

[7] 韩展初．现场管理实务．厦门：厦门出版社，2013.

[8]［美］詹姆斯·沃麦克，丹尼尔·琼斯．精益思想．沈希瑾，等，译．北京：机械工业出版社，2008.

[9] 华通咨询．精益管理技术．广州：广东经济出版社，2014.

[10]［美］埃文斯，林赛．质量管理与质量控制．焦叔斌，译．北京：中国人民大学出版社，2010.

[11] 朱仕友，孙科柳．供应商管理实操手册．北京：中国电力出版社，2012.

[12]［日］今井正明．现场改善：低成本管理办法．华经，译．北京：机械工业出版社，2010.

[13] 孙科炎，刘鹏．管理心理学．北京：中国电力出版社，2012.

[14]［日］大前研一，斋藤显一．问题解决力．李颖秋，译．北京：中华工商联合出版社，2010.

[15]［日］佐藤允一．问题解决术．杨明月，译．北京：中国人民大学出版社，2010.

[16] 张冬，余锋，潘明华．赢在精益标准化．上海：东华大学出版社，2013.

图书在版编目（CIP）数据

现场管理技能学/王霁主编. —北京：中国人民大学出版社，2018.1
ISBN 978-7-300-22868-6

Ⅰ.①现… Ⅱ.①王… Ⅲ.①企业管理-生产管理-高等职业教育-教材 Ⅳ.①F273

中国版本图书馆 CIP 数据核字（2016）第 099072 号

现场管理技能学

王　霁　主编
孙亚彬　副主编

Xianchang Guanli Jinengxue

出版发行	中国人民大学出版社		
社　　址	北京中关村大街 31 号	邮政编码	100080
电　　话	010－62511242（总编室）		010－62511770（质管部）
	010－82501766（邮购部）		010－62514148（门市部）
	010－62515195（发行公司）		010－62515275（盗版举报）
网　　址	http：//www.crup.com.cn		
	http：//www.1kao.com.cn（中国 1 考网）		
经　　销	新华书店		
印　　刷	北京宏伟双华印刷有限公司		
规　　格	185 mm×260 mm　16 开本	版　　次	2018 年 1 月第 1 版
印　　张	18.75	印　　次	2018 年 1 月第 1 次印刷
字　　数	383 000	定　　价	49.00 元